KB031240

자크 라캉의 『세미나』 읽기

— 파리 생탄병원에서 행한 세미나들(1953.11.18.~63.7.3) —

세창명저산책_036

자크 라캉의 『세미나』 읽기

– 파리 생탄병원에서 행한 세미나들(1953.11.18.~63.7.3) –

초판 1쇄 발행 2015년 9월 15일

초판 2쇄 발행 2023년 4월 17일

–

지은이 강응섭

펴낸이 이방원

기획위원 원당희

책임편집 정조연 **책임디자인** 박혜옥

마케팅 최성수 · 김 준 **경영지원** 이병은

–

펴낸곳 세창미디어

신고번호 제2013-000003호 **주소** 03736 서울특별시 서대문구 경기대로 58 경기빌딩 602호

전화 02-723-8660 **팩스** 02-720-4579 **이메일** edit@sechangpub.co.kr **홈페이지** http://www.sechangpub.co.kr

블로그 blog.naver.com/scpc1992 **페이스북** fb.me/Sechangofficial **인스타그램** @sechang_official

–

ISBN 978-89-5586-391-8 03180

© 강응섭, 2015

이 책에 실린 글의 무단 전재와 복제를 금합니다.

강응섭 지음

자크 라캉의 『세미나』 읽기

– 파리 생탄병원에서 행한 세미나들(1953.11.18.~63.7.3) –

세창미디어
MEDIA

머리말

라캉은 하나의 주제로 일 년 동안 강의하는 세미나를 네 곳의 장소에서 29회 개최하였다. 첫 번째 장소에서 행한 세미나는 대중에게 공개된 것이 아니었으며, 1951년에서 1953년까지 실비아 바타이의 집Sylvia Bataille, 3. rue de Lille에서 2회 열렸다. 이때 그가 다룬 것은 프로이트가 제시한 사례인 늑대 인간과 쥐 인간이었다. 이를 세미나 -1, 세미나 0이라 부른다.[1] 두 번째 장소에서 행한 세미나는 1953년부터 1963년까지 생탄병원Hôpital Sainte-Anne에서 10회 열렸다. 세 번째 장소에서 행한 세미나는 1964년 1월부터 1969년까지 고등사범학교Ecole normal supérieur에

---

1 도르(Joël Dor)가 쓴 *Bibliographie des travaux de Jacques Lacan*(Paris, InterÉditions, 1983)과 루디네스코(Elisabeth Roudinesco)가 쓴 *Jacques Lacan. Esquisse d'une vie, histoire d'un système de pensée*(Paris, Fayard, 1993)에는 세미나 -1이 늑대 인간, 세미나 0이 쥐 인간이라고 나온다. 하지만 크루첸(Henry Krutzen)이 쓴 *Jacques Lacan Séminaire 1952-1980 : Index référentiel Broché*(Paris, Economica, 2000, 2009)에는 세미나 -1은 없고 세미나 0이 늑대 인간이라고 나온다.

서 6회 열렸다. 네 번째 장소에서 행한 세미나는 1969년부터 1980년까지 팡데온 법과대학Faculte de droit du Pantheon에서 11회 열렸다. 마지막 두 장소에서 행한 세미나는 루이 알튀세르의 도움으로 프랑스고등실천연구원Ecole pratique des Hautes Etudes의 제6분과 주최로 개최되었다.

1926년, 라캉은 생애 처음으로 〈신경학회지*Revue neurologique*〉에 공동 집필한 논문을 게재한다. 그 이후 1950년까지 서른여 편의 논평과 마흔 편에 달하는 논문(공동 집필 포함)을 예순여 군데의 잡지에 게재하면서 왕성한 활동을 펼친다. 또한 세미나를 시작하는 1951년 이후에도 계속해서 논평과 저술(공저 포함) 활동을 펼친다. 이런 글 가운데 정리하여 출판한 것이 '거대한 작품*Opus magnum*'이라고 불리기도 하는 1966년의 『에크리*Écrits*』이다. 2001년에는 『오트르 에크리*Autres Écrits*』가 출판되었는데, 여기에는 1966년에 포함되지 않았던 글들이 담겨 있다.

라캉은 자신의 임상 사례를 근거로 글 쓰는 것을 지양하고, 프로이트의 사례나 문학 작품에 나오는 내용을 해석하여 자신의 뜻을 전달하는 방식을 취한다. 그런 의미에서 1953년부터 시작한 공개 세미나의 모토는 '프로이트에게로 돌아가자!'가 되었다. 프로이트에게로 돌아간다는 것은 그의 자료로 되돌아간다는 것을 의미한다. 이 말은 프로이트의 자료를 '라캉식으로 읽자!'는 의미이기도 하다.

1953년 세미나 1을 강연하던 라캉은 '파리정신분석협회SPP'가 면담 규칙을 문제 삼자 탈퇴하고, 돌토 등이 설립한 '프랑스정신분석협회SFP'에 가입한다. 이 와중에 '국제정신분석협회IPA'는 그의 회원 자격을 박탈한다. 1954년부터 '프랑스정신분석협회'는 꾸준히 '국제정신분석협회'에 가입 신청서를 제출하지만 거부된다. 급기야 열 번째 공개 세미나인 『불안』을 강연하던 1963년에 이르러서 '국제정신분석협회'는 라캉의 교육 활동을 전면 금지하는 것뿐 아니라, 분석가들이 그의 세미나에 참석하는 것도 금지한다는 입장을 표명한다. 라캉은 유수한 프랑스 인문학자들이 모인 열한 번째 세미나 첫 시간에 이 사건을 스피노자의 대파문excommunication majeure에 견주어 이야기한다. 파문이란 회당에 출입하는 것을 금하는 종교적 금기인데, 처음에 스피노자에게 이러한 파문kherem이 주어졌으나 나중에는 귀환 불가능 조건이 첨부된 영구적인 파문chammata이 주어진다. 라캉에게 주어진 것도 이러한 것이었다. 라캉은 이러한 결정을 내린 '국제정신분석협회'를 스피노자를 파문한 교회에 비유한다.

라캉은 인물 중심으로 조직된 제도적 질서로서의 정신분석

모임을 없애고, 학설 중심으로 형성된 —정신분석 구성에 의미를 두는— '파리프로이트학교Ecole Freudienne de Paris'를 만든다. '파리프로이트학교'는 분석가 수련뿐 아니라, 정신분석에 관심을 두는 사람이면 누구에게나 문호를 열어 놓았다. 회원 자격도 분석가와 수련생에게만 제한되지 않았으며, 모든 회원에게 투표권을 줬는데, 이를 통해 민주적인 정신분석 단체를 만들고자 노력했다. 하지만 1967년 분석의 종결을 확인하는 '통과passe'라는 절차 때문에 다툼이 생기자 라캉은 '파리프로이트학교'를 해체하고, 1980년에는 '프로이트 대의', 1981년에는 '프로이트 대의학교Ecole de la Cause Freudienne'를 만든다.

라캉의 세미나는 세미나 11(1964)부터 더욱 활성화된다. '국제정신분석협회'의 제재에도 청중의 수는 엄청나게 늘어났고, 장소도 생탄병원에서 고등사범학교로 옮긴다. 이때 분석 실천에서 요청되는 정신분석의 근본적인 네 가지 개념을 다룬다. 이전의 세미나와는 달리 강의 시간이 단축되었고, 질문 시간이 주어졌다. 라캉이 정신분석의 대중화를 위해 내용 면에서나 형식 면에서 세미나 운영 방식을 수정한 것이다. 그럴 만도 한 것이 지난 10년간 축적된 세미나 내용을 알지 못하는 청중을 위해서라도 새로운 10년을 시작하는 첫해는 특별해야만 했다. 라캉의 세미나 중, 프랑스에서 가장 먼저 출판된 해는 1973년인데, 이때 나온 책이 바로 열한 번째 세미나이다. 국내에서 번역된 『세미나 11』의 제목은 『자크 라캉 세미나 11권—정신분석의 네 가지 근본 개념』이다. 제목이 보여 주고 있듯이 지난 10년간의 세미나를 네 가지 키워드(무의식, 반복, 충동, 전이)로 집약하고 있다. 그래서 『세미나 11』의 정황을 이해하기 위해서는 이전에 행한 열 번의 세미나(비공식 세미나 2개를 포함하면 열두 번의 세미나)에 대해 숙지하는 것이 중요하다. 이 책 『자크 라캉의 『세미나』 읽기』는 『세미나 11』 이전 것만 다루었다는 면에서 『세미나 11』을 읽는 데 도움이 될 것이다.

처음 두 번의 비공식 세미나를 제외하면 라캉의 공식 세미나는 총 27개이다. 그중에 2023년 현재 열일곱 권이 출판되었고, 열 권은 출판되지 않았다.[2] 생탄병원에서 행한 처음 열 번의 세미나 중 『세미나 9』는 출판되지 않았지만 필자는 『자크 라캉의 『세미나』 읽기』에 아직 출간되지 않은 『세미나 9』도 포함하였다. 하지만 이 책을 집필 중이던 2013년 6월에 출간된 『세미

---

2 다음에서 보듯이 2023년 현재 출판된 세미나는 밑줄 안 그어진 17개이고, 출판되지 않은 세미나는 밑줄 그어진 10개이다. 1, 2, 3, 4, 5, 6, 7, 8, 9, 10, 11, 12, 13, 14, 15, 16, 17, 18, 19, 20, 21, 22, 23, 24, 25, 26, 27.

나 6』은 포함하지 않았다. 『세미나 6』은 『세미나 5』에 이어 완성된 욕망의 그래프 형태를 제시하는데, 필자는 『세미나 5』를 다루면서 이 형태를 선보인다. 『자크 라캉의 『세미나』 읽기-파리 생탄병원에서 행한 세미나들(1953.11.18.~63.7.3)-』은 모두 아홉 개의 세미나를 담고 있다.

라캉의 저작물은 라캉의 딸 주디트와 그녀의 남편인 자크-알랭 밀레가 맡아서 출판하고 있는데, 16번째 세미나 출판물인 『세미나 6』에 이 부부의 이름이 나란히 편집자로 올라와 있다. 지금까지 라캉의 저술은 'Seuil' 출판사에서 나왔는데, 16번째 세미나 출판물인 『세미나 6』은 출판사가 'Edition de la Martinière'로 변경되었다. 하지만 이전에 출판된 모든 저작이 담긴 총서 '프로이트의 장*Champ Freudien*'은 새로운 출판사에 그대로 이전되어 그전에 출판된 모든 저서가 담겨 있다.

라캉의 세미나가 어떻게 진행되었고 어떤 과정을 거치면서 출판되었는지 보려면, 루디네스코Elisabeth Roudinesco가 쓴 『자크 라캉, 삶과 사유체계의 역사*Jacques Lacan. Esquisse d'une vie, histoire d'un système de pensée*』(Paris, Fayard, 1993) 제9부 제1장 '세미나의 역사'를 참조할 수 있다. 그리고 라캉의 세미나에 관한 자세한 서지를 보려면, 도르Joël Dor가 쓴 『자크 라캉 작품의 참고문헌

Bibliographie des travaux de Jacques Lacan』(Paris, InterÉditions, 1983)과 크루첸Henry Krutzen이 쓴 『자크 라캉의 세미나 1952-1980: 색인*Jacques Lacan Séminaire 1952-1980 : Index référentiel*』(Paris, Economica, 2000, 2009)[3]을 참조할 수 있다. 『세미나 11』이 프랑스에서 처음으로 출판되었듯이, 국내에서도 라캉의 세미나들 가운데 『세미나 11』이 처음으로 출간되었는데 이것이 지금까지 유일한 세미나 번역본이다.[4]

『자크 라캉의 『세미나』 읽기』는 1998년 성균관대학교 대학원 학생회에서 주최한 '라캉의 세미나 읽기와 정신분석 만나기' 학술 강연을 토대로 한다. 이 모임은 샤르코가 화요일에 세미나를, 프로이트가 수요일에 세미나를, 라캉이 가끔 화 또는 목요일에 그러나 주로 수요일에 세미나를 했던 것과는 달리, 대부분 금요일에 있었다. 당시 강연의 의도는 프랑스어로 라캉의

---

3 이 책은 라캉의 세미나(1952~1980년)에 나오는 '주요 테마, 인명, 수학소와 수학 관련 서식, 숫자' 등 네 키워드에 해당하는 색인(찾아보기)이다. 가령 '주요 테마'에서 '무의식'이라는 항목을 찾으면 세미나 몇 권, 며칠 강의에 나오는지를 찾을 수 있다.

4 자크 라캉, 『자크 라캉 세미나 11권-정신분석의 네 가지 근본 개념』, 맹정현·이수련 번역, 서울: 도서출판 새물결, 2008년.

글을 읽고자 하는 분들에게 라캉의 글을 소개하는 데 있었다. 그러므로 라캉의 세미나를 순서대로 다루면서 구체적인 내용의 출처를 밝히고, 그것이 의미하는 바를 토론하였다.

라캉을 차례대로 읽어 나가다 보면 곧 부딪치게 되는 부분이 있는데, 그것은 프로이트에 관한 것이다. 라캉이 프로이트를 바탕에 깔고 강의를 진행하기 때문에 독자들은 무엇보다 먼저 프로이트에게로 돌아가 있어야 한다. 이것은 라캉이 내세운 모토에 따른 라캉의 강의 방식이다. 프로이트를 아는 이 중에는 라캉을 모르는 이가 있을 수 있다. 그러나 라캉을 읽는 이는 무엇보다 프로이트를 접해야 한다. 이렇게 프로이트도 읽고 라캉도 읽으면서 점차 프로이트의 것과 라캉의 것을 구분하게 된다. 이 작업은 그렇게 간단하거나 쉬운 일이 아니다. 더 나아가 라캉을 더 깊게 읽기 위해서는 플라톤과 아리스토텔레스, 아퀴나스와 루터, 데카르트와 스피노자, 칸트와 사드, 헤겔과 사르트르, 소쉬르와 야콥슨, 하이데거와 메를로퐁티, 레비스트로스와 바르트 등 숱하게 많은 학자와 문인의 글을 읽어야 한다. 이런 과정을 거치면서 주지해야 할 점은 이러한 일련의 과정이 인간을 치유하는 것을 염두에 둔다는 점이다. 어느 이론에 치중하거나 함몰되지 않고 이런 사유 속에서 자유자재로 헤엄치기 위한 조건은 바로 증상을 안고 사는 인간 해방을 염두에 두는 것이다.

이 강연을 통해 필자는 무엇이 부족한지 더 알게 되었다. 강연을 들은 이들은 라캉을 쉽게 말하는 자들을 향해 '과연 그것이 그럴까요?'라고 의문을 제기할 수 있는 용기와 라캉에 대하여 말할 수 있다는 자신감을 얻게 되었다. 이것은 우리가 세미나를 마치고 학교 앞 카페에서 매번 나눈 이야기이기도 하지만, 마지막 시간에 모두가 공감한 것이기도 하다. 이런 이야기가 의미하는 것은 아직도 우리가 라캉을 객관적으로 바라보고 평가하기에는 매우 부족하다는 것이다. 라캉을 모르고 현대 사조를 이해할 수 있겠지만, 이 학자가 논의되는 영역에서만이라도 이 학자에 대해 정확하게 안다면 여러모로 이점이 있을 것이다.

라캉을 접하면서 제기되는 문제 가운데 하나가 바로 주석 작업이라 할 수 있다. 주석 작업은 우선해서 고려되어야 한다. 주석 작업은 어떤 시점을 계기로 끝나는 작업이 아니다. 이와 아울러 본문을 평가하는 방식도 중요하다. 아무리 본문을 객관적으로 본다고 할지라도, 독서가의 관점이 바뀌면 본문을 주석하는 태도와 평가하는 방식이 바뀐다. 라캉은 아주 단단한 생각을 계속 밀고 나간 것처럼 보인다. 그렇지만 긴 여정에서 보면 학문적 내용에서나 그것을 표현하는 방식에서 여러 변화를 거치고 있는데, 우리 또한 변화의 여정 속에서 라캉을 읽고 있는 것이다. 필자 또한 이런 흐름 속에서 지금 이 책을 집필하고 있다. 향후 20년 뒤 필자는 어떤 관점으로 다시금 라캉을 바라보게 될까?

필자가 강연을 하면서 한 주 때로는 두 주라는 짧은 기간 동안 라캉의 세미나를 다시 읽고 정리하여 컴퓨터에 입력하였다. 라캉의 세미나를 읽고 정리하는 작업은 참으로 고통스러운 것이었다. 원전을 읽는 일은 참 괴로운 일이 아닐 수 없다. 번역서라도 한 권 있으면 시간을 절약할 수도 있고 더 포괄적인 의미를 정확하게 파악할 수 있으련만, 원서를 읽고 그의 생각을 정리한다는 것은 고통스러운 일이라고 말할 수밖에 없다. 라캉의 글은 그렇게 만만치 않다. 그의 문장이 어려워서만은 아니다. 그가 다루는 작가들의 작품을 읽고 정리하는 일이 더 힘겨웠기 때문이다. 원전을 가까이하지 않으려는 유혹만큼 학자에게 치명적인 것이 또 있을까. 라캉에 대한 비평서나 소개서를 저술한 사람들이 읽었던 라캉의 세미나 대목들을 필자의 눈으로 다시 읽다 보면 그들이 생각한 라캉은 필자가 접하는 라캉과는 다른 사람이라는 것을 자주 알 수 있었다. 여기서 필자는 다시금 저자의 죽음과 독자의 고독을 깨달았다. 아무리 저자의 죽음을 외친다고 한들 독자는 스스로 살 수 있는 존재가 아니다. 독자가 살기 위해서는 저자를 되살려 내어 저자를 위로하고 저자와 협력해야 한다. 특히나 환자가 치유의 열쇠를 소유하고 있는 정신분석에서는 독자 중심성과 독자 배제성이 의미하는 바가 무엇인지 더 고민하게 한다. 이런 생각이 필자를 괴롭혔고, 그래서 더 괴로웠다. 주석가로서의 입장이 이렇다면 연구자의 입장은 여기서 얼마나 더 자유로울 수 있을까? 원서를 정확하게 읽어 낸다는 것은 주석가만의 업보가 아니라고 생각된다. 당시 강연을 기획한 학생회의 말을 들으니, 다른 대학교에서 라캉의 이론을 응용하는 강연이 기획되었었다고 한다. 그러나 학생회에서 볼 때, 국내에 라캉의 이론이 본격적으로 소개되지도 않았는데, 벌써 그의 이론을 응용하는 것이 시기상조라고 판단하여, 원전 읽기 강연을 기획하였다고 한다. 그러니까 원전 강독을 통한 근거리 학문이 선행되고, 이를 바탕으로 비평적인 일이 병행되어야 한다는 의도일 것이다. 이는 한국의 유학 원전을 읽는 대학원 학생회 임원들에게는 자연스러운 일이었을 것이다.

1998년 당시 국내에서 라캉의 원문을 부분적으로 번역하여 출판한 것을 읽으면서 한글과 외국어의 구조적 차이, 장문의 외국어를 한글로 바꾸는 어려움 등에 공감한 바 있다. 하지만 부분적으로 내용을 빠뜨리고 번역한다든지, 외국어 한 단어를 사전식 의미에서 성급하게 번역한다든지, 원저자의 의도와는 전혀 다른 한국어 단어를 선택하는 것을 접하면서 안타까운 마음이 들었다. 원저자 또는 원문의 의도를 모른다면 오역이 아니라, 자신이 의도하는 쪽으로 학문을 만들어 갈 수 있다는 두려운 생각마저 들었다. 가령 『세미나 1』의 제목은 환자와 대화하는 정신분석만의 치료기법을 일컫는 '기술technique에 대한 글쓰기'인데, 이를 '글쓰기에 대한 기술'로 오역하는 경우가 대표적인 사례라고 할 수 있다. 세미나의 내용을 아는 것은 이런 점을 보완하기 위해서 뜻이 있을 것이다. 사실 말 그대로 세미나가 되려면 우선 내용을 숙지하는 작업이 있어야 하는데, 아직 한글로 라캉의 저서를 번역 소개하는 작업이 진척되지 않고 있기에 속히 번역이 이루어져 원문을 읽는 모임이 활성화되면 하는 바람이다.

이 강연을 한 지 15년이라는 세월이 흘렀지만, 그때만큼 라캉의 원전을 다독하지는 못했다. 하지만 부분적으로 깊게 보려고 노력했고, 삶의 여정 가운데서 이해하게 된 부분도 적지 않았다. 그런 것을 담아 그때의 강연집을 다시 고쳐 쓰며 정리하게 되었다. 이는 전적으로 세창미디어에서 '세창명저산책'을 기획하여 국내의 저자가 어떤 사상가의 원전을 소개할 수 있는 장을 마련해 준 덕분이다. 컴퓨터의 한 폴더에서 오랫동안 잠자고 있던 이 강연집을 출판할 수 있도록 어느 날 필자에게 출판을 의뢰해 주신 '세창명저산책'의 기획자이신 원당희 박사님과 원고를 잘 다듬어 주시고 꾸며주신 세창미디어에 고마움을 전한다. 그리고 이 글을 빌려 1998년 이른 봄 프랑스로 연구차 가시면서 필자가 성균관대학교 대학원 학술 특강을 할 수 있도록 배려해 주신 이종영 선생님께 고마움을 전한다. 전역한 지 며칠 되지 않은 상태였지만, 강연을 맡겨 주신 성균관대학교 대학원 홍정우 총학생회장님, 기획과 실무를 담당해 주신 이영주 학술국장님, 강연집을 편집해 주신 미술학도 배정호 사무국장님께 고마움을 전한다. 무엇보다도 나름대로 일터를 가지거나 사회생활을 하면서도 금요일 저녁을 할애하여 세미나에 참석했을 뿐 아니라, 늦은 시간임에도 뒤풀이까지 동참하여 허심탄회하게 담소하여 주신 분들에게 고마움을 전한다. 그리고 이 원고가 컴퓨터의 한 폴더에서 잠자는 동안에도 지속해서 정신분석 사유와 신학 사유를 이어 갈 수 있도록 환경을 마련해 주신 예명대학원대학교의 설립자 이명범 총장님께 진심 어린 고마운 마음을 드린다. 그리고 여름가게를 운영하시면서 자식들의 생애를 수놓으신 —이 책을 교열하는 동안 힘겨운 시간을 꿋꿋이 보내시다 올해 1월 23일 하늘나라 아버지 곁으로 떠나신— 어머니 서원외 여사님께 삼남매의 무한한 감사와 사랑을 듬뿍 담아 보내드린다.

2015년 8월

치개슬에서 강응섭

| CONTENTS |

1장
『세미나 1』 읽기

세미나 1(1953~54년)

프로이트가 정신분석 기술에 대하여 쓴 글들*Les écrits techniques de Freud*

1. '정신분석 기술을 글로 쓴 저서들'에 대하여

『세미나 1』은 1953년 11월 18일에 시작되어 1954년 7월 7일에 끝났다. 제목이 보여 주듯이 프로이트가 개발한 정신분석의 기술에 관한 글 가운데 특히 1910~1920년대의 글을 다루고 있고, 4부 22장으로 구성되어 있다.

'Les écrits techniques.' 이 문구를 번역하자면 '정신분석 기술에 대하여 쓴 글' 정도가 될 것이다. 이 문구에 'de Freud'가 붙으니 'Les écrits techniques de Freud'는 라캉이 '프로이트가 정신분석 기술에 대하여 쓴 글'을 주제로 삼는 세미나임을 알게 된다. 이 주제를 1~8장에서 다루고 있다. 『세미나 1』이 추구하는 내용을 모르고서는 이 문구를 정확하게 의역하기는 쉽지 않다. 국내에서 처음으로 라캉의 글을 번역 소개한 책에는 『세미나 1』의 제목을 '프로이트의 글쓰기의 기술'이라고 했고, 또 다른 책에서는 '프로이트에 대한 기술적 글쓰기'라고 했다. 이 둘은 『세미나 1』의 의도와는 상관없는 번역이다. 라캉이 행한 세미나 1은 프로이트가 얼마나 독일어로 글을 잘 '기술'하는지를 말하고 있지 않으며, 프로이트에 대한 2차 문헌이 필요함을 역설한 것도 아니다. 오히려 프로이트가 행한 분석 전략 또는 분석 기술을 담은 문헌으로 돌아가서 다시금 정신분석의 기술과 전략을 생각하자는 의도를 보여 주고 있다.

라캉에 따르면 프로이트는 『히스테리 연구』(1895)에서부터 분석에 필요한 '기술la technique'을 발굴했고, 이후에도 항상 이것을 발전시키기 위해 노력했으며, 심지어 정신분석에 직접 관계되지 않는 것처럼 보이는 다른 글들(신화학, 종교인류학, 문화학 등)을 읽으면서도 기술에 도입하고자 노력했다. 이처럼 중요한 기술을 위해서는 '프로이트식 경험의 원천l'origine de l'expérience freudienne'으로 되돌아가야 하는데, 이 '원천le point de source'이란, 자료와 사례의 원천, '기술이라는 것을 에워싼 글'인데, 특히 1910~1920년대의 저서들이다. 이 시기의 주요 프로이트 작품으로는 『연애심리학에 공헌, 1. 남자가 대상을 선택할 때의 특별한 형태』(1910), 『망상증 환자가 쓴 자서전에 대한 정신분석의 고찰—슈레버 박사』(1911), 『연애심리학에 공헌, 2. 연애에서 가장 일반적인 자존심 하락에 대하여』(1912), 『토템과 터부』(1912~13), 『나르시시즘 입문』(1914), 『전이의 역동성』(1915), 『허무함』(1916), 『정신분석 입문』(1916~17), 『애도와 멜랑콜리』(1916~17), 『매 맞는 아이. 성도착의 원인 연구에 기고한 논문』(1919), 『쾌락법칙을 넘어서』(1920) 등을 들 수 있는데, 이 작품들은 '무의식-전의식-의식'(제1차 위상)으로 대표되는 1910년 이전의 프로이트와 '이드-자아-초자아'(제2차 위상)로 대표되는 1920년 이후의 프로이트를 이해하는 데 징검다리 역할을 하므로 아주 중요하다.

프로이트가 고안한 독창적인 기술은 라캉이 행한 분석 기술에 대한 글쓰기를 통해 형식 면에서나 내용 면에서 수정이 가해져 또 다른 기술에 대한 글쓰기가 이루어진다. 이렇게 라캉은 '프로이트가 기술에 관해 쓴 글'을 읽으면서 프로이트의 주석가이자 기술에 대한 연구자가 된다. 이와 마찬가지로 라캉의 세미나를 읽고 있는 오늘날의 우리는 라캉이 행한 기술적 글쓰기를 강독하면서 그의 기술을 습득하고 그 결과 우리 나름의 기술을 정립하고 이를 글로 표현하는 것이다. 그러나 라캉이 임종 때까지 했던 '기술에 관한 글쓰기'는 그리 간단하거나 쉬운 작업이 아니다. 이 주제는 이론적인 면에서뿐만 아니라, 제도적인 차원까지도 연결되기에 아주 복잡하다. 우리는 『세미나 1』을 통해 기술의 원천이 어디이며 무엇인지에 접근하게 될 것이다.

2. 기술과 저항

라캉은 프로이트가 행한 기술 가운데 최면l'hypnose과 암시la suggestion를 간과하지 않는다. 프로이트에게 최면을 선보였던 샤르코Jean Martin Charcot, 1825~1893는 히스테리, 최면, 정신분석의 탄생과 분리할 수 없는 인물이다. 프로이트는 파리에서 연구(1885년 10월~1886년 2월)할 수 있도록 장학금을 지원받아 살베트리에병원Salpetrière에 가게 되고 거기서 샤르코의 가르침을 받는다. 프로이트가 샤르코에게 받은 영향이 얼마나 컸는지는, 1889년 태어난 맏아들에게 그의 이름인 '장 마르땡'을 붙인 것과 1893년에 그가 죽자 그의 저서 『화요강의*Leçon du mardi*』를 번역한 것을 봐도 잘 알 수 있다. 그러나 프로이트는 샤르코의 최면과 암시를 벗어나 자유 연상la libre association을 시도한다. 이를 통해 말과 언어 위에 기초한 정화법le procédé cathartique과 압착법le procédé par pression을 사용하면서 정신분석적 방법을 열 수 있게 했다. 여기에는 프랑스 낭시의 베른하임hippolyte Bernheim, 1840~1919으로부터 익힌 말로써의 치료 원리가 버팀목이 되고 있다. 압착법은 프로이트가 정화법을 약간 변형시킨 것인데, 환자를 침대에 눕히고 눈을 감게 한다. 그리고 분석가가 환자의 이마를 손으로 누르는 동안 기억이 영상 형태로 나타난다. 그리고 환자에게 생각이 떠오를 것이라는 확신을 준다. 이때 환자에게 나타나는 기억이나 생각을 모두 말하게 하는데, 심지어 아무런 상관이 없는 듯한 것도 말하게 한다. 그리고는 실제로 분석가 앞에 누운 환자의 이마를 몇 초간 누른 다음 '무엇이 보입니까?', '무엇을 생각합니까?'라고 물어본다.

이렇게 환자에게서 듣는 방식은 정신분석 기술의 기본인데, 환자가 들려주는 이야기는 환자의 역사이고, 이것을 글로 쓰면 환자(주체)에 대한 역사 기술이 된다. 주체의 역사를 복원한다는 것은 곧 과거를 복원하는 것이다. 이 복원을 위해 분석가와 분석 대상이 설정된다. 프로이트의 분석에는 독보적임, 독점적임, 기발함이 담겨 있다. 주체의 회복을 위한 선결 과제는 저항을 파악하는 것이다. 저항은 '최면술'을 통해 알려진다. 분석 작업 또는 기술에 대한 글쓰기를 계속할 수 없게 하는 것이 '저항'이다. 저항은 연상과정과 기억과정에서 하나의 매듭이자 근원적인 압박이다. 꿈의 가장 중요한 부분은 망각된 부분인데, 이것을 계획하는 것이 자아이고, 자아는 가장 근원에 있는 사고들을 억압한다. 프로이트는 이 자아의 자율 기능에 대하여 『집단심리와 자아분석』(1921)에서 말한다. 이 자아는 타자他者와의 관계에서 자율적이다. 이 자아는 타자와의 관계에서 구성된다. 곧 자아 체계는 타자 체계를 전제한다. 타자 체계는 외부 세계에 대한 모든 것을 자아 체계에 각인시킨다. 즉 외부 세계는 타자 체계를 통해 자아의 지각 체계에 인화된다. 타자 체계와의 관계 안에서 자율적인 자아 체계는 영상이라는 근본 틀로 구성되고, 외부 세계와의 무한한 관계에 내몰린다. 이런 과정에서 저항이 작용하여 주체 체계는 자아 체계와 다른 성격을 갖게 된다. 주체의 구조가 '꽉 찬 말la parole pleine'에 관계된다면, 자아의 구조는 '텅 빈 말la parole vide'에 관계되는데, 전자가 저항을 피하여 주체의 진실을 실현하는 것을 의미한다면, 후자는 저항으로 인해 억압되어 자아의 진실이 파묻히게 되고 결국 분석가를 통해 대리적으로 실현되어야 함을 의미한다. 대리적 실현은 감정 전이를 통해 진실이 구현됨을 뜻한다.

자아는 벌어짐Béance, 검은Noir, 텅 빈Vide 구조 안에서 대상과 접촉한다. 자아 체계의 벌어지고 검고 텅 빈 부분이 타자 체계로 메워질수록 저항은 그 힘과 작용 능력을 점차 확대해 간다. 그래서 라캉은 '저항의 자리는 어디인가?' 라고 네 가지를 질문한다. 첫째, 분석 안에서 나타나는 현실인가? 둘째, 무의식과 의식의 관계인가? 셋째, 분석 밖에서 나타나는 그 무엇인가? 넷째, 분석 밖에서도 저항이 의미를 갖는가? 라캉은 프로이트에게서 저항이 히스테리 연구에서부터 에고Ego의 개념과 연결되어 있다고 말한다. 이런 고민을 해결하기 위해 라캉이 즐겨 읽은 글은 『전이의 역동성』(1915)이다. 역사가 과거에 있었던 일을 현재에서 기술하는 것이라면, 주체의 역사histoire du sujet는 저항을 거슬러 올라가 '말하는 그Qui parle'를 이야기하는 것이다. '말하는 그'를 알 수 있을까? 무의식의 발굴과 그 회복이 가능할까? 라캉은 기술할 수 없는 것을 기술하면 그게 바로 주체의 역사라고 말한다.

저항은 환자의 몫이다. 저항이란 회상, 자유연상, 무의식의 우연한 발굴 등의 과정에서 발견되는 매듭, 연결고리, 근원적 압박이다. 프로이트는 완성된 분석을 통하여 망각된 병원病源의 표상을 발견한다. 이 표상들이 갖는 공통 요소는 매우 고통스럽다는 것이다. 즉 치욕, 양심의 가책, 도덕적 고통 등이 바로 그것인데, 이것들은 도덕적 편견을 불러일으킨다. 이런 감정들은 차라리 경험하지 않거나 잊어버리기를 원하는 것의 범주에 속한다. 이러한 표상들은 자아에 관계되며 증상이 형성될 때 혐오감을 일으키는 원인이다. 혐오감을 일으키는 원인이 망각된 병원의 표상이라는 것을 인정한다면, 증상의 원인을 찾을 수 있게 된다. 그래서 치료는 연상하는 가운데 저항을 이겨 내는 것이다. 즉 치료는 저항의 내부에 있는 것을 파헤쳐 저항을 일으키는 요소와 대면하고 그것을 다시 보는 것이다. 저항의 어떤 기점에서 분석가는 자기실현을 한다. 라캉은 완전히 망각한 꿈이 가장 의미 있는 꿈이라고 말한다. 이 망각은 '가장 밑바닥에 있는 생각'인데, 여기서 생각이란, 우리가 공부할 때 말하는 거창한 사상으로서의 생각이 아니라, 일상적이고 우리 머리에 끊임없이 떠오르는 그런 것, 잡념, 잡생각 등을 말한다.

전이는 분석가의 몫이다. 전이에서 말의 역할은 매우 흥미롭다. 프로이트는 『일상생활의 정신병리학』(1901)에서 'Herr'라는 단어를 통해 'Signorelli'라는 망각된 단어를 찾는다. 말이 주체의 진리를 실현할 때는 '꽉 찬 말'이고, 자아가 지금 분석가와 여기서 해야 할 것이 있을 때를 '텅 빈 말'이라고 한다. 자아는 언어 체계와 문화의 음모 안에서 헤맨다. 말에 대해서 주체와 자아는 대립적이다. 자아 체계는 타자 체계 없이는 생각할 수 없다. 자아는 타자와의 관계에서만 구성된다. 자아와 타자의 담화는 텅 빈 말

(결여된 말)과 타자 체계(분석가)의 담화이다. 이 담화가 주체에 밀접할수록 분석가는 이 담화에 집중하고, 이 담화가 주체에게 공허할수록 분석가는 타자에 사로잡히거나 대화 그 이상의 것을 찾게 된다.

3. 영상적인 것과 거울 단계

라캉은 정신의 세 층위로서 'Imaginaire', 'Symbolique', 'Réel'을 말한다. 이 용어를 어떻게 번역할까, 그 내용은 무엇일까, 가늠하면서 『세미나 1』을 읽어 가는 것이 매우 중요하다. 우선, 'Imaginaire'는 이미지적인 것, 영상적인 것(Image~), 영상계라 볼 수도 있고, 이미지를 통해 상상하니 상상적인 것, 상상계라고 볼 수도 있다. 프로이트가 『꿈의 해석』 7장에서 심적 장치를 설명하면서 제1차 과정은 지각된 것을 영상으로 바꾸는 것이고, 제2차 과정은 이 영상을 언어(단어)로 바꾸는 것이라고 설명한다. 여기서 제1, 2차 과정의 경계는 연상 작용이 일어나는 곳으로서 '영상-단어'의 짝이 문제시되는 곳이다. 두 번째로 'Symbolique'는 상징적인 것(Symbol~)으로 구성되는 상징 체계이다. 마지막 'Réel'은 뭐라고 딱히 말로 표현할 수 없는, 상징 체계에 가두어지지 않는 어떤 것인데, 실재적인 것, 실재계로 불린다. 라캉은 이러한 세 층위의 구조 없이는 프로이트가 했던 정신분석 경험을 이해할 수 없다고 말한다. 라캉은 실재적인 것 안에서 상징적인 것과 상상적인 것의 접합과 교차가 중요하다고 말한다. 이 셋의 어울림이 바로 정신 작용인데, 이 삼위체는 정신분석 기술을 세우는 체계이자, 정신분석 기술 개념을 생산해 내는 장치이다. 라캉은 『세미나 1』에서부터 정신의 삼위체 틀을 갖고 있었지만, 시간이 갈수록 그것이 운용되는 방식에 대해서는 강조점을 달리하게 된다. 『세미나 1』 이전에는 상상적인 것에 관심을 두면서 거울 단계를 고안했고, 『세미나 1』에서는 상징적인 것에 강조점을 두었고, 나중에 가서는 실재적인 것에 매달린다.

좀 더 부연해 보자. 라캉이 고안한 거울 단계 이론은 프로이트에게서 시작된다. 『플리스와의 서신 교환』, 『꿈의 해석』(제7장), 『나르시시즘 서론』에 근거해 심적 장소, 심적 현실, 지각과 자아의 의식 간에 일어나는 일을 설명한다. 특히 라캉은 『꿈의 해석』 제7장에 나오는 현미경, 망원경 장치에서 거울 도식을 구상하게 된다. 라캉은 프로이트의 복잡한 현미경 장치보다 더 간단하고, 심지어 어린애의 그림처럼 유치한 자신의 거울 장치가 좀 더 깊은 곳으로 이끌 것이라고 말한다. 이 장치는 영상(장면, 보기-청각적인 보기와 시각적인 보기)을 중시하는 정신분석에 엄청난 기여를 한다. 라캉은 자신이 고안한 거울장치를 무지개 현상과 비교한다. 우리가 무지개 현상을 보면서 7가지 색을 모두 찾기 어려운 것처럼 거울장치를 통해서도 대상 그 자체를 바로 볼 수 없다는 것이다. 이처럼 라캉은 거울장치와도 같은 무지개 현상이 주관적인지 객관적인지 질문하면서 그 어떠한 것도 객관적이지 않다고 말한다.

자아가 형성되는 초기 단계를 분석해 보면 '내용contenu'과 '형식contenant'으로 구분된다. 신체의 각 기관이 성숙의 과정을 거치면서 주체는 동력 기관을 통합하고 자기 몸을 실제로 조정하게 된다. 이 단계에서 주체는 자기 몸을 종합적으로 이해하게 된다. 라캉이 거울이론에서 강조하는 것은 자기 몸을 실제로 잘 조정하지 못하는 주체가 자기 몸을 전체적으로 파악하는 과정이다. 이 과정에서 상상적인 것이 실재를 포함할 수 있고, 실재가 상상적인 것을 포함할 수 있음을 보여 준다. 여기서 중요한 것은 주체의 시선Oeil의 문제인데, 상상적인 것과 실재적인 것의 관계, 즉 세계의 구성 관계는 주체의 상황에 달려 있다. 즉 주체의 상황에 따라 세계는 상상적인 것, 상징적인 것, 실재적인 것이 된다. 주체의 상황은 시선을 통해 파악된다. 이것이 바로 주체의 창이다. 이 시선을 거쳐 상상은 상상적인 것이 되고, 상징은 상징적인 것이 되고, 실재는 실재적인 것이 된다.

라캉은 안나 프로이트Anna Freud와 멜라니 클라인Melanie Klein을 끌어들여 자아 체계와 주체 체계를 설명한다. 안나 프로이트는 자아 방어로서의 자아를 말하지만, 라캉은 분석에서 대립하는 모든 것이 자아 방어는 아니라고 말한다. 이 말이 의미하는 것은 자아가 방어기제만을 가진 게 아니라는 것이다. 정신분석은 인간관계를 덮고 있는 상징적 관계 속으로 자아를 받아들이는 작업인데, 자아 연구가 지향하는 바는 저항을 극복하고 주체의 진리를 드러내는 데 있다. 라캉은 이런 모습을 멜라니 클라인의 자아분석을 통해 주지한다. 즉 라캉은 순수하고 명백한 현실과 상징화되고 언어화된 현실을 구분한다. 전자(순수의 현실)는 자아가 언어와 문화에서 소외된 상태이고, 후자(상징의 현실)는 자아가 인간화된 세계 속으로 진입함을 말한다. 라캉은 자아가 순수한 현실에서 인간화된 현실로 들어오는 과정을 정체화의 제1과정이라고 말하고, 이 과정에서 발생하는 저항으로 인해 자아 체계 안에서 재구성되어 가는 것을 자아의 역사라고 말한다. 반면 주체의 역사는 자아의 역사와는 단절하면서 저항을 극복하는 담론이다. 정신분석의 전략, 정신분석의 기술은 자아와 분석가 사이에 발생하는 저항을 해소시켜 주체의 진리를 드러낸다.

클라인이 분석한 남자아이 딕Dick은 '어두운 공간Espace noir'에서 숨는 놀이를 하는데, 라캉은 이 사례를 다시 분석한다. 라캉에 따르면 이 어두운 공간은 어머니 몸의 공허하고 검은 내부를 의미한다. 딕에게 어머니의 몸은 형식이고, 몸의 기관은 내용이다. 딕이 검은 공간에 숨는다는 것은 그 속에 대상이 없음을 뜻한다. 이것이 핵심이다. 딕에게는 상상적인 대상이 없다. 다시 말해 딕에게는 상상의 원리만 있고, 상징의 원리가 없다는 것이다. 딕의 경우에서 현실의 한 부분은 상상적이고, 다른 한 부분은 실재적이다. 이 둘 사이의 접합은 완성되지 않는다. 바로 여기에서 거울과의 관계가 제시되고 투사가 이루어지지만, 말言의 내투는 이루어지지 않는다.

여기서 라캉은 심리학자 칼 뷜러Karl Buhler가 제시하는 언어의 세 단계를 이용하여 딕을 설명한다.

첫째는 명령Enoncé, 둘째는 소리의 고저, 즉 상황에 따라 바뀌는 어감Appel, 셋째는 상황 전체와의 소통Communication이다.

라캉은 딕의 경우가 두 번째 단계에 해당한다고 본다. 언어의 단계와 말의 단계에는 차이가 있는데, 언어 속의 주체는 말의 단계에서 방해받는다는 것이다. 딕은 언어의 단계 속에 있기에 말의 단계에서는 침묵한다. 언어는 상상적 체계와 서로 얽히지 않는다. 딕에게 문제는 말이 도래하지 않는다는 것이다. 말이 개입되지 않는 한 실재와 상상적인 것은 동일하다. 그래서 클라인은 딕을 말의 단계로 끌어내려고 시도한다. 즉 클라인은 작은 기차가 딕, 큰 기차가 아버지, 역은 어머니라고 말하면서, 딕이 역으로 들어간다고 말을 건넨다. 이 시점에서 '어두운 공간Espace noir'에 딕이라는 작은 기차와 아버지라는 큰 기차가 자리하게 된다. 즉 빈 틀에 내용이 채워짐으로 틀과 내용은 분리된다. 곧 실재와 상상적인 것이 분리된다. 클라인이 '역, 그것이 바로 어머니야, 딕은 어머니에게 들어간다'고 한 담화는 '텅 빈 말'을 '꽉 찬 말'이 되게 함으로써 분석가와 주체의 진리를 구현했다. 이 전이를 통해 타자와의 실제 관계를 상징화했다. 언어의 단계에서 말의 단계가 진행되면 상상적인 것이 상징화된다. 클라인은 '구어 호명Appel parlé, Appel verbalisé'으로 딕을 불렀는데, 라캉은 이것이 딕을 말의 단계로 불러낸 첫 사건이라고 평가한다.

라캉은 딕의 사례를 분석하여 '텅 빈 말에서 꽉 찬 말'로 진행되는 과정을 설명했다. 분석가와의 담화를 통해 딕의 자아는 무의식의 문을 열었는데, 그 결과 '무의식은 타자의 담화이다l'inconscient est le discours de l'autre'라는 정신분석 기술을 얻게 된다. 그러니까 무의식은 타자가 발설한 담화, 타자한테서 오는 구어호명이라고 할 수 있다. 여기서 우리는 『세미나 1』에서 아직 라캉이 소타자autre, 小他者와 대타자Autre, 大他者를 구분하지 않는다는 점을 알아 두어야 할 것이다. 『세미나 3』에서야 비로소 슈레버의 망상증을 설명하기 위해 언어학을 도입하면서 이 둘을 구분한다. 『세미나 9』 정도에 가서는 무의식이 대타자의 담화라고 수정된다.

프로이트는 전이를 사랑이라 부르는 것을 주저하지 않는다. 프로이트가 전이와 사랑은 본질적인 면에서 차이가 없다고 확답하기까지 사랑의 현상을 교묘하게 회피한다. 전이가 가공적 현상 구조라면 사랑 또는 열정은 즉흥적 현상 구조이다. 라캉은 초자아Surmoi와 자아의 이상Ideal du moi을 구분할 때, 초자아는 구속하는 것인 반면, 자아의 이상은 자극하는 것이라고 설명한다. 환각적 망상에는 환자가 실재처럼 가정하는 무엇이 있다. 여기서 환각은 현실에 대한 감각을 의미한다. 라캉에 따르면, 가령 환자가 '루프loup'(늑대)라고 말할 때 그것은 그냥 '루프'라고 발설되었을 뿐, 다른 어떤 말로 불리든 그것이 지칭하는 것은 하나이다. (슬라보예 지젝은 이것을 '기의 없이 텅 빈 기표'라는 말로 표현했다.) 이 말을 할 때 자아는 혼돈과 정지 상태에 있다. 이 말의 고리articulation에서 분석이 시작된다.

라캉은 '상상적인 것의 기능'을 설명하면서 신경증과 정신병의 차이점을 설명한다. 실재의 실현을 상실할 경우 신경증 환자는 상상적 대용물을 찾지만, 정신병 환자의 경우에는 그 대용물을 찾지 않는다고 한다. '상상적인 것의 기능'은 실재를 상징화시킨다. 여기서 외부 세계가 구성되는데, 거울 도식이 이것을 설명한다. 거울 도식은 프로이트의 충동 이론과 리비도 이론을 고스란히 담고 있다고 보면 된다. 충동은 자아 충동pulsion du moi과 성 충동pulsion sexuelle으로 구분되고, 성 충동은 다시 자아 리비도libido du moi와 대상 리비도libido d'objet로 구분된다. 여기서 성 충동의 원동력은 성적 파트너도 아니고, 개인의 특수성도 아니고, 영상(이미지)이다. 그러므로 성 충동의 기계적 시동 장치는 본질적으로 영상들과의 관계에서 이루어진다. 그러므로 리비도적 충동은 영상적인 것, 이미지의 기능에 의해 집중된다. 그러니까 라캉은 리비도의 이동을 '영상'의 이동이라고 보면 무리가 없다고 강조한다.

4. 자아의 이상과 욕망

라캉은 『세미나 1』에서 1936년과 1949년에 발표한 거울 도식을 다시 상세하게, 그리고 새로운 차원에서 거론한다. 거울 도식은 주체 내부에서 일어나는 것을 기술한 것인데, 거울 면에 실재 대상이 실재 영상으로 구성되고, 주체에 의해 실재 영상이 허구 영상으로 포착되는 과정을 보여 준다. 평면거울을 사용한 거울 도식에서 주체는 대상과 대칭적 허상 위치에 위치한다. 여기서는 이상적 자아Moi-idéal가 구성된다.

생후 6개월에 시작된다고 하는 거울 단계는 거울에 비친 자신을 보며 환호하는 아이를 제시하는데, 이 시기가 바로 오이디푸스 콤플렉스가 사라지면서 내사 또는 내투l'introjection가 나타나는 18개월이다. 라캉은 이 지점에서 '외부에 있던 것이 내부가 되고, 아버지였던 것이 초자아가 된다'고 말한다. 전복이 일어난 것이다. '아이가 먹은 아버지는 위에 들어가서 초자아가 되는가?'라는 말은 곧 내투 과정을 두고 하는 말이다. 18개월이 되면 아이에게 초자아가 구성되고, 아버지는 이제 육으로서의 아버지가 아니라 상징의 법으로 기능하게 된다. 아버지를 먹은 것 때문에 죄책감도 있고, 그 아버지가 제시하는 법에 순응해야 하는 의무도 갖게 된다.

라캉이 말하는 명사구 'le désir de l'autre'는 '타자의 욕망'으로 번역되는데, 이 말은 타자가 가지고 있는 욕망인지, 타자에 대한 나의 욕망인지 애매하다. 라캉식으로 볼 때 이 명사구는 전자의 의미에 강조점이 주어지고 있다. 그래서 라캉은 이렇게 설명한다. 인간 주체에게 있어 욕망은 타자 안에서, 타자에 의해서, 타자에게서 실현된다. 그것은 바로 주체가 자아의 틀을 통합하는 순간인 거울 시간, 이차적 시간이다. 그때부터 인간의 욕망인 타자의 욕망은 언어의 병합에 들어간다. 인간 주체는 —상호 인정이나 초월성의 관계 속으로, 각 개인 역사를 포함한 법 체계 안으로— 나와 너라는 상징적 질서 안으로 들어간다. 욕망은 외부에서 내부로 들어오는 내투에 의해 생성되는데, 라캉은 이를 시소놀이라 부른다. 프로이트에게서의 리비도가 라캉에게서는 영상임을 다시 상기해 보자. 영상이 욕망을 담지擔持하고 있음을 받아들인다면 영상의 재-내투는 바로 욕망의 재-내투이다. 이 연관은 한 번만 이루어지는 것이 아니라 끊임없이 반복된다. 이 과정에서 욕망은 아이에 의해 재통합되고, 재인수된다. 상징적 국면은 상상적 국면과 연결된다. 우선 아이의 욕망은 거울 욕망을 통과한다. 그 욕망이 승인되든지 배척되든지, 수용되든지 거부되든지 하는 것은 바로 이 거울 욕망에서이다. 아이는 이 거울 장치를 통해 상징적 질서를 수련하고 자기의 근원에 접근한다. 라캉은 비유적으로 말言이란, 인간의 욕망이 끊임없이 언어의 체계 안에 들어가면서 병합되는 풍차의 바퀴와 같다고 설명한다. 끊임없이 회전하고 진동하는 풍차 바퀴로 비유되는 거울 단계는 주체가 자아 형성기에 겪는 위험, 동요, 위기를 보여 준다. 주체는 이렇게 타자의 욕망을 추구하다 기진맥진한다. 주체는 순수한 자기 욕망을 포착할 수 없는데, 그것은 자기의 고유한 욕망이 바로 타자의 욕망이기 때문이다. 그가 추구하는 것은 바로 자기 자신이다. 그래서 거울 도식의 O-O′ 간의 관계는 타자와의 상상적인 관계이다. O′는 독일어로 반해 있음, 열애Verliebtheit 등을 의미한다. 나르시스적 관계는 바로 이 면을 통과한다. O-O′의 관계, 거울 관계, 상상적인 관계, 바로 이것이 도착perversion이다. 도착적 욕망을 지탱하는 상호 주관적 관계는 타자의 욕망, 주체의 욕망, 기진맥진한 상태로 표현할 수 있다. 라캉은 세미나 8에서 '너의 욕망을 포기하지 말라'고 말하는데, 여기서 '너의 욕망'은 '타자에 예속된' 것이다.

라캉은 말의 기능을 제시하기 위해 다이아몬드 모양의 육면체를 그린다. 아래 삼각뿔과 위 삼각뿔을 나누는 중간 면이 있다. 이 면은 실재적인 것의 표면을 나타낸다. 어떤 것도 이것을 통과할 수 없다고 한다. 그러나 낱말이나 상징들이 실재에, 즉 실재적인 것의 표면에 구멍이나 구덩이를 만든다. 이 구멍 때문에 어떤 것이 통과할 가능성이 생긴다. 이 때문에 사물들은 상호 교환

이 가능해진다. 실재 안의 이 구멍은 존재l'être나 무le néant이다. 이 존재와 무는 본질적으로 말의 현상과 관련된다. 이 존재의 차원 안에 상징적인 것, 상상적인 것, 실재적인 것 등의 구분이 설정된다. 라캉은 이 구분 없이 프로이트가 말하는 정신분석의 경험, 정신분석에서 말하는 기술을 이해할 수 없다고 되풀이한다. 이 중 하나라도 없으면 우리의 정신은 제대로 서 있을 수 없게 된다. 상징적인 것과 상상적인 것 간의 만남에서 사랑이라 불리는 정지선, 상상적인 것과 실재적인 것 간의 만남에서 증오, 실재와 상징적인 것 간의 만남에서 무지 등이 설정된다. 처음 둘은 세 번째 것이 없이는 가능하지 않다. 세 번째 것은 소홀하게 취급되지만, 간과할 것은 아니라고 말한다.

또한 라캉은 정신분석 기술의 분석가와 환자라는 틀에서 환자가 생각하는 분석가를 표현하는 명사구 두 개를 제시한다. 이 명사구가 보여 주는 것은 정신분석의 기술이 환자 중심적이라는 것이다.

- sujet-supposé-savoir
- sujet de la passion d'ignorance

처음 것은 '안다고 가정된 주체', '알고 있다고 가정된 주체', '전지전능하다고 가정된 주체'를 의미하고, 두 번째 것은 '모르기 때문에 열정을 가진 주체', '모르는 것을 알려고 노력하는 주체', '모르는 것에 대해 열정을 가지고 알려고 하는 주체'를 의미한다. 보통은 의사 스스로 자신이 환자에 대해 모든 것을 알고 있고, 환자를 이해하려는 열정을 가진 자로서 이해하는 등 의사 중심으로 사고한다. 하지만 라캉식 정신분석에서는 의사 중심의 사고를 포기하고, 환자 중심의 사고가 제시된다. 여기서 '~주체'는 환자가 상정한 의사를 지칭한다. 이러한 의사와 환자의 관계는 프로이트식 정신분석 기술에 대한 라캉식 해석으로 볼 수 있다. 정신분석 기술에 대한 세미나 1은 이런 식으로 진행되었다.

2장
『세미나 2』 읽기

세미나 2(1954~55년)

프로이트의 이론과 정신분석의 기술에서 자아

Le moi dans la théorie de Freud et dans la technique de la psychanalyse

1. 자아는 의식의 문제인가?

프로이트가 연 새로운 관점들은 선배들이 간직해 온 관점들을 폐기하였다고 라캉은 말한다. 새로운 관점은 기존의 용어를 다시 만지거나 새로운 용어를 사용하여 제시된다.

이론과 실천이 분리될 수 없다는 관점에서 볼 때, 용어가 수정되거나 새로운 용어가 등장하면 실천은 그에 따라 굴절된다. 최면과 암시, 정화와 압박 등으로 제시되는 정신분석 기술의 역사를 잠깐만 되돌아봐도 그점을 알 수 있다. 프랑스어에서 진리vérité와 지식savoir은 각각 이론과 실천에 강조점을 둔 진리와 지식이라고 할 수 있다. 『프로타고라스』에서 소크라테스는 인간의 상호 주관성에서 요구하는 질서 정연함, 응집성, 그리고 경험적 학문의 원천에 관계되는 것을 말할 때 지식이라는 용어를 사용하였다. 라캉이 주관성subjectivité이라 부르는 것은 소크라테스가 말한 '세상-속의-존재'라는 개념 때문인데, 라캉은 소크라테스가 이미 편심décentrement이란 개념을 알고 있었다고 주장한다. 즉 진리와 지식을 분리해서 생각한 소크라테스는 오늘날 우리가 말하는 사고, 욕망, 우리에게 속하는 것과 속하지 않는 것 등에 해당하는 이론을 가지고 있었던 것으로 보인다. 편심 개념은 —'자아ego의 체계에서 유래하는 것은 의식의 체계에서 유래하는 것이다' — '자아=의식'의 틀에서는 이해되지 않는다. 프로이트는 정신분석 경험을 할수록 '자아=의식'에 초점을 덜 맞춘다. 왜냐하면 결국 의식은 설정할 수 없는 것으로 이해되기 때문이다. 프로이트는 정신분석을 창안한 초기에 무의식을 발견하였고, 정신분석이 결국 무의식을 다루는 것이라 생각했기 때문에 무의식이 더 복잡한 것이라 여겼지만, 시간이 지날수록 의식의 문제가 무의식의 그것보다 더 복잡한 문제임을 알게 된다. 그래서 라캉은 프로이트가 의식의 문제를 포기한다고까지 말했다고 전한다. 『세미나 2』의 제목이 프로이트의 이론과 정신분석의 기술에서 '주체'가 아니라 '자아'가 된 것도 '무의식적 주체'보다 '자아'가 더 풀기 어려우므로 이를 풀어 보고자 한 것이다. 주체 앞에 '무의식적'이란 수식어가 붙었듯이 '자아' 앞에 어떤 수식어를 붙일까? '의식적'이라는 수식어를 붙일까? '중심적', '탈중심적', '편심적'이라는 수식어를 붙일까?

소크라테스가 편심 개념을 알았던 것처럼, 프로이트도 그런 믿음 체계를 가졌었다. 프로이트가 설정하는 주체는 탈중심적 excentrique이다. 주체는 개인과의 관계에서 볼 때 편심적이다. 라캉은 '나는 타자이다'라는 말로 이것을 표현하였다. 랭보의 시 구절인 '나는 타자이다je est un autre'는 '참다운 나', '무의식의 주체인 나'는 자아가 아님을 보여 준다. 그것만으로는 충분하지 않다. 자아는 그 '나'가 아니고, 실수도 아니다. 자아는 다른 것이다. 즉 주체 경험 내부에 있는 하나의 특별한 대상이다. 자아는 하나의 대상, 즉 상상적 기능이라 부르는 어떤 기능을 채우는 대상이다. 이 명제는 정신분석의 기술에서 절대적인 본질이 된다. 프로이트는 1920년 이후의 글쓰기에서 이 개념을 끌어냈고, 제2차 위상 때의 프로이트를 연구해 보면 제1차 위상 때 말했던 자아와는 다른 의미로 그 용어를 사용하는 것을 발견하게 된다. 결국 프로이트가 말하고자 한 것은 '자아와의 관계에서 주체의 탈중심성이었다'고 라캉은 말한다.

라캉은 탈중심성의 역사를 보이기 위해 여러 학자를 끌어들인다. 가령 라로슈푸코La Rochefoucauld는 순간적인 쾌락에서 해방되기 위해서는 최상의 질서로서의 선을 찾아야 하며, 인간의 행위에서 사랑을 찾는다면 기만적이고 진실하지 못하게 된다고 말한다. 왜냐하면 순간적 쾌락에서 비롯되는 것은 참되지 못하기 때문에 결국 우리를 속이게 되고, 자아는 쾌락의 지배 아래 있게 된다는 것이다. 토마스 아퀴나스의 형이상학적 이론에 의하면 사랑 안에서 주체가 고유한 선을 찾는다고 한다. 하지만 생타무르의 기욤Guillaume de St-Amour은 아퀴나스가 주장하는 사랑에 대한 형이상학적 이론을 반대하는데, 선을 탐구하는 것과 사랑을 탐구하는 것은 서로 다른 것이라고 주장한다.

이러한 개념은 니체와 같은 도덕주의 철학 전통과 연결되는데, 이 전통이 주장하는 점은 선을 행하는 사람이 아니라, 도덕적 행동 또는 그것을 실행하는 품성moeurs이다. 『도덕의 계보』에서 다루어지는 이 전통은 기만당하는 인간의 행동을 보여 준다. 바로 이 지점에서, 즉 기만당하는 인간의 행동에서 프로이트적 진리가 드러난다. 프로이트는 인간이 기만당하는 그곳에 바로 진리가 있고, 그곳이 어디인지 말한다.

『과학적 심리학 초고』(1895)를 저술할 당시 프로이트는 의식 현상을 정확하게 설정하지 못했고, 제1차 위상(무의식-전의식-의식)의 시기뿐 아니라 병리학적 형태(꿈, 망상, 정신적 혼돈, 환영)를 응용하면서 '메타심리학'을 전개하던 1900~1910년대에도 의식 체계를 잘 설명하지 못했다. 하지만 1920년대 제2차 위상(이드-자아-초자아) 시기에는 모든 것이 무의식에서 비롯된다고 말했고, 의식화된 무의식적 자아는 순수한 의식을 갖지 않는다고 말한다. 자아는 더 이상 의식의 영역이 아니라 무의식의 영역에서 다뤄진다. 그래서 자아는 더욱 복잡해진다.

2. 플라톤의 『메논』 분석

플라톤의 『메논*Ménon*』은 상기의 문제를 제기한다. 상기란 이데아의 세계에 있는 것을 기억해 내는 철학적 사유 방식이다. 플라톤은 노예의 입에서 어떻게 진리를 말하게 할 수 있을까 질문을 제기한다.

메논은 소크라테스에게 진리aretè, vertu, vérité가 무엇인지 묻는다. 소크라테스는 자신도 모른다고 답한다. 그것은 개별적인 실천(남자는 건강하고 나라를 지키고, 여자는 집안일을 하고…)을 통해 알 수 있는 것이 아니라, 상기를 통해 알 수 있는 무엇이라고 말한다. 이것은 선천적인 것도, 습득되는 것도 아니다. 타고 나는 사람이 없기에 배워야 하는 것이다. 그러나 이것을 가르치는 선생이 없기에 그것이 무엇인지 모른다. 물론 소크라테스도 그것을 가르쳐 줄 수 있는 선생이 아니다. 메논이 질문하자 소크라테스는 당황한다. 이를 본 메논은 더욱더 당혹스러워한다. 메논은 소크라테스와 대화하면서 진리가 무엇인지 알 것 같던 자신이 분명하게 진리를 모른다는 사실을 알게 된다. 이렇게 진리를 알고 있다고 생각하는 자에게 진리를 모른다고 깨우쳐 주는 소크라테스식 담화를 산파술une maïeutique이라 한다. 라캉은 가르침은 없고 상기만 있음을 보이기 위하여 메논의 하인에게 상상적인 도면이 제시된다고 말한다.

- 상기를 통해 안다.
- 상기를 통해서도 모른다.
- 상기를 통해 스스로 자신 속의 지식을 찾는다.

진리는 바른 판단orthé doxa, orthodoxa, opinion vraie인가? 바른 지식épistémé인가? 바른 판단은 날개 달린 밀랍처럼 날아가 버린다. 바른 판단을 묶어 둔다는 것은 지식이 되어 지속적이게 된다는 의미이다. 이렇게 바른 판단과 지식은 진리로 이끈다. 『메논』을 주석하는 라캉은 바른 판단에 역점을 둔다. 소크라테스는 아니토스와 이야기하면서 아테네 시민들이 존경하는 지도자들은 진리를 가르치는 자들이 아니라, 바른 판단 내지 바른 의견을 주는 자들(예를 들면 테미스톨레스Thémistolese, 페리클레스Périclès, 아리스테이데스Aristheides)이라고 말한다. 이들은 바른 판단을 통해 나라를 이끈다.

라캉은 『메논』을 주석하면서 정신분석 기술도 바른 판단orthodoxa과 연관된다고 말한다. 시민들로부터 존경받는 메논, 테미스톨레스, 페리클레스, 아리스테이데스 등은 정신분석 기술을 아는 자들이라고 말한다. 바른 해석을 하는 것이 좋은 정신분석가라고 말하는 소크라테스는 좋은 정치가란, 정신분석가 즉 바른 판단을 지닌 자라고 말한다. 정신분석가는 진리를 알고 있는 자도 아니요, 지식을 지닌 자도 아니다. 단지 바른 판단을 지닌 자일 뿐이다. 『세미나 1』의 마지막 부분에서 다루었듯이, 안다고 가정된 주체, 알고 있다고 가정된 주체, 전지전능하다고 가정된 주체, 모르기 때문에 열정을 가진 주체, 모르는 것을 알려고 노력하는 주체, 모르는 것에 대해 열정을 가지고 알려고 하는 주체는 바른 판단을 지닌 주체인 셈이다.

3. 프로이트의 네 시기

라캉은 제3부 '심적 장치에 대한 프로이트의 도식'에서 프로이트가 네 번에 걸쳐 변화했다고 말한다.

- 『과학적 심리학 초고*Entwurf einer Psychologie*』 / 플리스와의 서신들 (특히 n°52, 78, 137, 138)
- 『꿈의 해석*Die Traumdeutung*』
- 1910~1920(리비도와 나르시시즘에 대한 글)
- 1920 이후 저서들

여기서 라캉이 주목하는 것은 마지막 단계이다. 프로이트는 이 시기에 대주조大鑄造라고 할 만큼 많은 것을 개정했다. 정신분석 기술의 급변과 새로운 개념의 생산 간에는 밀접한 관계가 있다. 그래서 1920년 이후 프로이트 작품을 시기 순으로 읽어야 한다고 강조한다.

- 『쾌락의 법칙을 넘어서』(1920)
- 『집단심리학과 자아분석』(1921)

• 『자아와 그것』(1923)
• 「신경증과 정신병」(1924)
• 「신경증과 정신병에서 실재의 상실」(1924)
• 『정신분석 요론』(1938)

그러면 첫 번째 단계부터 차근하게 라캉의 설명을 들어 보자. 이 시기는 1895년 9월경 시작된다. 세미나 2가 강의 될 당시 『초고*Entwurf*』는 프랑스에서 출판되지 않았다. 프로이트의 수기본인 『초고』는 프로이트가 자기분석auto-analyse을 하던 시기가 아니라, 그 이전의 시기, 즉 코페르니쿠스적 발굴을 향해 가던 시기였다. 이 작품이 지니는 의의는 프로이트가 최초로 심적 장치를 기술했다는 점이고, 이 작품 이후에 저술된 『꿈의 해석』 등과 같은 저작의 의미를 밝히는 데도 중요하다. 그래서 프로이트 사상사에서 분리할 수 없는 문헌이다. 이 글을 보면 어떻게 프로이트가 자기의 장치를 개선해 가는지 알 수 있게 된다. 그렇기에 『초고』를 직접 읽어 보면 여러 모로 유익할 것이다.

이 시기(1895)에 신경 세포의 연접에 관한 프로이트의 생각은 아주 새롭다. 프로이트는 자극과 응답, 입력과 출력, 지각과 운동이라는 가장 단순한 활력론 체계, 활형 반사 체계를 φ 체계라 부른다. 내부로 들어온 것이 의식 체계를 구성하는데, 이를 ψ 체계로 표시한다. ω 체계는 ça 체계의 전형前形이다.

프로이트가 관심을 둔 것은 자아 안에 이미 구성된 구조들과 새롭게 나타나는 대상들이 어떻게 상응하는가 하는 문제이다. 프로이트는 완전히 다른 두 구조를 분리한다. 그 첫 번째 구조는 인간과 대상 세계 간의 조화를 가정하는 상기 구조이고, 다른 하나의 구조는 반복을 통한 노동 세계의 구조이다. 주체는 자신에게 만족을 준 대상을 찾기까지 끊임없이 반복하며 탐구한다. 대상은 반복의 길 위에 형성된다. 대상을 되찾는다는 것은 대상을 반복하여 되찾는 것인데, 되찾은 대상은 주체가 만났던 바로 그 대상이 아니다. 그것은 대체 대상이며 계속하여 대체 대상을 만나게 된다. 이런 설명을 통해 반복의 의미와 구성되는 대상의 세계에 대한 실마리를 얻게 된다. 인간에게 있어서 세계란, 외부 세계Umwelt가 아니라 내부 세계Innenwelt이다. 즉 순수한 의미에서 외부 세계는 한 인간의 삶과는 상관이 없다. 그 외부 세계가 내부로 유입될 때에만 그 인간과 연관이 있을 뿐이다. 내부 세계는 닫혀 있는 것이 아니라 다양한 대상에게 열려 있다. 내부 세계로서 자아는 억제하는 현실을 체험한다.

이렇게 자아에 대한 첫 구상은 인간 안에 형성되는 대상의 세계를 발굴하는 것, 즉 내부로 유입된 대상을 재발굴하는 것과 연관된다. 아직 이 시기에 프로이트가 착안하지는 못했지만, 라캉은 이 시기가 제1차 나르시시즘에 대한 희미한 흔적을 담고 있다고 말한다. 18세기 철학과 19세기의 철학에 머물면서 대상을 연구한 프로이트는 감각에서 시작하여 기억, 판단 등을 검토하면서 '제1차 과정'으로 인도된다. 그러나 이런 철학들은 프로이트가 생각하는 인간 내부에서 재형성되는 대상들의 세계를 알지 못한다. 이런 의미에서 프로이트가 내세우는 자아 체계를 알지 못한다.

두 번째 단계는 1900년의 『꿈의 해석』의 시기이다. 프로이트는 이 저서에서 꿈에는 알려지지 않은 영역에 속하는 한 점, 절대적으로 포착할 수 없는 한 점이 있다고 말한다. 프로이트는 무의식인 이 점을 꿈의 배꼽이라 부르며, 꿈이 무의식에 이르는 왕도라고까지 말한다. 이를 설명하기 위해 라캉은 『초고』에서 다룬 도식과 『꿈의 해석』에서 다룬 도식을 비교한다. 앞서 보았듯이 φ 체계는 자기의 필요와 관계되는 것을 생산하는 지각-운동 체계이다. φ 체계는 환경과 생명체 간의 관계를 보여 주는 활형 반사 체계에서 시작된다. φ 체계는 자극을 받으면 무엇인가를 다시 내어 준다. 이 응답은 순응된 존재와 관계가 있다. 이 활형 반사 체계는 개구리 실험을 통해 널리 알려졌다. 즉 개구리에게 전기 자극을 주거나 개구리의 한쪽 발에 염산 자극을 주면 두 쪽 발을 문지른다. 이것이 자극-응답이다. 이 응답이 의미하는 것은 살아 있는 존재는 자극에 순응하는 존재임을 암시한다.

φ 체계는 입력In-put에 따른 출력Out-put의 지각-운동 체계를 말하는데, 마음의 체계이자 의식 체계인 ψ 체계도 이런 에너지론에 근거한다. φ 체계가 외부에서 내부로 들어온 것이 모두 외부로 나간다는 것을 의미한다면, 마음의 체계이자 의식 체계인 ψ 체계도 그 자체로 어떤 에너지론에 근거해야 한다. 『초고』에서도 거론된 ω 체계는 의식 체계를 지각 체계와 구분하는 중요한 장치가 된다. 지각 체계에 속하는 기억을 엔그람(머릿속에 남아 있는 기억의 흔적)의 연속 —층위의 연속들의 합— 이라고 이해할 때 이것들이 심적 장치에서 영상을 만든다면, 새로운 자극이 주어질 때마다 동일한 영상이 재생산된다. 다시 말해 모든 자극은 환각을 생산한다. φ 장치의 근본적 기능은 제1차 과정이라 불리는 환각화이다. 프로이트는 의식 체계를 에너지론의 관점에서 이해하게 된다. 만약 경험이 환각의 결과라면 현실을 검증하는 교정 장치가 필요하다. 이 검증은 경험으로 받아들여지고 심적 장치의 기억 속에서 보존되는 무엇과 환각을 비교하는 것이다. ω 체계는

외부 세계로부터 유입되는 다량의 에너지를 저장하지 않는 분화한 기관으로 구성된다. 즉 ω 체계는 φ 체계와 ψ 체계와는 분화된 독립된 체계이다. ω 체계는 지각-운동으로서 φ 체계와 의식 체계로서 ψ 체계와는 다른 체계이다. 이 시기에 프로이트는 ω 체계를 정교하게 다듬으면서 제1차 위상(무의식-전의식-의식)을 구상한다.

세 번째 단계의 도식을 설명하기 전에 라캉은 인공지능cybernéitique에 대하여 말한다. 1954년 당시의 인공지능에 대한 연구는 2014년 오늘날 우리가 갖고 있는 인공지능에 관한 연구 결과에 훨씬 미치지 못한다. 하지만 라캉은 당시 사람들이 인공지능을 가진 기계에 '생각하는 기계la machine à penser'라는 이름을 붙인 것에 대해 놀라움을 표시한다. 그 이유는 프로이트를 다루고 있는 정신분석가로서, 프로이트가 직면한 어려움에 대해 함께 고민해 볼 만한 연구이기 때문이다. 라캉이 '생각하는 기계'에서 주목하는 것은 기계가 스스로 생각하는 것이 아니라, 외부에서 넣어준 것을 가지고 생각한다는 점이다. 라캉이 '생각하는 것은 사람뿐이다'라고 말하면서도 '생각하는 기계'라는 역설적 표현에 주의를 기울이는 것은 바로 이 기계에 자료를 입력하면, 이 기계가 그에 따른 답변을 한다는 것이다.

라캉은 당시 인문학에서 던지는 가장 큰 물음이 "언어란 무엇인가?"라고 정리한다. 그러나 정신분석은 인문학과는 다른 문제의식을 가진다고 말한다. 즉 정신분석은 "언어가 어디에서 오는가?"를 질문한다는 것이다.

라캉이 인공지능이니, 생각하는 기계니 하는 것을 끌어들이는 이유는 인공지능이 가져올 미래를 찬양하거나 그것이 인간에게 가져올 유익을 대변하기 위한 것이 아니다. 단지 라캉은 정신분석의 문제의식을 밝히고자 이것을 도입한다. 라캉은 단도직입적으로 '언어는 외부로부터 온다le langage est venu du dehors'고 말한다. 이 말은 프로이트가 세 번째 단계에서 하고자 했던 것을 정리해 주는 것이다. 1910~1920년대에 프로이트는 리비도, 나르시시즘을 말한다. 어찌 보면 리비도는 인간 내부에서 나오는 호르몬이기에 '리비도는 무엇인가?'라고 질문할 수 있을 것이다. 그러나 프로이트는 인간 자체에서 나오는 호르몬으로서의 리비도가 아니라 관계 속에서 진행되는 리비도의 흐름에 강조점을 두고 있다는 것이 라캉의 해석이다. 라캉의 문제의식은 언제나 '주체는 무엇인가?'가 아니라 '주체는 어디에 있는가?'와 '리비도는 무엇인가?'가 아니라 '리비도는 어디서 오는가?'이다. 이렇게 질문을 해야만 정신분석이 기대하는 답을 얻을 수 있다고 말한다. 『세미나 1』에서도 다룬 거울 단계는 프로이트의 두 개의 나르시시즘을 해설한 것에 지나지 않는다. 즉 거울 도식은 제1차 나르시시즘과 제2차 나르시시즘을 o-o′로 표현하고 있다. 제1차 나르시시즘은 리비도가 내부에 머무는 것이고 외부 대상에게 리비도를 내보내도 다시 자아로 되돌아오는 것을 의미하며, 제2차 나르시시즘은 리비도가 외부 대상과 관계를 맺는 것을 의미한다. 프로이트가 리비도를 이야기할 때 리비도가 자아에서부터 시작되는 것이라는 인상을 강하게 주지만, 라캉은 외부에서 유입되는 리비도의 작용 때문에 내부에 있는 리비도가 어떻게 외부의 리비도와 관계를 맺는가에 대해 강조한다. 이는 타자의 욕망, 기표의 보고인 대타자 등 라캉식 정신분석의 기본 틀 짜기에 해당한다고 볼 수 있다. 이렇게 라캉은 프로이트의 일대기를 정리하면서 자신의 정신분석 관점을 내세운다.

마지막 네 번째 단계는 1920년 저서인 『쾌락의 법칙을 넘어서』에서 시작된다. 프로이트는 이 글을 쓸 당시 정신분석적 기술을 새롭게 개정하고자 했고, 저항과 무의식적 의미가 겉과 속처럼 상응한다고 믿었다. 라캉은 프로이트가 이 저서를 통해 밝히고자 한 것을 전기 튜브인 삼극 전등une ampoule triode에 비교한다. 음극la cathode에서 전자가 가열되면, 양극에 충격을 가한다. 이때 음극과 양극 사이의 중간극에는 무엇인가가 존재한다. 이 무엇에 의해 전기 흐름이 발생하거나 중단된다. 라캉은 중간극을 염두에 두면서 정신분석 행위와 비교한다. 정신분석 행위에서 볼 때 이처럼 전송되어야 하는 것의 통로 또는 비통로로서의 중간극은 저항이고, 자아의 상상적 기능이라고 말한다.

이 네 번째 단계의 저서가 나타내는 도식은 양극과 음극 사이에 매개물이 있다는 것이다. 즉 두 극 사이의 공간interposition에 자아의 저항, 파동, 조명, 그리고 가열의 결과가 없다면 무의식의 단계에서 이루어진 의사소통의 결과들은 결코 포착되지 않는다는 것이다. 저항은 곧 무의식을 걸러서 의식이 되게 하는 장치이다. 의식장치는 이렇게 무의식으로부터 오는 표상들이 저항 때문에 주체의 진리를 구현하지 못한다는 사실로부터 알려진다. 이때 억압된 것이 무의식의 요소라면, 억압된 내용이 저항을 뚫고 나온 것이 의식의 요소이다. 이때 억압과 저항 기능을 하는 것이 바로 자아라고 라캉은 정리한다.

4. 이르마가 주사 맞는 꿈

프로이트는 1895년 7월 23~24일에 꾼 꿈을 『꿈의 해석』의 「제

2장 꿈의 해석 방법–한 예로서 꿈 분석」과 「제6장 꿈의 작업–1절 응축 작업」에서 두 번이나 소개하고 있다. 이 꿈은 '이르마가 주사 맞는 꿈'인데, 이것은 프로이트가 말하는 '자아ego'를 잘 보여 준다.

프로이트는 자신이 꾼 몇천 개의 꿈 가운데 이 꿈을 두 번씩이나 거론하고 있다. 그 이유는 '욕망과 소망의 실현으로서의 꿈'이라는 슬로건을 잘 보여 주기 때문이다. 프로이트는 저녁을 먹은 후 일과를 정리하는 습관이 있었는데, 그날 저녁에도 이르마의 경우를 간략하게 요약했고, 그 내용이 꿈에 나타났다.

라캉은 이 꿈의 내용을 다루면서 자신의 의견을 말한다. 프로이트의 이 꿈이 이르마를 치료하는 데 실패한 책임을 남에게 전가하려는 욕망을 잘 표현한 사례라는 것이다. 그러니까 꿈에는 두 가지 작용이 있다. 첫째는 꿈꾸기, 둘째는 꿈 해석하기이다. 라캉은 이것을 자신이 고안한 삼위체une triade, imaginaire-symbolique-réel에 연결한다. 라캉은 꿈꾸기는 iS, 꿈 해석하기를 sI라고 표기한다. 꿈꾸기란 영상image에 상징Symbole을 담는 것이고, 꿈 해석하기란 상징화symbole한 영상Image이라고 할 수 있다. 여기에는 꿈꾸는 프로이트와 그 꿈의 열쇠를 찾는 프로이트가 있다. 꿈의 구조가 보여 주는 것은 무의식이 꿈꾸는 자의 자아가 아니라는 것이다. 꿈꾸는 프로이트는 이르마와 대화를 이어 가는 인물로서의 프로이트가 아니라 불안의 순간을 가로지르는 프로이트이다. 이 꿈을 통하여 알 수 있는 것은 꿈의 기능 안에서 작용하는 것이 자아 저편에 있는 무의식이고, 이 무의식은 주체에 속하면서도 주체에 속하지 않는다. 이 무의식은 상상적 관점에서는 포착되지 않는다. 대상과의 상상적인 관계 속에서 자기의 총체성을 인식하는 인간은 혼란과 근본적인 불일치를 겪는다. 대상과의 나르시스적 관계 안에 존재하는 한, 이 대상의 본질은 결코 포착될 수 없다. 바로 이러한 곳에 개입되는 것이 상징적 관계이다. 대상과의 상상적 관계가 단어/이름이라는 매개를 통하지 않고 인식하는 것이라면, 대상과의 상징적 관계는 바로 단어/이름이라는 매개를 통해 인식하는 것이다. 단어/이름은 대상의 공간적 차이가 아닌 시간적 차원에 관한 것이다. 그래서 시간의 차원에서는 단어/이름이라는 매개로만 인식될 수 있다. 이름은 대상의 시간이라고 말한다.

이름을 부른다는 것은 상징적인 관계가 형성되어 있음을 보여주는 것이다. 호명呼名은 상호 간의 약속에서 비롯된다. 이 약속을 근거로 두 주체는 동시에 동일한 대상을 인식하는 데 동의한다. 만약 많은 종種, species에 이름을 붙이지 않았다면, 어떤 한순간을 지탱할 수 있는 지각 세계는 없을 것이다. 이런 면에서 호명은 바로 상상적인 것의 관계에서 상징적인 것의 차원으로 이행했음을 보여 준다. 상징적인 차원에서 인식이 시작된다.

라캉은 인간이 인식하게 되는 것은 자아 구조에서이고, 자아는 주체와 관계 맺는 것이 아니라 본질적으로 타자와 관계 맺는다고 한다. 자아는 자기 출발과 지지점을 타자 안에서 취한다. 호명은 상호성을 기반으로 하기에 호명의 범주에서 자아는 타자를 전제로 한다.

하지만 자아가 모든 대상을 인식하고 조망한다고 해도 자아가 조망하지 못하는 것이 생긴다. 주체가 이것을 욕망한다. 주체는 자신이 붕괴됨 없이, 자신에게서 멀어지는 대상을 바라봄 없이 욕망할 수 없다. 그래서 주체는 자신이 붕괴되면서 욕망하고 자신에게서 떠나가는 대상을 보면서 욕망한다. 이렇게 자아의 인식을 벗어나는 것을 실재적이라 하고, 주체는 실재적인 것과의 관계에서 거론된다.

'이르마가 주사 맞는 꿈'에는 이르마와의 중단된 치료 때문에 정지된 상상적 측면에서의 프로이트, 늦은 밤 이르마의 병력을 정리하는 상징적 측면에서의 프로이트, 그것을 정리하면서 불쾌감을 느끼고 이를 해결하고자 하는 실재적인 측면에서의 프로이트가 나타난다. 라캉은 이런 프로이트를 설명하면서 이 꿈의 자아 구조를 설명하고 있다.

5. 도둑맞은 편지 또는 숨겨진 편지

우리는 종종 일정한 조건으로 물품이나 돈 따위를 걸고 승부를 겨루는 것을 두고 '내기le pari를 한다'고 말한다. 라캉에 따르면 상징적 사고의 모든 근원적 물음의 중심부에는 내기가 있다고 한다. 상징은 내기로부터 시작하여 실재적인 것으로 들어간다. 그래서 모든 것은 존재하느냐 존재하지 않느냐, 나올 것과 나오지 않을 것에 대한 선택, 음-과 양+의 원초적 짝에 귀착한다. 이 상징 놀이는 주체라 불리는 것을 조직한다. 인간 주체는 이 놀이에서 자기의 위치를 찾고, 음과 양의 역할을 담당한다. 라캉은 이런 놀이의 입장에서 에드거 앨런 포의 콩트 「도둑맞은 편지」(또는 「숨겨진 편지」)를 읽으면 매우 흥미롭다고 말한다. 그런데 라캉은 이 이야기를 읽어 온 사람이 절반도 되지 않는다고 투덜대면서 해석을 곁들인 이 글의 줄거리를 이야기한다.

라캉은 이 콩트를 두 개의 장면으로 압축한다. 첫째 장면은 도둑맞은 편지 장면이고, 둘째 장면은 편지를 되찾는 장면이다. 나머지는 부차적인 장면으로 둔다. 등장인물은 왕, 왕비, 장관, 탐정 뒤팽, 경찰 국장, 불 지르는 사람, S 공작 등이다. 첫 번째 장면에서 등장인물은 넷인데 왕, 왕비, 장관, 그리고 제4의 인물이다. 제4의 인물은 편지를 보낸 사람이 아니라 바로 편지 자체이다. 이 편지는 하나의 인물로 취급되는데, '이르마가 주사 맞는 꿈'에서 트리멜틸렌을 합성한 것에 해당하는 인물이다. 그래서 편지는 주체의 유사어이다. 이 편지가 의미하는 것은 '운명은 실존 기능으로 정의될 수 없다'는 것이다. 라캉은 편지가 세 명의 등장인물에게 그들 각자의 무의식이라고 해석한다.

라캉은 희한한 질문을 한다. 과연 도둑맞은 것은 편지une lettre인가, 말une parole인가? 누군가가 훔친 이 편지를 지니고 있다면 편지는 도둑맞은 종이일 뿐이고, 말은 남는다고 말한다. 이 말은 시간이 흘러 어떤 누구도 기억하지 못할 때도 남아 있다고 말한다. 음과 양의 작용이 수억 번의 기능을 한 후에도 동일한 법칙이 남아 있듯이, 말도 이 법칙처럼 남게 된다고 말한다. 누군가(S 공작)에 의해 여왕에게 건네진 말인 이 편지는 실제로 누구를 겨냥한 것인가? 말은 존재하면서 다양한 기능을 갖게 되는데 협약, 신뢰 등의 기능이 그것이다. 진리는 글로써 표현되지 않기에 이 편지는 진리를 담지 않는다. 이 편지가 장관의 호주머니에 들어갔을 때, 그것은 더 이상 이전의 그 편지가 아니게 된다. 즉 더 이상 사랑의 편지나 신뢰의 편지도 아니고 한 사건에 대한 예고도 아니라는 것이다.

도둑맞은 편지는 숨겨진 편지가 된다. 왜 경찰은 그것을 찾지 못하는가? 라캉은 그들이 잃어버린 편지라는 사실을 모르기 때문에 그것을 찾지 못하는 것이 아니라, 그들이 경찰이기 때문에 찾지 못하는 것이라고 말한다. 모든 권력은 상징에 머무른다. 그래서 경찰들도 상징에 머무른다. 권력과 힘 간에는 미묘한 차이가 있다. 경찰은 자신의 능률이 힘force에 달려 있다고 믿는다. 자기 힘으로 자신의 기능을 행한다는 것이다. 경찰은 이 사실을 믿을 만큼 무기력한 존재로 표상된다. 힘을 의지하는 경찰은 모든 곳을 다 찾았지만 편지를 발견하지 못한다. 어쩌면 그들이 편지를 보았을 수도 있다. 또 그것을 펼쳐 봤을 수도 있다. 그러나 경찰은 그것을 인식하지 못했다. 진리의 체계로부터 나오는 것은 은폐되기만 하고, 숨겨지는 것은 진리이지 편지가 아니라고 말한다. 경찰들에게 중요한 것은 진리가 아니라 현실이다. 라캉은 이러한 이유로 그들이 그것을 찾지 못한다고 말한다.

라캉은 공동 담화와 쾌락의 법칙 너머의 맥락에서 자아를 어떻게 설정할까 질문한다. 개인 주체와 편심의 주체, 주체 너머의 주체와 무의식의 주체 간에는 일종의 거울 관계가 있다고 말한다.

자아는 무의식적 담화인 공동 담화에 대한 의미 요소 중 하나이다. 자아는 이와 같이 영상처럼 상징 사슬 안에 포착된다. 자아는 주체의 현실 안에 상징적 현실의 개입에서 없어서는 안 될 요소이고, 주체의 일차적 기능에 연관된다. 자아는 공동 담화/일상 담론과 그 심리학적 현실 간의 교차점에 위치한다. 자아는 상상적인 것과 상징적인 것 간의 교차지역이다. 라캉은 이런 식으로 자아에 대해 말한다.

주체는 이에 비해 좀 다르게 설정된다. 라캉이 거울 단계에서 자아의 맞은편에 거울면을 설정했다면, 도식 L에서는 언어의 벽인 a-a′를 제시한다. 주체는 언어의 벽 반대편에 있다. 도식 L을 잘 보면, 주체는 언어의 벽에 의해 '대타자Autre'로부터 분리된다. 주체는 대타자가 하는 말을 알지 못한다. 그래서 주체는 불완전한 방식으로 자기 자신을 본다. 레비스트로스가 『친족의 기본 구조*Les structures élémentaires de la parenté*』에서 여성이 교환 대상이라고 말했듯이, 라캉의 정신분석에서는 말이 교환 대상이다. 라캉은 언어와 말의 순서를 생각하면서 언어가 말을 앞선다고 한다. 예를 들어 'In principio erat verbum'(요한복음 1장 1절)은 '태초에 말씀이 있었다'로 번역되는데, 실상은 '태초에 언어(언어 체계)가 있었다'라고 해석해야 한다고 말한다. 그 이유는 베르붐verbum의 그리스어가 로고스logos인데, 로고스는 말이 아니라 언어, 어떤 것을 있게 하는 근거이기 때문이다. 언어가 먼저 있고 나중에 말이 나온다는 것이다. 그래서 하나님께서 "빛이 있으라!" 한 것은 바로 하나님의 '말씀'이 되는 것이다. 즉 태초에 있던 언어 체계가 말의 체계로 인해 현실로 들어왔다는 것이다. 언어는 기호 체계이자 완전한 체계이다. 언어는 근본적인 기체이고 완전히 현실 밖에 있는 것이다. 반면, 말은 주체가 현실 안에서 확신하는 순간에 개시된다고 본다. 이렇게 라캉은 언어langage와 말parole, 언표 행위énonciation와 언표énoncé, 말하기Dire와 말한 것Le dit을 분명하게 구분한다. 그리고 『세미나 1』에서 보았듯이 말을 주체의 구조를 보여 주는 '꽉 찬 말'과 자아의 구조를 보여 주는 '텅 빈 말'로 구분한다.

이처럼 프로이트의 이론과 정신분석 이론에서 말하는 자아를 설명하기 위해 철학과 프로이트 저서를 종횡무진 넘나들고, 모호하긴 하지만 자아와 주체와의 차이를 설명하고 있는 것이 『세미나 2』이다.

3장
『세미나 3』 읽기

세미나 3(1955~56년)

정신병*Les Psychoses*

1. 정신병 입문

라캉의 세 번째 세미나인 이 저서는 4부 25장으로 구성된다. 1부는 정신병을 포괄적으로 다루며, 2부는 심적 현상의 테마와 구조, 3부는 기표와 기의, 4부는 주로 슈레버의 자서전을 분석한다.

정신분석에서 정신병 또는 광기의 70%를 차지하는 것은 망상증이다. 하지만 라캉은 그 당시 정신과 의사들이 예전만큼이나 망상증 환자에 대하여 덜 말하고 있다고 말하는데, 망상증 환자는 성격적으로 악독, 비관용, 교만, 불신, 과민, 자기 과대평가 등을 보이며 이러한 특성이 망상증의 토대를 형성한다. 라캉은 박사논문을 쓴 1931년경에 스승 클레랑보M. de Clérambault를 좋게 여기지 않았으나 『세미나 3』에서는 그의 업적과 영향을 중요하게 부각한다. 라캉은 그의 스승이 '정신적 자동운동 증후'라는 개념을 통해 정신병에서 나타나는 현상들의 근본 특성을 밝히고자 연구했다고 말한다.

정신병은 자아와 무의식 간의 갈등으로 알려진 신경증과는 달리 자아와 외부 현실 간의 갈등이라고 보고되고 있다. 슈레버 박사의 자서전을 분석한다는 것은 억압된 무의식의 핵심 요소들이 흘러나와 활자화된 것을 분석하는 것이라고 말한다. 라캉이 이것을 분석하는 이유는 프로이트가 먼저 다루었기 때문이다. 프로이트는 슈레버를 만나 보지 않고도, 그의 병에 대해 그와 담론하지 않고도, 단지 그의 자서전을 분석하여 망상증으로서 정신병의 구조를 파악할 수 있었다. 라캉은 이를 망상증 환자가 지니는 특수성 때문이라고 말한다. 라캉이 박사논문에서 '에메'의 사례를 다루면서, '에메'와 면담하고 '에메'의 글을 분석하는 등 풍부한 자료를 갖고 분석에 임했던 것과는 달리, 라캉은 프로이트가 '슈레버'를 분석하면서 그를 만나 보지도 못했고 그가 저술한 자서전만을 활용했는데, 이 자서전도 검열 과정에서 삭제된 내용으로 가득 차 있어서 실제로 분석이 매우 제한적이었다고 말한다.

라캉이 다룬 '에메'나 프로이트가 다룬 '슈레버'는 정신병에 속한 환자로 분류되는데, 이 환자들은 억압과 자기 방어로 인해 기표의 생산이 제한적인 신경증 환자와는 달리, 풍부한 기표를 생산하는 특성을 보인다. 그래서 그런 기표를 통하여 환자의 망상을 정리하고 망상증 환자가 갖는 특성을 밝히는 노력이 가능해진다. 이 점에 착안한 것이 프로이트인데, 이 사례를 분석한 프로이트는 정신병에 속하는 환자를 직접 대면하지 않고도 진단할 수 있음을 보여 주었다. 환자가 쓴 글을 분석하는 것은 개인 병원을 운영하는 의사가 자유롭게 할 수 있는 일이었다. 단시일 내에 환자를 치료하거나 병원病源을 찾아야 하는 부담에서 벗어나 자유로이 할 수 있기 때문이다. 특히 슈레버의 자서전은 어떠한 시선에도 개의치 않고 구원자적 사명감에 도취된 개인의 신앙고백이기 때문에 환자의 솔직한 모습이 담겨 있다.

『세미나 3』이 프로이트의 분석과 다른 점은 라캉이 정신분석 기술로서 도입한 은유와 환유 때문이다. 기표의 중요성을 과학적으로 이해한 라캉이 그것의 유용함을 입증해 내는 세미나가 바로 이것이다. 라캉은 이 세미나에서 정신병의 주체가 자기 진실을 실현하면서 발설한 기표를 분석하여 주체의 역사를 재해석하고 있다.

2. 정신병의 구조: 슈레버의 자서전

라캉을 읽다 보면 프로이트가 다룬 사례가 아주 많이 나온다. 지금 다루는 슈레버의 사례도 그렇다. 프로이트가 다룬 슈레버의 내용을 알아야 라캉이 하는 슈레버 분석도 더 잘 이해할 수 있다. 그래서 프로이트가 진술한 슈레버를 간단하게 부연하는 게 좋을 것이다.

라이프치히에서 출생한 슈레버Daniel Paul Schreber, 1842~1912는 19세 때 아버지를 여의고(1861년 11월, 이때 아버지는 53세), 35세 때 세 살 위의 형을 잃는다(1877). 그는 36세 때 결혼하지만 아이를 얻지 못한다. 1884년 8월에는 독일제국의회 후보자로 임명, 12월에는 라이프치히 정신병원에 입원한다. 1893년 10월에 재판장이 되고 11월에 다시 입원하게 된다. 1900~1902년에 준비한 자서전을 1903년 출판하고 1912년에 사망한다.

그의 자서전은 『한 신경병자의 회상록』이라는 제목으로 번역 출간되었다. 이 책에 소개된 슈레버의 사례와 병력을 더 자세하게 살펴보자.

슈레버가 처음으로 병원을 찾은 건 1884년 10월경인데 존네슈타인 요양소에 수주 간 입원해 있다가 12월 8일에 라이프치히 정신병원으로 옮기고 1885년 6월 1일 퇴원한다. 두 번째 입원 치료는 재판장이 된 1893년 10월 다음 달인 11월 21일이고, 역시 라이프치히 정신병원에 입원했다. 그리고 마지막 입원은 1907년 11월 27일이다.

프로이트는 1909년에 슈레버의 『신경증 환자의 전기』를 손에 넣었고, 헝가리의 정신분석가이자 제자인 페렌치Sandor Ferenczi와 책에 대하여 대화를 나눈다. 1910년 12월에는 「망상증의 한 경우에 대한 자서전적 기록」 초안을 집필한다. 1911년에 완성된 이 논문은 「망상증 환자가 쓴 자서전에 대한 정신분석적 고찰」로 발표된다.

슈레버는 처음에 의사 플렉지히에게 치료를 받았는데, 심한 우울증l'accès d'hypocondrie grave을 앓고 있다는 진단을 받았다. 두 번째 입원 때는 의사 베버에게 치료를 받았는데, '성교할 때 복종하는 여자가 되는 것도 참 괜찮을 거야'라는 꿈을 꾼 후였다. 베버는 슈레버의 꿈과 연관해서 다음과 같은 보고서를 작성한다. "그의 망상은 점점 신비적이고 종교적인 양상을 보이기 시작했다. 그는 신과 직접 대화한다고 하거나 혹은 자기가 악마의 노리개라고도 했다. '기적적인 출현'을 보았고, '성스러운 음악'을 들었으며, 나중에 가서는 자기가 다른 세상에 살고 있다고 믿게 되었다.” 슈레버는 사회에서 출세했음에도 자기를 괴롭히는 사람 때문에 박해망상을 갖고 있었다. 그중 가장 대표적인 사람이 첫 번째 발병 때 자기를 치료한 플렉지히였다. 슈레버는 그를 ‘영혼의 암살자’라고 부른다. 이러한 망상은 점차 두 가지 형태로 확대되는데, 그 첫 번째는 ‘자신이 여자로 변형되기’이고, 두 번째는 ‘자신이 구원자 역할 담당하기’이다. 이런 내용을 기록한 이는 의사 베버였다.

프로이트에 의하면 슈레버가 성적 박해망상에서 신비적 과대망상으로 망상적 이행을 거치면서 그 정도가 심각해진다고 한다. 처음에는 플렉지히가 슈레버를 성적으로 박해하는 자였는데, 나중에는 신이 그 역할을 담당하게 된다. 슈레버는 이런 것을 자신의 책에 기록하고 있는데, 신이 플렉지히 교수와 관련되어 궁지에 빠져 있었다고 상상했다. 나중에 가서는 신이 슈레버의 영혼을 죽이고 슈레버의 몸을 매춘부처럼 사용하려는 주모자이거나 공범자라고 말한다. 슈레버는 자신이 겪고 있는 일을 전능한 신과 약한 인간의 불평등한 싸움이라고 본다. 슈레버는 이러한 신의 음모에 저항하지만, 결국 그에게 굴복하고 거세되어 갈등 해결의 책임을 지게 된다. 슈레버는 이런 힘겨운 상황을 다음과 같이 기록한다. “지금 만사의 법칙은 내가 좋아하든 말든 나의 거세를 꼭 필요한 것으로 요구하고 있다. 나는 내가 여자로 변형되어야 한다는 생각을 받아들여야 한다는 것을 확실히 알게 되었다. 내가 거세되어야만 신성한 빛살에 의해 잉태될 수 있을 것이다."

정리하여 보면, 슈레버가 거세를 받아들여 여자로 변하면 잉태하게 되고 종교적 구원자를 낳는 역할을 하게 된다는 것이다. 슈레버는 인간이 몸과 신경으로 구성된다면, 신은 인간보다 더 발달했으며 복잡한 신경으로 이루어져 있다고 말한다. 인간과 신의 공통점은 신경인데, 신은 빛살을 통하여 인간의 신경에 접근한다. 슈레버는 빛살을 끌어당기는 힘을 갖고 있어서 모든 빛살을 자기 몸에 담는다. 심지어 임종을 앞두고는 자신이 예수 그리스도라고까지 생각한다.

슈레버의 구원자적 사명은 세상을 떠난 영혼들이 즐기는 천국의 행복, 자신의 관능적 만족과 밀접하게 관계되어 있는데, 이것은 신과 화해함으로써 가능하게 된다. 화해의 방법은 슈레버가 신에게 자신을 기꺼이 내어 놓는 것이다. 그래서 슈레버는 영적인 관능을 배양해 신에게 향유를 제공하는 것이 자기의 의무라 믿는다. 그렇게 되면 신이 슈레버의 몸을 통하여 관능적인 만족을 누린다.

슈레버는 발병 전에 성적으로 금욕주의자였고 종교적으로 회의론자였다. 하지만 병을 얻으면서 슈레더는 신에 대한 여성적 태도로서의 신앙과 성적 향유를 동시에 갖게 되었다. 그는 자신을 하나님의 여인이라고 생각한다. 이것은 그가 꾸었던 꿈을 실현한 것으로 볼 수 있다. '성교할 때 복종하는 여자가 되는 것도 참 괜찮을 거야!' 처음에는 그 꿈에 반발하고 그것이 현실에서 이루어지지 않도록 싸운다. 누군가가 적개심을 갖고 자기를 여자로 변형시키려 박해하고 있다고 인식한 후부터는 플렉지히와 하나님을 자기 망상의 공모자와 주모자로 간주하고 멸시한다. 결국 슈레버는 이 망상을 받아들이고 신의 의도와 합치하게 된다. 이상이 슈레버가 자신의 책에 기록한 것을 요약한 것이다.

3. 정신병의 구조:
슈레버의 자서전에 대한 프로이트의 분석

프로이트는 이 책을 해석하면서 조심스럽게 환자의 망상적 발언을 해석하지만, 검열된 출판물을 다루면서 생기는 제약을 극복하기 위해 용감한 해석도 시도한다. 피해망상증을 앓고 있는 환자는 자신을 박해하는 사람과 밀접한 관계가 있는데, 이 박해자는 발병 전에 환자의 감정에 중요한 역할을 하거나 대신하는 사람이다. 즉 동일한 대상이 사랑받고 존경받는 대상이었다가 미워하고 두려워하는 대상으로 변한다.

슈레버를 박해하는 대상은 슈레버로 하여금 여성적 태도를 취하라고 한다. 이것이 문제의 시발점이다. 처음에는 첫 번째 발병 때 자기를 잘 돌봐 준 플렉지히 의사가 박해자 역할을 했었다. 남자인 슈레버와 플렉지히의 관계는 동성애적 관계이고, 여기에는 동성애적 리비도가 작용한다. 그런데 문제는 이 관계가 갈등 구조로 변하고 슈레버는 이 갈등에서 증상을 갖게 된다. 프로이트에 의하면 인간은 평생 이성애적 감정과 동성애적 감정 사이를 왔다 갔다 한다. 어느 하나의 감정에 리비도가 집중되거나 집중된 리비도가 동성에게로 전이된다면 증상이 발생한다. 전이는 집중된 리비도가 자신에게 중요한 사람으로부터 다른 사람에게로 옮겨 가는 것을 말한다. 집중된 리비도는 내보내는 힘 Investissement과 끌어당기는 힘 Contre-investissement을 동시에 갖고 있다. 그러면 슈레버에게 '중요한 사람'이란 누구인가? 프로이트는 그 사람이 아버지나 형일 가능성이 있다고 가설을 세운다. 프로이트는 이 가설에 따라 결론적으로 슈레버에게 전이는 '아버지와 형'으로부터 '플렉지히와 신'에게로 옮겨 간 것이라고 말한다.

사실 그의 개인 이력을 보면 첫 번째 발병(1884) 이전에 아버지(1861)와 형(1877)이 사망했었다. 프로이트는 분석을 통해 플렉지히는 죽은 형의 대체물이고, 신은 작고한 아버지의 대체물이라고 단정한다. 프로이트는 "그에게 그토록 심한 반발을 일으켰던 여자다움의 환상은 성애적 사랑으로까지 발전한 아버지와 형에 대한 갈망에서 비롯된 것이다"라고 첫 번째 망상을 정리한다. 이 감정이 형에 관한 것일 때 플렉지히가, 아버지에 관한 것일 때 신이 등장하는데, 이것이 바로 망상 속의 질서이다.

슈레버가 비난하는 신을 정리해 보면 그의 신관이 나타난다. 그가 생각하는 신은 경험을 통해 배우지 못하는 자, 시체하고만 이야기하고, 살아 있는 사람을 이해하지 못하는 자이다. 여기서 말하는 신은 의사였던 그의 아버지와 성격이 닮았다. 슈레버의 아버지는 아주 유명한 의사였다. 아버지가 죽었을 당시 슈레버는 19살이었다. 때 이른 사별은 망상 속에서 아버지를 신으로 변형시켰다. 아버지에 대한 의무는 신에 대한 의무로 변형되었다. 하지만 여기에 복종만 있는 게 아니었다. 반항이 함께 나타난다. 이는 양가감정이 망상 속에서 주요하게 기능하고 있음을 보여준다.

프로이트는 '너도 마찬가지'라는 기제를 이용하여 슈레버가 신에 대하여 퍼부은 비난이 메아리처럼 되돌아와 신으로 변형된 아버지가 슈레버에게 퍼부은 비난이 된다고 말한다. 슈레버가 플렉지히를 영혼-살해자라고 비난한 것은 사실 아버지가 슈레버를 비난한 것으로 볼 수 있다. 플렉지히와 슈레버의 싸움은 신과 슈레버의 갈등으로 진전된다. 프로이트는 이것을 아버지와 슈레버의 유아기 갈등으로 해석한다. 아버지는 유아의 만족을 방해하는 사람이면서도 어른이 된 유아를 여전히 방해하는 거세자로 나타난다. 거세 위협은 슈레버에게 여성으로 변형되고자 하는 욕망으로 가득 찬 환상을 제공했다. 처음에는 그 욕망을 거부하지만 나중에는 그것을 받아들인다. 왜냐하면 슈레버는 욕망으로 가득 찬 환상을 전이할 만한 실재 대상이 없었기 때문이다. 그는 자식이 없었고, 특히 아들이 없었다. 만약 그가 아들을 두었다면 그의 동성애적 리비도는 아들에게 투사되었을 것이다. 그래서 슈레버는 자신이 여자였다면 아이를 가지는 일을 더 잘해낼 수 있었으리라는 환상을 갖게 된 것이다.

그렇다면 망상증의 형태가 갖는 특수성은 무엇인가? 보통 신경증은 성이 원인이 되어 나타나는 병이라고 말할 수 있다. 하지만 프로이트는 망상증이 그렇지 않으리라 생각했기 때문에 페렌치와 융Karl Gustav Jung에게 이런 사례를 주의 깊게 관찰할 것을 당부한다. 그 결과 연구 사례가 누적되고 가설을 입증하게 된다. 즉 망상증은 '동성애적 소망에 대한 방어가 병의 기본이 되며, 그것이 갈등의 중심에 있다'는 것이다. 물론 겉으로 볼 때 망상증 환자는 동성애적 소망을 받아들이지 않고 저항한다. 그래서 프로이트는 망상증의 메커니즘이 무의식적으로 강화된 동성애적 흐름을 극복하려는 방어라고 정리한다.

1910년 12월에 초안이 완성되고 1911년에 출판된 프로이트의 슈레버 분석은 라캉이 구분한 프로이트의 세 번째 시기에 속한다. 이 시기에 프로이트는 리비도와 나르시시즘을 구상하면서 동성애를 풀어낼 단서를 얻는다.

망상증을 이해하기 위해서는 동성애에서부터 시작해야 한다. 프로이트에 의하면 남성 망상증의 갈등 핵심부에는 동성애적 욕망의 판타즘인 '나는 한 남자를 사랑한다J'aime un homme'가 자리한다. 그러니까 '나는 그를 사랑한다Je l'aime'고 할 때 '나'와 '그'는 동일한 성이 된다. 이 명제는 박해망상, 색광증, 질투망상으로 구분되는 망상증에서 각각 다른 형태로 부정되지만 그 근본은 동일하다.

박해망상Délire de persécution(피해망상)의 기본은 '나는 그를 사랑하지 않고 그를 미워한다'이다. 이것은 투사에 의해 '나는 그를 안 사랑한다–나는 그를 미워한다–왜냐하면 그가 나를 박해하기 때문이다'가 된다.

색광증l'érotomanie의 기본은 '나는 그가 아니라, 그녀를 사랑한다'가 된다. 이는 투사에 의해 '내가 보니 그녀가 나를 사랑한다. 즉 "나는 그를 사랑하지 않는다–나는 그녀를 사랑한다–왜냐하면 그녀가 나를 사랑하기 때문이다"가 된다.

질투망상Jalousie은 알코올성 질투망상에서 남자와 여자의 경우를 구분한다. 여기서는 투사를 통한 왜곡은 없다. 그건 자아 밖에서 사랑의 주체들이 투사하기 때문이다. 우선 남자의 경우, 남자가 여자(부인/애인) 때문에 술을 마실 때, 남자는 남자를 만나서 스트레스를 푼다. 이때 '다른 남자를 사랑하는 것은 내가 아니라 그녀이다'가 기본인데, 그 남자는 모든 남자를 사랑하는 그녀를 의심한다. 그리고 여자의 경우, 자신의 동성애적 대상이 남편을 사랑한다고 의심한다. 이때는 '그 여자들을 사랑하는 것은 내가 아니라 남편이다'가 된다.

위에서 보듯이 박해망상은 동사를 부정하고(안 사랑한다), 색광증은 목적어를 부정하고(그녀를 사랑한다), 질투망상은 주어를 부정한다(내가 아니라 그녀이다, 내가 아니라 그이다).

그런데 프로이트는 또 하나의 부정 방법을 설명한다. 그것은 명제 전체를 부정하는 것이다. '나는 결단코 사랑하지 않는다. 나는 아무도 사랑하지 않는다je n'aime pas du tout – je n'aime personne'가 그것이다. 여기에 프로이트는 핵심적인 해석을 덧붙인다. 프로이트는 리비도 개념 형성 시기에 에너지 보존 법칙을 충실하게 지키는데, 이 법칙에 의하면 방출된 에너지는 그 양만큼 작용한다. 따라서 주체가 리비도를 방출하면 방출된 리비도는 '어떤 대상'과 관계를 맺고 작용한다. 하지만 이때 '어떤 대상'이 없다면 방출된 에너지는 어디로 가는 것인지가 중요하다. 여기서 프로이트는 '나는 아무도 사랑하지 않는다'는 명제 전체를 부정하면 '나는 오직 나만을 사랑한다je n'aime que moi'가 된다고 말한다. 이것은 제1차 나르시시즘에 해당한다. 이러한 부정은 '유명망상Délire des grandeurs'(과대망상)을 생산한다. 오직 자신만을 사랑하는 공주병이나 왕자병에 빠지게 된다.

망상증이 형성되는 과정에서 '투사Projection'는 매우 중요하다. 리비도 이론이 형성되는 시기에 '투사'가 강조되었다는 것은 '투사'가 리비도 방출과 관계 있음을 의미한다. 내부 인식이 억압되면 억압된 내부 인식은 왜곡된 형태로 외부에 나타나고, 왜곡된 형태는 다시 내부로 되돌아온다. 내부에서 생겨나는 '사랑'은 억압의 기제를 통해 외부로부터 들어오는 '미움'이 된다. 사랑이라는 리비도가 방출되지만, 외부 대상과 관계를 맺지 못하고 자신에게로 다시 돌아와 미움이라는 리비도가 된다. 이는 양가감정 기제에 따른 것이다. 에너지가 방출되지 못하고 자신 속에 머물고, 또 자신 속에 고이게 되면 이 리비도를 방출하기 위해 망상이 형성된다. 망상 속에서 리비도가 가서 닿아야 할 대상을 만들게 된다.

프로이트는 신경증의 경우 억압refoulement을 세 단계로 나눈다. 억압은 신경증에서 자아와 무의식 간의 긴장을 설명하는 도구이다. 첫 번째 단계의 억압은 수동적이고 고착적이다. 유아기에 성취되지 못한 리비도는 발달이 멈춘 상태로 남아 있게 된다. 이때 무의식에 속하는 억압된 리비도는 수동적이다. 두 번째 단계의 억압은 능동적이고 가변적이다. 이미 억압된 것과 차후에 억압될 것의 연관 작용에서 발생한다. 세 번째 단계의 억압은 실패한 억압, 억압되지 않고 되돌아온 것, 무의식에 갇히지 않고 의식의 표면에 범람하는 것이다.

그렇다면 정신병 범주에 속하는 망상증에서 억압은 어떠한가? 프로이트는 망상증 환자가 그만의 세계를 새로이 만든다고 하는데, 이 말은 망상 작업을 통하여 자신만의 새로운 세계를 건설한다는 뜻이다. 그러니까 망상증에서 억압 과정은 이전에 사랑했던 사람이나 사물로부터 리비도를 떼어 내는 것le détachement de la libido이다. 프로이트는 이것을 아브라함에게서 얻는다. 반면 망상증에서 회복 과정은 억압 과정에서 자신이 제거하고 버린 사람이나 사물에 리비도를 방출하는 것이다. 망상은 일종의 회복, 재건축의 시도인데 —비록 이 시도가 전체적인 것이 아니라 부분적이기는 하지만— 사람과 사물을 다시 관계 맺게 하는 것이다. 그래서 망상증이 형성될 때의 투사는 내적으로 억압된 인식이 외부로 투사되는 과정이 아니라, —오히려 내적으로 폐지된 것이 외부로부터 내부로 다시 돌아오는 것— 즉 내사introjection의 성격을 가진다. 슈레버의 경우를 생각해 보면, 외부 대상(플렉지히나 신)이 내사되면서 이미 파괴된 사랑의 대상이나 자아의 이상형(아버지, 형)을 다시 구성한다. 물론 새롭게 구성되는 대상이나 이상형은 동성애적 성격을 띠게 된다. 이때 내사는 일종의 퇴행으로도 볼 수 있다.

4. 정신병의 구조: 슈레버의 자서전에 대한 라캉의 분석

라캉이 망상증에 대한 프로이트의 견해를 어떻게 이해하는지 계속해서 살펴보자. 라캉은 망상증을 설명하기 위해 『세미나 3』

에서 언어학적인 요소를 도입한다. 그래서 언어학적인 용어를 이해하는 게 『세미나 3』을 읽는 독자들에게 주어진 몫이다. 라캉은 세미나 3에서 본격적으로 기호학을 이용하여 자신의 정신분석을 설명한다. 그래서 독자는 소쉬르와 야콥슨이 말하는 기호학을 우선 이해하는 것이 중요하다.

'말이란 무엇인가?' 질문을 던지는 라캉은 주체가 타자에게 건네는 메시지인 동시에 도치된 형태로 타자로부터 주체에게 주어지는 메시지라고 한다. 충만한 말, 본질적 말, 저당 잡힌 말은 도치된 구조, 일종의 위장une feinte(함정)의 구조 위에서 거짓되고 속이는 말이 된다. 이렇게 주체와 타자의 의사소통 구조를 거론할 때는 타자를 대문자 Autre, Other(대타자)로 표기하여 소문자 autre, other(소타자)와 거리를 둔다. 이 차이를 이해하는 건 매우 중요하다. 앞서 살펴본 『세미나 1』에서 '무의식은 타자의 담화이다l'inconscient est le discours de l'autre'라고 할 때만 해도 대문자와 소문자 구분은 아직 없었다.

가령 '너는 나의 아내이다, 너는 나의 선생이다'라는 말은 문장 그 자체가 전하는 효과와 메시지가 있지만, 이와 동시에 '너는 나의 남편이다, 너는 나의 제자이다'로 도치되고 위장된 형태로 화자에게 주어지기도 한다. 여기서 라캉이 주목하는 것은 인식이 아니라 인정이다. 아내와 선생은 대타자로 인식되는 것connu이 아니라 대타자로 인정되는 것reconnu이고, 또한 이와 도치된 형태로도 남편과 제자는 인식되는 것이 아니라 인정되는 것이다.

이렇게 라캉은 대타자가 인정되는 것이라면, 소타자는 인식되는 것이라고 분명히 선을 긋는다. 대타자가 근본적으로 인식되지 않는 주체라면, 소타자는 모든 인식의 원천인 자아이다. 이렇게 '대타자-주체'와 '소타자-자아'라는 분열 안에서, 두 관계의 열린 틈 사이에서 망상 변증법이 설정된다고 라캉은 주장한다. 주체가 말한다면 과연 무엇을 말하는가? 주체가 말할 때는 대타자가 등장한다. 이 대타자 없이는 정신병 문제를 거론할 수 없고 정신병 환자는 말하는 기계가 될 뿐이라고 한다. 주체 안에서 말하는 것은 무의식인데, 이 무의식은 주체 안에서, 주체 저 너머에서 말하는 무엇이다.

라캉은 조금 전에 우리가 살펴본 프로이트의 명제인 '나는 그를 사랑한다'에 대한 부정을 대략 다음과 같이 설명한다. '나는 그를 사랑한다'는 명제에 대한 첫 번째 부정은 '그를 사랑하는 것은 내가 아니라, 그녀, 나의 아내, 나의 분신이다', 두 번째 부정은 '내가 사랑하는 것은 그가 아니라 그녀이다', 세 번째 부정은 '나는 그를 사랑하지 않고, 나는 그를 미워한다'이다.

라캉은 이렇게 간단하게 설명한 후 이 명제를 대타자-소타자의 틀에 담아 다음과 같이 더 상세하게 설명한다. 첫 번째의 경우, '그를 사랑하는 것은 내가 아니라, 그녀, 나의 아내, 나의 분신이다'는 주체(나)에서 소타자(그녀)로 옮겨진 것을 보여 주는데, 라캉은 이를 착란이라고 말하며, '도식 L'에서 보면 a-a'이다. 두 번째의 경우, '내가 사랑하는 것은 그가 아니라, 그녀이다'는 도착/동성애inverti가 아닌 다른 형태의 착란이다. 색광증이 상대하는 타자는 아주 특별한데, 그건 주체가 소타자와 온전한 관계를 맺지 않기 때문이다. 그래서 신비적 관계나 플라톤적 사랑에 대하여 말할 수 있다. 세 번째 경우는 부정과 가장 가까운 것이다. 이것은 전환된 착란aliénation convertie인데, 사랑이 증오가 되는 형태이다. 소타자 체계의 깊은 왜곡, 그 체계를 감속하고 확대하는 해석의 특성은 극한에 달한 상상적 장애를 보여 준다. 대타자와 관계하는 주체는 말을 하지만, 소타자와 상상적 관계 속에 사로잡힌, 중력의 중심부에 위치한 개인적 자아는 말하지 않는다. 라캉은 이것을 설명하기 위해 꼭두각시 공연을 예로 든다. 말하는 것은 꼭두각시가 아니라 그 뒤에서 숨어 있는 사람인데, 여기서 그 사람의 기능은 무엇인가? 이 비유를 망상증 환자와 연관해서 말해 보면, 망상증 환자는 꼭두각시와 같다. 망상증 환자가 말하는 게 아니라, 그의 뒤에서 하는 말을 할 뿐이다. 그래서 망상증 환자의 말은 거울 속의 자기 그림자, 자기의 분신 안에 있는 것이라고 본다.

이렇게 라캉은 나르시시즘을 발굴하는 과정에서 프로이트가 상상적 세상 구조와 상징적 세상 구조 간에 표리부동이 있다는 것을 알게 된다고 말한다. 프로이트는 망상을 나르시스적 리비도의 퇴행, 동성애적 리비도의 투사라고 설명하고, 대상으로부터 리비도를 떼어 내는 것은 탈대상화une désobjectalisation, 탈욕망화로 본다. 그래서 망상에서 인정되어야 하는 욕망은 신경증에서 인정되어야 하는 욕망과는 다른 차원에서 거론되어야 한다고 말한다. 이 차이점을 잘 이해해야 신경증과 정신병을 구분할 수 있다. 신경증은 프로이트가 신경증적 합의라고 부르는 기표와 기의의 엮임을 통해 상징적 질서에서 작용하지만, 망상은 이와는 전혀 다른 장부인 상상적 질서에서 작용한다. 신경증의 경우에서 억압은 억압되었던 그곳에in loco, 작용인과 행동인으로서 참여하기 위해 상징적 질서와 상징적 환경 안에, 마스크 아래in loco 나타난다. 반면에 정신병의 경우에서 억압은 이와는 다른 장소인 상상적 질서에 나타난다. 즉 마스크 없이, 결과적으로 기표와 기의의 엮임 없이 상상적 질서에 나타난다.

상상적인 것과 상징적인 것, 내적인 것과 외적인 것 간의 표리부동에서 갈등과 억압이 생기는데, 보통은 양자 간에 연속성이 있게 된다. 그래서 내적이라 말할 수 있는 독백은 외적이라 말할 수 있는 대화와 연속된다. 이러한 이유로 '무의식은 타자의 담화'라고 볼 수 있다. 증상이 생기기 위해서는 적어도 표리부동, 중복, 옛 것과 현재 것의 갈등이 있어야 한다. 기표와 기의 간의 근본적 표리부동은 정신분석적 결정론을 이해하는 실마리가 된다. 잠시 뒤에 기표와 기의에 대해서 자세하게 설명하겠지만, 라캉이 표방하는 정신분석을 잘 이해하기 위해서는 그가 사용하는 기표와 기의를 이해하는 게 중요하다.

라캉은 기표에 강조점을 둔다. 기표는 우리가 보통 사용하는 단어의 소리라고 보면 되지만, 보통 우리가 이해하고 있는 의미를 담고 있는 단어 그 자체는 아니다. 그래서 환자를 상담해 보면, 갈등을 일으키는 요소들이 어떠어떠한 것이라고 표현되는데, 이때 어떠어떠한 것은 말(단어의 소리)로 표현된다. 이것이 기표이다. 기표는 우리가 일상적으로 알고 있는 의미의 말(단어의 소리)이 아니다. 이것이 의미하는 것을 찾고 해석하는 것이 라캉식 정신분석의 기술이다. 라캉은 다음과 같이 좀 이해하기 쉽지 않은 말로 그것을 표현한다. '예전에 갈등을 불러일으킨 요소가 현재 갈등을 불러일으키는 기의 안에 사로잡히기 위해 권력을 가진 기표와 허구적 기표로 무의식 안에 보존된다' 그러니까 어떠어떠한 것은 무의식에서 나오는 갈등 요소인데, 그것은 사전적인 의미에서 어떠어떠한 것이 아니라, 이중적인 기표의 어떠어떠한 것이다. 기표의 우위, 기표의 이중 기입 등은 뒷부분으로 가면서 차차 설명될 것이다.

『세미나 2』의 주제였던 자아의 문제가 『세미나 3』의 주제인 정신병에서 중요하게 다루어지는 이유는 자아를 외부 세계와의 관계에서 다루어야 하기 때문이다. 방어란 현실과의 관계를 변형시키는 자아의 권력으로 볼 수 있다. 이런 의미에서 볼 때 방어는 망상증의 근원에 자리한다. 자아가 다양한 방법으로 외부 세계와 관계를 맺을 때 권력을 지니게 되는데, 정신병의 경우 자아는 환각의 형태로 외부 세계에 대하여 예방하도록 운명 지워진 어떤 신호를 보인다. 자아가 심적 장치 안에서 자신에게 부여된 합당한 역할을 한다고 할지라도 결코 혼자는 아니다. 그는 항상 쌍둥이 이방인인 '이상적 자아'와 함께한다. 망상증에는 망상으로 가득 찬 쌍둥이 없는 자아는 없다. 때때로 분석가에게 값진 영상을 제공하는 환자들은 스스로 나병에 걸린 다른 시체를 질질 끌고 다니는 나병 환자라고 여긴다. 이것이 자아에게 아름다운 영상인 이유는 근본적으로 죽음에 대한 무엇, 담화의 분신인 쌍둥이이기 때문이다. 이 분신은 자아가 결코 주체의 반쪽이 아님을 보여 준다. 투사 메커니즘은 가령 아이가 자기의 분신을 때리고는 눈 하나 깜짝하지 않고 오히려 그 아이가 자기를 때렸다고 말하는 것과 같다. 이것이 바로 상상적 전이이다. 이것은 동일한 이야기의 다른 표현이다. 이것은 상상적 관계의 질서인데 망상증에서 재발견된다. 투사 메커니즘은 주체 내부에 자기의 원동력을 갖는 무엇이 외부로 나타난다는 것을 의미한다.

클라인은 전前-오이디푸스 콤플렉스의 첫 단계에 이미 억압이 존재한다고 말하고, 프로이트는 오이디푸스가 쇠퇴하기 전에 있다고 말하지만, 라캉은 오이디푸스의 쇠퇴 이전에는 억압이 없다고 말한다. 라캉은 이렇게 주장해야 '자기-성애auto-érotisme'에 관한 프로이트 자신이 안고 있는 모순을 해결할 수 있다고 말한다. 그 이유는 프로이트가 '아이-어머니'의 첫 관계에 대해 말하기 때문이고, 또 한편으로 그는 아직 외부 세계가 존재하지 않은 초기 단계의 유아에게 '자기-성애 개념'을 부여하기 때문이다. 그래서 문제는 유아가 언제 외부 세계에 접근하는가이다. 바로 이 문제를 풀기 위해 라캉은 상징적인 것, 상상적인 것, 실재적인 것이라는 세 가지 질서를 구분한다. 정신분석 경험은 그 세 가지 질서 안에서 기표의 질서가 어떻게 규정되는지를 보여 준다. 라캉이 프로이트의 논문 「부정*Verneinung, dénégation*」에서 눈여겨본 것은 최초의 기표가 거부Verwerfung, rejet되는 것이었다. 최초의 기표의 부재, 바로 이것이 라캉이 망상증의 토대로 삼는 근본적 메커니즘이다. 라캉이 해석한, 프로이트가 말하는 몸은 '기표의 몸', '기표라는 첫 번째 몸'이다. 이 몸에서 실재 세상이 구성된다. 프로이트가 이미 구성된 대상들과 표상된 대상들을 대조하는 가운데 발견한 것은 최초의 기표가 부재한다는 것이다. 최초의 기표가 부재하기에 최초의 기표를 기술하거나 포착할 수 있는 방도가 전혀 없다는 것이다.

이런 맥락에서 이해할 때 슈레버에게는 최초의 남성 기표가 부재한다. 그 때문에 '성교할 때 복종되는 여자가 되는 것도 괜찮을 거야'라는 환상을 가졌을 때는 여성이 되는 길로 갈 수밖에 없다. 망상의 과정에서 여자가 된다는 것을 인정하는 것을 제외하면, 성적인 실현이나 확신은 어디에도 나타나지 않는다. 라캉은 이 망상에서 두 측면을 분리한다. 첫 번째 측면을 보면, 망상의 진전은 하나님의 여인만 될 수 있는 한 남자 주위에 온전한 세상 구조와 우주를 재건설하려는 필연성을 드러내 보인다. 두 번째 측면을 보면, 이 남자는 공동 담화에 나타나고 타자의 수수께끼 놀이에 의해 자극될 때 탄성을 지른다. 전자는 소문자 a의 타자인 상상적 타자autre, other, 닮음 형태에 의존하는 거울에 비친 타자성이다. 후자는 우리가 이 닮음의 저편에 있는 대타자, 절대 타자Autre, Other에게 말을 건넴을 뜻한다. 라캉이 프로이트의 입장을 해석하면 세상에 입문한 신생아는 자기-성애적 관계, 대상이 존재하지 않는 상상적 타자와의 관계 안에 있지만, 점차 상상적 타자와 절대타자를 구분하게 된다는 것이다. 이런 식으로 라캉은 프로이트를 자신의 언어 질서 속으로 끌어들인다.

부재한 최초의 기표, 부재한 최초의 기표라는 첫 번째 몸, 이러한 최초의 기표에서 기표의 고리가 생기고, 기표 고리의 연쇄가 이어진다. 라캉은 이런 바탕 위에 '포엥 드 카피통le point de capiton'을 설정한다. '포엥 드 카피통'은 소파sofa, 搔爬 제조에서 차용한 용어이다. 소파 쿠션은 푹신하고 두툼하여 편하게 쉴 수 있도록 거죽 사이에 솜을 넣고는 실로 촘촘하게 누빈 것이다. 이때 가운데 부위가 두툼하게 튀어나와 앉을 때 편안함을 방해하는데, 그래서 중앙부에 한 번 더 박음질을 하여 부피를 줄이고 단추모양을 달아 놓는데 이 점이 바로 '포엥 드 카피통'이다. 이를 굳이 번역하자면 누빔점, 소파점, 소파 쿠션점이라 할 수 있겠다. 의미를 넣어서 번역하자면 고정점으로 할 수 있다. 하나의 기표(말, 단어의 소리)에서부터 시작되어 기표가 사방으로 퍼져나갈 때, 단어의 소리인 기표는 의미가 없으므로 의미를 만들기 위해서는 기표를 '고정'시켜야 된다. 이 점은 담화의 뿌리가 되고 모든 것이 소급되고 진전되도록 허락하는 수렴점, 수렴 구멍이다. 라캉은 이 점을 인간 경험 안에서 본질적인 것이라고 강조한다. 또한 프로이트가 이미 오이디푸스 콤플렉스에서 이 매듭을 우리에게 제시했다고 본다. 라캉은 프로이트가 슈레버 사례에서 제시한 하나님에 대한 두려움과 긴밀한 관계가 있는 아버지에 대한 개념을 기표와 기의의 매듭인 고정점으로 제시한다. 정신병 환자의 경우, 망상증의 경우 기표와 기의는 완전히 분리되는데, 모든 것이 기의의 형태로 나타난다. 그래서 라캉은 슈레버가 플렉지히의 말을 완전히 이해한다고 부연한다.

라캉은 세미나 3의 첫 부분에서부터 프로이트가 저술한 「부정」에 깊은 관심을 보였다. 그는 프로이트가 제시한 세 가지 부정을 부각하여 드러낸다. 동성애적 경향을 뚜렷하게 나타내는 슈레버는 동성애를 부정하고 그에 저항하며 그로부터 자신을 방어한다. 이 경우에 부정은 신적인 색광증에 이르게 된다. 즉 내가 사랑하는 것은 그가 아닌 다른 사람인데, 그건 그가 나를 사랑하기 때문이라는 부정을 통해서다. 여기서 주체는 여성의 위치를 점하게 되고 신의 여자가 된다. 동성애에 대항하는 방어는 위협받은 나르시시즘에서 시작된다. 과대망상증la mégalomanie은 나르시스적 두려움을 나타낸다. 나르시스적 두려움을 조건 짓는 것은 바로 거세이다. 망상적 주체가 현실을 완전히 개조하는 것만큼이나 비싼 대가를 치르는 것은 거세를 받아들이는 것이다. 프로이트는 철저하게 이를 주장한다. 라캉은 이것이 프로이트 이론의 유물론적 질서 안에서 불변하는 것이라고 말한다. 정신분석적 현상의 역사는 주관적 상호 놀이라는 이론적 조건 속에 설정되는데, 그 역사는 상관적이지도 종속적이지도 않다. 프로이트의 작품 속에는 리비도적 구조 속에서 팔루스적 대상이 남자뿐 아니라 여자에게서도 중심 위치를 차지한다. 그것은 프로이트에 의해 제시되고 획득된 모든 이론의 본질적이며 특징적인 것이다. 프로이트가 심적 장치를 제시한 이후 여러 단계를 거치면서 이론을 수정했지만, 팔루스 중심의 우위la prévalence du centre phallique라는 주장은 수정하지 않고 끝까지 내세웠다.

팔루스 중심과 연관하여 슈레버에게 가해진 거세를 살펴본 라캉은 슈레버에게 거세는 없고 단지 'Entmannung'이 있을 뿐이라고 말한다. 이 단어는 영어 'Eviration'에 해당하는데, 남성의 특성을 상실하는 것, 여성으로 변하기transformation를 뜻할 뿐 거세

Castration를 의미하는 것은 아니다. 프로이트의 분석에 따르면 슈레버는 팔루스적 대상을 상실하는 거세를 당하지 않았다. 이 상실로 인해 슈레버는 역동성을 갖게 된다.

팔루스un phallus에 대해 좀 더 부연해 보자. 이는 해부학적 용어인 페니스penis와는 다르다. 어머니의 요구demande는 상상적 팔루스un phallus imaginaire를 갖는 것이고, 아이는 어머니에게 그 매개를 제공한다. 아이는 그것이 거울에 있건 이중 거울에 있건 어머니에게 그것을 너그럽게 부여한다. 이 '아이-어머니' 커플은 상상적 팔루스의 중재에 따라 조정된다. 팔루스는 이리저리 떠도는 baladeur(워크맨)처럼 유동적이기에 이 커플은 고립과 갈등 상황에 부닥치게 된다. 그래서 커플의 구성원은 팔루스의 위치를 주시하고, 아버지가 팔루스를 운반하는 자라고 가정한다. 그래서 아이는 아버지와의 관계에서 팔루스를 상실할까 두려워하고, 어머니는 팔루스에 대한 향수를 갖게 된다. 아이와 어머니는 팔루스에 대한 소유권을 회복하기를 희망한다.

상상적 팔루스를 중심으로, 더 정확하게 말해서 상상적 팔루스의 부재를 중심으로 어머니와 아이는 서로 상상적 팔루스를 교환한다. 하지만 아버지는 자기의 것을 가지고만 있을 뿐 '아이-어머니' 커플과 팔루스를 교환하지도 증여하지도 않는다. 팔루스의 회전은 더 이상 없다. 아버지는 '아이-팔루스-어머니'의 트리오 안에서 팔루스의 소유자인 동시에 운반자 기능만 할 뿐 어떠한 기능도 하지 않는다. 아버지는 팔루스를 가졌다는 것이 전부이다. 그래서 라캉은 프로이트가 제시한 오이디푸스 콤플렉스 삼각관계를 '아버지-어머니-아이'가 아니라고 말한다. 이 관계를 '(아버지)-팔루스-어머니-아이'로 개정한다. 여기서 아버지는 전체를 유지하는 반지 안에 포함은 된다. 여전히 아버지는 전체 집합의 한 요소이지만, 실제로 기능하는 것은 팔루스이다. 라캉은 결혼반지 예화를 존스E. Jones의 상징주의에 대한 노작에서 빌려 왔다. 라캉은 이 반지가 무엇을 의미한다면 그것은 여성의 성기를 상징한다고 말한다. 그래서 라캉식 오이디푸스 삼각 구도에서 아버지는 포함되지 않는다.

지금까지 정신병과 망상증에서 부정되는 것이 무엇인지를 제시한 프로이트의 견해를 살펴보면서 라캉이 깨달은 것은, 동성애의 대상인 플렉지히, 신, 형, 아버지는 슈레버에 의해 부정된다는 것도 아니고, 거부rejet되는 것도 아니고, 슈레버에게서 배척되는 것이다. 그래서 라캉은 'Verneinung'을 'négation'으로 번역해 보기도 하고, 'dénégation'으로 번역해 보기도 했지만, 이 용어에서 'forclusion(Verwerfung)'을 끌어낸다. (forclusion은 한국어로 '폐제',

'배제', '배척'으로 번역하기도 한다. 이 글에서는 '배척'으로 통일한다.) 이는 정신병의 특수한 메커니즘인데, 주체의 상징적 보편성 밖에 있는 근본적인 기표를 근원적으로 거부하는 저항과는 다른 것이라고 말한다.

5. 기표의 우위

『세미나 1』이 정신분석의 기술을 다루고, 『세미나 2』가 정신분석의 자아를 다룬다면, 『세미나 3』은 정신병을 다루는 동시에 언어를 다룬다. 라캉은 정신병 구조를 보여 주는 슈레버의 자서전을 이해하기 위해서는 정신병자가 사용하는 단어를 이해해야 하는데, 이를 위해서는 기표의 우위를 내세우는 라캉식 언어 이론을 숙지해야 한다고 본다.

정신분석에서 언어가 중요한 이유는 언어와 말, 사물réel, res과 단어의 소리 등의 관계 때문이다. 정신분석은 환자가 말하는 것을 정신분석 기술에 따라 의사가 듣는다. 그렇기에 환자가 하는 말을 이해하는 정신분석 기술이 요청되는데, 라캉이 제시하는 언어 이론이 그런 토대를 마련한다. 일반적으로 또는 전통적으로 '사물과 단어의 소리'에는 세 가지 정도의 관계가 있다. 단절

discontinuité, 합치adéquation, 유비적 관계relation analogique가 그것이다. 유비적 관계는 '사물과 단어의 소리'의 단절인 동시에 연속성, 단절도 아니고 연속도 아닌 관계이다.

라캉이 말하는 기표의 우위를 이해하려면, 우선 페르디낭 드 소쉬르의 『일반 언어학 강의*Cours de linquistique générale*』에서 시작한다. 스위스의 언어학자 소쉬르는 언어가 각각의 사물에 상응하는 용어의 목록이라고 생각하지 않는다. 즉 언어학의 기호는 사물une chose과 이름un nom을 결합하는 것이 아니라는 것이다. 구조학자 소쉬르는 기호를 개념un concept과 청각적 영상une image acoustique으로 표현하다가 기의signifié(시니피에)와 기표signifiant(시니피앙)로 표현한다. '개념' 대신에 '기의', '청각적 영상' 대신 '기표'가 사용된다. '기의와 기표'의 배합인 기호는 자의성과 기표의 선적 특성이라는 두 가지 주요 특성을 지닌다. 자의적인 기호는 기표와 기의의 관계에서만 성립되는데, 이 말은 기호가 화자 개인에 의해 생성된 자의성도 아니고, 사회성에서 비롯되는 자의성이나 협약적 자의성도 아니라는 의미이다. 이렇게 기표와 기의의 관계에서 비롯되는 소쉬르적 기호의 자의성은 기표보다 기의에 우위를 둔다. 그래서 소쉬르는 기호의 자의성을 다음과 같이 표시한다. 여기서 소문자 s는 기의를 의미하고, 대문자 S는 기표를 의미한다.

그림 1 | 기호의 자의성

$$\frac{s}{S}$$

소쉬르

하지만 라캉은 소쉬르가 주장하는 기호의 자의성과 기표의 선적인 특성을 매우 다른 방식으로 이해한다. 라캉은 기의와의 관계에서 기표의 자의성을 용납하지 않으며, 기표 자체를 강조하여 '기표의 우위'라는 말을 사용한다. 라캉은 소쉬르의 알고리즘을 뒤집어서 다음과 같이 표현한다.

그림 2

$$\frac{s}{S} \longrightarrow \frac{S}{s}$$

소쉬르 → 라캉

6. 기표의 이중 고리

시간이라는 선을 타고 흐르는 소리의 연속으로서 기표는 시간의 흐름 마디마디에 '기표 고리'를 만든다. 기표 고리를 이해하기 위해 야콥슨이 말하는 환유축(통합축, 통사축)과 은유축(범열축, 통시축)을 이해하면 도움이 된다. 이것은 야콥슨의 『일반 언어학 이론』(1963)의 두 번째 글 「언어의 두 측면과 실어증의 두 유형*Deux aspects du langage et deux types d'aphasie*」(1956)에 담겨 있다. 라캉은 1956년 초봄에 발표된 이 논문을 세미나 3이 진행되던 1956년 봄에 읽고 5월 2일 강의에 도입한다. 야콥슨의 1956년 글은 『일반 언어학 이론』에 포함되었으나 현재 절판되었고, 2009년에 번역된 『언어의 토대』 제2부에 수록되어 있다. 야콥슨이 말하는 환유축와 은유축은 우리가 일반적으로 알고 있는 환유법, 은유법과는 다른 의미이다. 그가 말하는 환유와 은유는 언어활동의 최소 구조에 해당한다. 즉 의미가 생성되는 데 필요한 두 개의 축이다. 환유축과 은유축이 만나는 지점에서 의미가 생성된다. 이 용어는 우리가 알고 있는 환유법과 은유법으로 이해하면 혼란이 생기니 각별히 조심해야 한다.

우선 통합축(통사축)은 환유의 축이다. 이 축은 대화에서 등장하는 기호를 기표의 고리들의 엮임과 연속으로 이해함으로 환유적 전치 또는 결합을 설명할 수 있게 한다. 시간의 흐름과 뇌의 흐름에 따라 발생하는 기표 고리의 연속과 결합이기에 공존in praesentia이라고 표현한다. 그리고 연상축(범열축)은 은유의 축이다. 이 축은 대화에 등장하는 기호를 개인의 경험과 연결하여 이

그림 3

언어활동의 두 축

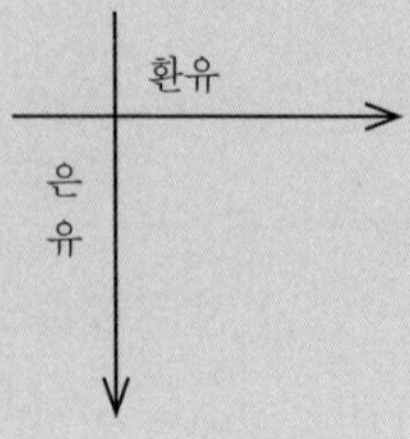

해함으로 은유적 응축(또는 선택)을 설명할 수 있게 한다. 시간의 흐름과 뇌의 흐름에 따라 발생하는 기표에는 그 의미가 명시적으로 나타나지 않아서 부재in absentia라고 표현한다.

이런 맥락에서 라캉이 예로 드는 것은 빅토르 위고V. Hugo가 쓴 한 문장이다. 이 구절은 구약성서 「룻기」에 나오는 인물 보아스Booz를 묘사한 것인데, 위고는 보아스를 '인색하지도, 증오를 품지도 않은 곡식다발sa gerbe n'était point avare, ni haineuse'이라고 표현한다. '보아스'가 왜 인색하지도 않고 증오를 품지도 않는지를 이해하기 위해서는 환유의 축과 은유의 축이 요구된다. 즉 환유의 축을 위해서는 「룻기」를 읽어야 한다. 은유의 축을 위해서는 보아스와 룻의 경험적 관계를 알아야 한다.

라캉이 소쉬르의 기호론에 근거하여 기의와 기표를 말하긴 하지만, 이렇게 환유와 은유의 두 축 위에서 기표를 이해하는 것은 프라하 학파의 야콥슨을 통해서다. 라캉은 야콥슨이 제시한 환유와 은유를 이용하여 '기표의 이중 고리'를 정립한다. 라캉은 기표의 우위성에 근거한 기표의 이중 고리를 다음과 같은 수식으로 표현한다.

그림 4 ¦ 기표의 우위 $f(S)\ \frac{1}{s}$

f(S)는 기의와의 관계 속에서 기표의 우위를 의미한다. 라캉은 이 수식을 이용하여 통합축(통사축)과 연상축(범열축)을 설명한다.

우선, 환유축을 보자. 통합축은 환유적 전치를 보여 준다. 환유적 구조는 하나의 기표 고리 S1과 또 하나의 기표 고리 S2, 기표 고리 Sn의 연결인데, 이를 기표 고리의 연쇄라고 한다. 라캉은 아래와 같은 수식으로 환유적 결합을 표현한다.

그림 5 ¦ 환유적 결합 $f(S \cdots S')S \cong S(-)s$

이 수식에서 $(S \cdots S')S$는 기표 고리의 연속, ≅는 좌우의 합동,

(−)는 $\frac{S}{s}$에서 대문자 S와 소문자 s를 가르는 '막대가 있다(−)'는 것을 뜻한다. 이 막대는 기표 S와 기의 s를 막는 저항을 의미하며, 기의와 기표의 관계에서 구성되는 비환원성, 기의와 기표 간의 단절과 왜곡이 있음을 알려 준다.

그다음으로 은유축을 보자. 연상축은 은유적 응축을 보여 준다. 은유적 구조는 하나의 기표(S)를 다른 기표(S')로 대체하는 것인데, 라캉은 아래와 같은 수식으로 은유적 선택을 표현한다.

그림 6 | 은유적 선택

$$f(\frac{S'}{S})S \cong S(+)s$$

여기서 $(\frac{S'}{S})$S는 기표의 대체, ≅는 좌우의 합동, S(+)s는 $\frac{S}{s}$에서 대문자 S와 소문자 s를 가르는 '막대가 없다(+)' 또는 '막대를 뛰어넘는다, 통과한다'는 것을 의미한다. 즉 +는 해방을 의미하기에 S(+)s는 억압된 것에서 해방된 어떤 가치를 나타낸다. 그래서 S'는 통합축에서 잠정적이고 연상축에서 명백하며, 통합축에서 기표의 의식적 고리와 연상축에서 기표의 무의식적 고리가 등장한다. 즉 여기서 의식과 무의식에 동시적으로 기입되는 기표의 이중 고리가 등장한다.

라캉은 이중 기입되는 기표의 실존에 대해 뫼비우스의 기하학을 이용하여 설명한다. 일명 뫼비우스의 띠라고 불리는 이것은 각각 앞면과 뒷면이 있지만, 앞면은 뒷면과 연속되어 오직 한 면만이 존재한다. 이 뫼비우스의 띠는 두 개의 기표 고리를 구상할 수 있게 하는데, 그중 하나는 의식적 기표 고리이고, 또 하나는 무의식적 기표 고리인데 이 둘이 연결되어 있음을 보여 준다. 그래서 뫼비우스의 띠는 기표의 이중 기입을 설명하기에 안성맞춤이다. 뫼비우스의 띠를 이용하여 기표의 이중 기입을 설명하고자 하는 이유는 의식과 무의식을 구분할 수 없다는 것을 보여 주기 위해서다. 우리가 의식적 기표와 무의식적 기표라고 표기는 해도 어떤 기표가 의식적이고 어떤 기표가 무의식적이라고 말할 수는 없다. 이것은 '이드-자아-초자아'로 정신의 모습을 기술하던 제2차 위상 때의 프로이트가 모든 것이 무의식에서 비롯된다고 말한 것과 같다. 무의식에서 비롯된다고 다 무의식이 아니고, 의식이 아닌 것도 아니다. 의식적인 것이 있고 무의식적인 것이 있는 것이 아니라, 모든 것이 무의식적이며 모든 것이 의식적이고, 무의식과 의식은 구분되는 것이 아니라 넘나들고 연결되어 있다는 것이다. 뫼비우스의 띠 표면을 따라가다 보면 일방 통로를 경험하게 된다. 이때 의식은 어디서부터 시작이고 어디까지가 마지막인 것일까? 어디까지가 의식이고 어디부터가 무의식인지, 어디부터 어디까지가 무의식이고 의식인지 구분할 수 없다는 것이다. 단지 수식으로 표현할 때 은유의 축에서 기표 S는 의식에서 유래하는 기표이고, 기표 S′는 무의식으로부터 나오는 기표이다. 그리하여 끊임없이 나오는 기표가 보여 주는 것은 주체, 무의식의 주체이다. 그래서 주체는 기표의 결과라고 말한다. 소쉬르에서 시작된 기표의 선적인 특성은 라캉이 야콥슨을 만나면서 그 의미가 정신분석적으로 이해되었고, 결국에는 기표 덩어리로서의 무의식적 주체라는 결론에 이르게 된다. 이렇게 정신병을 다루는 『세미나 3』은 기표의 가뭄에 시달리는 신경증 주체와는 달리 계속해서 기표를 내뱉는 정신병 주체를 이해하고 치유하려는 방안으로 소쉬르와 야콥슨에서 비롯되는 기표 고리의 연쇄와 이중 기입되는 기표를 잘 보여 준다. 『세미나 3』 이후로 이런 방식의 전개는 더 깊고 빠르게 전개된다.

4장
『세미나 4』 읽기

세미나 4(1956~57년)

대상관계와 프로이트의 구조들*La relation d'objet et structures freudiennes*

1. 대상의 부재

프로이트가 고안한 정신분석은 분석가와 분석 대상이라는 두 주체 간의 관계에 대한 것인데, 여기에는 복잡한 구조가 자리한다. 그래서 라캉은 『세미나 4』에서 '대상관계와 프로이트의 구조들'을 설명하면서 정신분석 기술을 구조적으로 다룬다. 지금까지 세 차례 진행한 세미나는 이런 구조를 설명하는 데 기반이 된다. 라캉은 첫 세미나에서 치료를 위한 기술 요소로서 전이와 저항을 다루었고, 두 번째 세미나에서는 프로이트의 경험과 정신분석을 발굴한 토대를 밝히는 일을 했고, 세 번째 세미나에서는 정신병을 이해하려는 방안으로 기표의 우위, 기표 고리의 연쇄, 기표의 이중 기입을 언급했다.

라캉은 이러한 세미나를 거치면서 정신분석에 관련된 용어와 도식을 소개한다. 특히 1910~20년대의 프로이트 저작을 통해 거울 도식을 정립하며, 1920년대 이후의 프로이트 저작을 통해 '도식 Z' 또는 '도식 L'을 도입한다. 이 도식은 『세미나 3』의 134페이지 전후, 『세미나 4』의 22페이지 전후에서 확인할 수 있다. 이런 도식은 주체와 타자의 관계, 분석가와 분석 대상의 관계를 설명한다. 이 관계가 상상적일 때 주체와 타자 간의 말의 관계는 방해받고 억압되고 전도된다. 즉 주체는 상상적 관계에서 타자가 보내오는 메시지를 입수하지만, 그 의미를 몰인식하게 되고 변형된 형태로 받아들인다. 이때 말은 허구적인 말la parole virtuel이 된다.

라캉은 『세미나 4』에서 분석가와 분석 대상, 주체와 대상이라는 이원적 관계를 상상적 관계, 상징적 관계 등으로 설명한다. 주체와 대상의 관계는 정신분석 기술에서 핵심적인 사항이 된다. 처음에는 상상적인 관계가 형성되고, 이어서 상징적인 관계가 형성된다. 이렇게 관계의 변화가 일어나는 이유는 말의 근본적인 행렬 때문이다. 처음에는 주체가 자신과 닮은 것과의 상상적 관계에 근거해 대상을 이해하지만, 나중에 주체는 자신과 상관없이

그림 7

도식 L

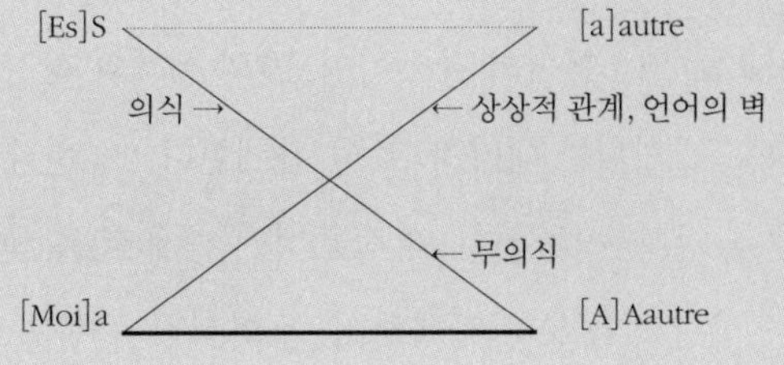

스스로 생성 소멸하는 대타자와 관계하게 된다. 여기서 대타자는 주체와 닮은 이미지가 아니라, 기표의 덩어리이다. 대타자는 주체와 더불어 움직이고 주체를 속이기 위해 대상을 만든다. 주체와 대상 간에는 전이가 발생하는데, 라캉은 이것을 상호주체성의 변증법이라고 했고, 지난 세 번의 세미나를 진행하면서 '도식 L'을 이용해 설명했다고 말한다.

라캉은 '도식 L'을 통해 자신의 주체 개념을 소개한다. 주체의 발굴은 코페르니쿠스적 혁명에 비유된다. 주체의 탄생은 아이가 놀이를 통해 말을 배우면서, 그리고 자기와 닮은 것과 상상적인 관계를 맺으면서 시작된다. '도식 L'은 라캉이 설명하는 인간 정신의 세 차원을 담고 있는데, a-a는 상상적 질서, S-A는 상징적 질서, 그리고 S-a는 환상적 질서이다. 첫 번째 질서에 의하면, 자아(Moi) a는 소문자 a로 표기되는 소타자autre, 즉 허구적 영상인

I'(a)로 표시되는 이상적 자아와 관계한다. 두 번째 질서에 의하면, 주체(Es) S는 언어의 장소이며, 말의 세계와 상징적 체계인 대문자 A로 표시되는 대타자Autre와 관계한다. 세 번째 질서에서 주체(S)는 환상화된 대상인 a와 상호적인 관계(◇)를 맺는다. 의식적 자아는 상상적 대상과 관계하며, 무의식적 주체는 대타자 및 환상화된 대상과 관계한다.

그러면 라캉이 『세미나 4』에서 다룰 대상은 무엇인가? 라캉은 그것을 프로이트의 문제 저작인 『성에 대한 세 가지 이론』(1904)에서 찾는데, 그것은 '뜻밖의 대상Trouvaille de l'objet'이다. 프로이트가 말하는 '뜻밖의 대상, 의외의 대상'이란, '잃어버렸던 대상l'objet perdu'과 관련된다. 잃어버렸던 대상은 잃어버렸기 때문에 도로 찾은 대상, 다시 얻은 대상이라고 볼 수도 있다. 아이는 잃어버렸던 것을 되찾음으로써 첫 만족을 얻게 되고, 이 대상을 접착점으로 삼는다. 하지만 되찾음이 반복되면서 되찾은 대상이 여러 개가 되고, 잃어버렸던 하나의 대상과 되찾은 여러 개의 대상 간에는 불일치가 생긴다. 이 경험을 통해 처음 대상에 향수를 느끼게 된다. 이 향수는 불가능한 되찾음을 가능한 되찾음으로 착각하게 하고, 그 되찾는 행위를 반복하게 한다. 이런 반복 행위는 잃어버렸던 것과 발견하게 될 것 간의 긴장 상태에서 계속된다. 라캉은 잃어버린 대상을 찾는 탐색 활동을, 플라톤의 경우에는 승인과 상기의 방법, 키르케고르의 경우에는 반복의 방법이라고 말한다. 라캉은 본성상 반복은 상기에 대립한다고 말한다. 반복을 통해 탐색한 대상은 완전한 만족을 주지는 않는데, 이런 틀 속에서 프로이트의 '뜻밖의 대상'을 이해할 수 있다고 말한다.

정신분석 초기에 대상관계는 이원적 관계relation duelle라고 생각되었다. 하지만 팔루스가 설정되면서부터 삼원적 관계의 대상관계가 제시되었다. 이는 프로이트가 정신분석 경험에서 팔루스중심주의pallicisme라고 말한 것과도 연관되는데, 팔루스는 대상관계에서 핵심 요소가 된다. 중요한 것은 팔루스와 페니스를 혼동하지 않는 것이다. 1920~30년대에 제기된 팔루스중심주의 개념으로 인해, 정신분석을 하는 단체들이 혼돈을 겪었고, 그 이후에 각각의 단체 나름대로 체계가 잡혔다. 이때 상상적 기능에서의 팔루스와 실재 기관으로서 페니스를 구분하는 문제가 핵심이었다. 정신분석은 팔루스를 매개로 실재에 접근하는데, 정신분석에서 다루는 대상이 실재인지, 실재에서 대상을 찾을 수 있는 것인지 하는 질문이 변증법적인 과정을 거치는 가운데 팔루스라는 대상 주위를 맴돈다. 라캉식 정신분석은 대상objet과 실재Réel의 차이를 말하는데, 이것은 프로이트식 쾌락의 법칙이 '아이-어머니-어머니의 젖가슴'과 관련되고, 현실의 원리가 '어머니-어머니의 젖가슴'이라는 대상의 부재를 받아들이는 것과 관련된다. 아이는 '어머니-어머니의 젖가슴'으로서의 대상이 부재한다고 단념하는 게 아니라 부재한 대상을 대신할 수 있는 것을 찾아서 놀게 된다. 아이가 찾은 새로운 대체 대상은 '어머니-어머니의 젖가슴'을 대체하는 대상이다. 그래서 아이가 놀이하는 동안 대상은 매우 많아진다. 이렇게 많은 대상, 과도적인 대상은 상상계imaginaire에서 '대상-물신fétische'으로 나타나는데, 대상의 부재에서 발생하는 물신적 대상은 바로 '팔루스'이며, 이는 정신분석 상황을 발생시키는 원동력이 된다. 라캉은 전pre-오이디푸스 콤플렉스 단계의 요소를 '어머니-아이'의 이원적 관계로 제한하지 않고, 팔루스를 개입시켜서 삼원적인 관계로 만들고는 이를 '상상적 세 짝'이라고 말한다.

프로이트는 『성에 대한 세 가지 이론』의 초판에서 유아의 성

그림 8¦ 상상적 세 짝

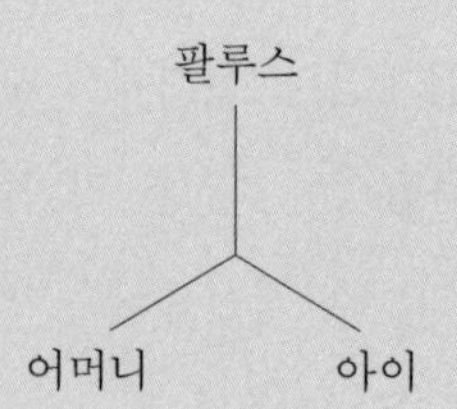

발달을 두 시기로 구분한다. 첫 시기는 잠재기인데, 어머니를 대상으로 처음 취하는 단계이다. 성인은 이 시기를 돌이킬 수 없고, 다만 회상할 뿐이다. 그 시기의 대상을 되찾을 수는 없다. 다만 어떤 것이었을 것으로 추측할 뿐이다. 원대상과 되찾은 대상 사이에는 틈, 차이가 생긴다. 프로이트는 『나르시시즘 입문』에서 이런 관점을 제시하고, 이런 관점을 『성에 대한 세 가지 이론』에서 성 이론과 결합하며, 1920년대에 와서는 팔루스 단계라는 것을 형성한다. 오이디푸스적 실존의 준비 단계인 전前-오이디푸스 시기의 경험들에 대한 추억은 전前-생식기적 관계에 의해 지시된다. 전前-생식기적 관계는 기표와 기의의 접합에서 만들어진다. 상징적 놀이의 전주인 '상상적 세 짝'은 오이디푸스 구조 안에 개입된 네 번째 요소인 아버지에 의해 새로운 국면으로 접어든다.

라캉은 대상이 부재할 경우, '거세-좌절-박탈'이라는 세 가지 형태가 나타난다고 말한다. 거세castration에서 부재는 상징적 사슬에 위치하고, 그 부재는 근본적이다. 좌절frustration에서 부재는 상상적 측면에서만 이해된다. 박탈privation에서 부재는 순수하고 단순하게 실재의 구멍 안에 존재한다. 즉 박탈에서 부재가 실재에 있다고 할 때, 그 부재는 주체 안에 있는 것이 아니다. 그래서 주

대상의 부재에 따른 세 가지 형태

대상 / 형태	대상의 부재	작동인	대 상
거 세	상징적 부채	실재적 아버지	상상적 팔루스
좌 절	상상적 영벌	상징적 어머니	실재적 젖꼭지
박 탈	실재 구멍	상상적 아버지	상징적 팔루스

체가 이 박탈에 접근하기 위해서는 실재를 이미 상징화된 것으로 이해해야 한다. 라캉은 대상의 부재에 따른 세 가지 형태를 위와 같은 도표로 보여 준다.

거세는 본질적으로 상징적 질서에 접해 있다. 거세는 오이디푸스 콤플렉스에서도 주요한 위치를 점하고, 상징적 부채는 오이디푸스 콤플렉스가 절대적으로 제거할 수 없는 법의 개념을 내포한다. 상징적 부채의 단계에 거세가 있다는 것은 아이가 어머니에게 증여하고, 또 어머니가 그 증여를 소유한다고 생각하게 하는 상상적 대상으로서의 팔루스가 그 요인이다.

좌절은 전前-오이디푸스적 경험에서 유래하는 외상, 고착 등에 대한 탐구에 관계된다. 여기서 실재에 대한 문제가 개입된다. 즉 좌절은 주체가 어머니의 젖꼭지인 실재 대상에 집중하던 시기에 경험한 것의 전체적인 인상에서 유래한다. 어머니는 최초의 대상이 아니라 좌절의 첫 작동인이다. 라캉은 좌절의 상징을 S(M)으로 표기하는데, 좌절에서는 젖꼭지를 주체에게 주는 상징적 어머니가 쟁점이기 때문이다.

박탈은 완전히 주체 저편의 실재에 존재한다. 주체가 박탈을 이해하려면 우선 실재를 상징화해야 한다.

2. 대상의 부재와 여성 동성애자의 사례

주체의 환상적 형태를 설명하기 위해, 라캉은 프로이트가 작성한 세 편의 사례를 해석하면서 『세미나 4』의 두 번째 마당인 '욕망에 대한 전복적 노선'을 전개한다. 그가 다룬 프로이트의 저서는 「여성 동성연애자의 심리 기원에 대하여」(1920), 「히스테리에 대한 분석 단편(도라의 경우)」(1905), 「성도착의 기원에 대한 인식에의 공헌-매 맞는 아이」(1919)이다. 라캉은 프로이트의 본문을 해석하면서 구멍 난 대상에 대한 그의 생각을 보여 주는데, 처음 두 가지 사례를 좀 더 상세하게 설명하면서 라캉이 설명하고자 했던 환상fantasme을 정리해 보자.

「여성 동성연애자의 심리 기원에 대하여」에서 프로이트는 18세 딸의 사례를 제시한다. 이 딸은 사회적으로 고위층인 부모를 두고 있으며, 자신의 부모로부터 창녀로 낙인된 열 살 연상의 여자를 사랑하고 있다. 그래서 딸의 부모는 딸이 그 여자를 만나지 못하도록 금지와 감시를 병행하지만 딸을 막지 못한다. 심지어 딸은 그 여자에게 꽃을 보내는 등 적극적으로 구애한다. 소녀의 부모는 자신의 딸이 여자에게 관심을 보이는 것에는 민감하지만, 또래의 남자에게는 전혀 관심을 두지 않는다는 것을 이상하게 여기지 않는다. 어느 날 길거리에서 딸의 아버지는 이 여자가 자기 딸과 함께 있을 때 째려보면서 지나갔는데, 그 즉시 딸은 아래쪽 철길로 뛰어들어 부상을 당한다. 회복 후에도 딸의 이런 행동은 더해 갔다.

이 딸을 면담한 프로이트는 딸이 남동생을 갖고 싶어 했다고 한다. 딸의 강한 욕망은 실제로 자기 어머니가 아버지의 아이를 가짐으로써 현실화된다. 남자의 성을 가진 아이를 갖고 싶다는 소녀의 욕망은 그 아이가 아버지의 아이여야 했고, 그의 형상을 따라 만들어져야 했다. 그러나 아이를 가진 것은 소녀 자신이 아니라 어머니이다. 어머니는 무의식적으로 딸이 미워하는 경쟁자이다. 딸은 어머니를 미워할 뿐 아니라, 이 경쟁자와 어울려 아이를 갖게 한 아버지에게 배신감을 느낀다. 그래서 기분이 상한 딸은 좁게는 자기 아버지로부터, 넓게는 남자로부터 관심을 돌린다. 이 크나큰 아픔으로 인해 딸은 자기의 여성 됨을 포기하게 되고, 다른 곳으로 자신의 리비도를 돌려 다른 대상을 찾게 되었다고 프로이트는 해석한다. 이는 오이디푸스 콤플렉스 구조 안에서 동성애의 메커니즘을 설명하는 프로이트의 방법이다.

라캉은 이 사례를 '딸의 아버지 아기 갖기 실패와 자살 시도'로 설명한다. 라캉은 동성애의 직접적 요인이 아버지의 아기 갖기 실패이고, 이 실패의 현상을 자살 시도라고 본다. 딸은 아버지의 아기를 갖고 싶을 정도로 아버지와 친밀한 유대를 갖고 있었다. 하지만 아버지와의 유대 관계가 깨어지자 아버지에게 공격적으로 나오는 것이다. 그러나 공격성을 아버지에게 보이지 않고 자신에게 향하게 하는데, 이것이 바로 자살 시도이다. 아버지와의 유대 관계가 깨어지면 새로운 대상과 유대 관계를 맺어야 하는데, 딸에게는 그 대상이 동성의 연상녀였다. 딸에게 만족과 불만족을 동시에 줄 수 있는 연상의 여자와의 관계는 대상과의 부재적인 관계를 구성한다. 그래서 라캉은 이 동성애 관계에서 구멍난 대상관계를 관찰한다. 딸이 그 여자에게서 찾은 것은 딸 자신에게 결여된 무엇, 리비도적 구조의 중심 대상인 팔루스이다. 이 팔루스적 대상은 오브제 아objet *a*, 대상 *a*, 타대상로 표시되고, 원대상을 표상하는 어떤 것인데, 라캉은 이 대상의 성격을 환상적 대상(환상화된 대상)으로 보고, 이를 +, × 또는 〈, 〉, ∧, ∨ 등으로 표현한다. 이는 마름모(◇)의 기능인데, 주체와 대상 상호 간의 닫히고 열리는 관계, 합집합과 교집합의 기능을 보여 준다.

3. 대상의 부재와 도라의 경우

1893년 프로이트는 두 개의 논문을 쓰는데, 하나는 『히스테리 연구』에 포함되고, 다른 하나는 『신경학회지』에 기고된다. 이 논문들이 다루는 공통 주제인 히스테리는 프로이트가 정신분석으로 향하는 데 주요한 역할을 한다. 이 이후에도 프로이트는 히스테리를 계속 연구하는데, 그 가운데 대표적인 사례가 '도라'이다. 도라의 사례는 프로이트뿐 아니라, 라캉에게도 주요한 자료가 된다.

프로이트가 '도라'라고 부른 소녀는 여덟 살 때부터 신경증적인 기침과 호흡기 질환을 앓았다. 열두 살경에는 기침 발작과 편두통이 나타났고, 편두통은 열여섯 살경에 사라졌다. 하지만 기침 발작은 계속된다. 열여덟 살에 프로이트의 치료를 받게 되는데, 신경증 기침은 한번 시작되면 3~5주 정도, 심지어 몇 달씩 계속된다.

도라는 어렸을 때부터 어느 조그마한 도시에 살면서 결핵에 걸린 아버지를 간호한다. 이곳에서 도라와 그의 가족은 K씨 가족을 알게 되어 친밀한 관계가 형성되고, K씨의 부인이 도라의 아버지를 간호해 주기도 한다. 도라가 신경증적 기침 발작을 시작하게 된 것은 이 시기였다. 프로이트는 이런 상황이 도라의 심한 기침과 관련 있을 것으로 생각하고, 도라의 유년 시절을 결정지은 인물 관계도를 그린다. 즉 도라와 아버지, 도라의 아버지와 K씨의 부인, 도라와 K씨, 그리고 도라와 K씨의 부인 등.

도라는 K씨의 가게에서 K씨로부터 성추행을 당한 적이 있다고 프로이트에게 말한다. 그리고 도라가 생각할 때 K 부인이 자처하여 열심히 아버지를 간호했다고 한다. 이렇게 두 가족은 친밀 이상의 무엇인가로 얽혀 있다. 어느 시점 이후부터 도라는 자신의 아버지와 K 부인 사이를 의심하게 된다. 도라는 산책을 하거나 여행을 가서도 이 둘이 늘 붙어 다닌다는 것에 주의를 기울인다. 심지어 도라의 가족이 빈으로 이사했을 때도, K씨 가족이 이미 빈으로 이주해 왔었다는 것 때문에 더욱 주의를 기울인다. 도라는 줄기차게 K씨 가족과 관계를 맺는 아버지로 인해 여러 상상을 하게 되고, 급기야는 K씨와 아버지 간에 어떤 거래가 있었다고 생각한다. K씨가 자기 부인을 도라 아버지에게 넘겨주고, 도라 아버지는 K 부인을 넘겨받았다고 추측하기에 이른다. 그래서 도라는 아버지를 향한 애정의 분량만큼 아버지에게 분노를 느끼게 된 것이다. 도라가 생각하기에 아버지는 K 부인과의 관계를 방해받지만 않는다면 K씨가 딸인 도라에게 어떤 행동을 해도 상관하지 않는 사람이었다. 이렇게 도라는 아버지를 비난하고, K씨가 준 모멸로 인해 자기를 비하한다. 이런 과정에서 도라는 신경증적 기침을 하게 된다.

히스테리 증상은 심적 요인으로 인해 몸에 나타나는 증상인데, 프로이트에 의하면 기침 증상은 도라의 아버지와 연관된 어떤 의미를 가진다. 그래서 프로이트는 증상이 성적 내용물의 환상, 즉 성적 상황의 표현이자 실현인데, 성적 환상의 표현은 적어도 증상의 의미와 상응한다고 말한다. 도라는 프로이트에게 K 부인이 아버지를 사랑한 것은 아버지가 부유한 사람이었기 때문이라고 했지만, 사실 아버지는 가난했다. 그렇다면 부유하다는 의미가 성적인 의미를 담고 있다고 볼 수 있지만, 실상 도라는 아버지가 남자로서는 무능력한 사람이라고 생각한다. K 부인이 경제적인 면에서나 성적인 면에서 무능력한 아버지를 사랑하는 이유는 무엇인가? 풀리지 않는 의문은 오히려 도라의 증상 형성과 밀접한 관계가 있을 수 있다. 프로이트는 도라가 목과 구강을 사용한 관계를 환상화했을 가능성을 제기했다. 도라는 이런 환상을 가질 정도로 성에 대한 지식을 갖고 있었다. 이는 프로이트가 분석한 도라의 꿈에서 밝혀졌다. 발작을 동반하고 목구멍의 간지러움 때문에 습관적으로 발생하는 도라의 신경증적 기침은 연인 간의 만족 상황과 관련이 있다는 것이다. 이런 해석을 받아들인 도라는 얼마 후 기침을 하지 않게 되었다.

이 사례에서 주목할 만한 것은 K 부인이 아버지에게 욕망의 대상이듯이, 도라도 아버지에게 탐스러운 대상이 되고자 한다는 점이다. 그래서 도라 자신이 K 부인의 자리에 위치하고자 한다. 하지만 불행하게도 현실에서 그 자리를 대신할 수는 없다. 그것을 가능케 하는 것은 환상 속에서이다. 기침은 도라가 K 부인의 자리를 차지하여 아버지와 대면하고 있다는 표증이다. 여기서 라캉이 주목하는 것은 아버지가 사랑하는 대상으로서 K 부인이 가지는 대상으로서의 성격인데, 이 대상은 환상화된 대상이다. 이 대상은 대상 그 자체가 아니다.

조금 전에 보았던 동성애 딸의 상황과 도라의 상황을 비교해 보자. 동성애 딸의 사례에서 아버지의 사랑을 소녀에게서 빼앗아 가는 것은 어머니였고, 동성애의 대상으로서 연상의 여인을 개입시킨 것은 딸이었다. 도라의 사례에서 어머니는 잘 드러나지 않고 K 부인을 개입시킨 것은 아버지인데, 아버지의 사랑을 받고 있는 K 부인의 자리로 가는 것은 도라이다. 즉 도라는 K 부인을 사랑하는 위치에 가게 된다. 이런 면에서 도라도 동성애적인 대상을 취한다.

히스테리 환자는 타성과 관계하는 듯하지만 동성애적 대상에 접근한다. 도라는 아버지나 K씨와 관련된 것처럼 보이지만, K 부인과 밀착된다. 그렇다고 도라가 K 부인 자체를 사랑하는 것은 아니다. 상징적 교환에서 양도되는 모든 것은 언제나 현존하면서도 부재한 것, 현존하는 동시에 부재한 것, 현존하는 만큼 부재한 것이다. 이 팔루스는 상징적 대상이다. 이 팔루스는 남녀 간의 모든 관계 저편에 항상 존재한다. 여자는 아주 작은 팔루스를 가졌다는 이유로 때에 따라서는 상상적 향수의 대상을 만들 수 있다. 그래서 물신fétiche은 부재하는 팔루스, 상징적 팔루스를 표상한다. 물신은 무엇의 상징, 즉 페니스를 지칭한다. 즉 이 페니스는 실재 페니스가 아닌 여인이 가진 페니스, 즉 실제로 여인이 갖지 못한 페니스를 두고 하는 말인데, 이를 팔루스라고 말한다. 라캉은 그림을 통해 이것을 설명하는데, 어떤 대상 앞에 놓인 막rideau은 사랑의 근본적인 상황을 잘 보여 준다. 이 막은 부재한 저편의 것을 표상한다. 그래서 이 막은 부재의 우상이다. 이것은 언어와 상징이고 무rien를 현존케 하여 사랑의 대상이 되게 한다. 도

그림 9
대상관계의 세 짝

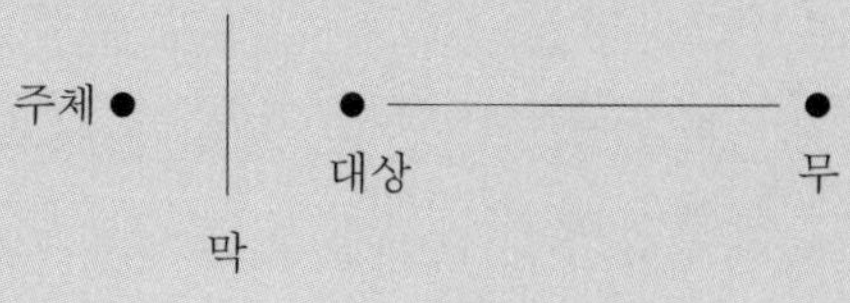

라와 K 부인의 관계에서 도라가 겨냥하는 곳은 여인에게서 부재한 바로 그 대상, 바로 팔루스가 자리하는 곳이다. 여기서 라캉은 대상관계의 세 짝을 '주체-대상-무(저편, 대상 부재의 자리. 팔루스)'로 삼는다.

이런 면에서 볼 때 사랑은 주체가 대상 안에 있는 부재를 사랑하는 것이다. 여기서 주체의 위치는 의복도착증, 복장도착증le travestisme의 위치와도 같다. 즉 주체는 숨겨진 것, 무엇인가 부재한 것과 관계를 맺는다. 의복도착증자는 자신이 가진 팔루스를 숨기기도 하지만, 자신이 가지지 못한 것을 숨기기도 한다. 즉 대상을 숨기는 것이 아니라 대상의 부재를 숨기는 것이다. 그래서 의복도착증과 물신주의le fétichisme는 대상 저편의 '부재의 대상으로서 팔루스'를 대상으로 삼는다. 이런 면에서 볼 때, 대상관계 속의 팔루스적인 대상은 부재한 대상으로서의 성격을 가진다.

5장

『세미나 5』 읽기

세미나 5(1957~58년)

무의식의 형성물*Les formations de l'inconscient*

『세미나 5』는 네 개의 큰 주제로 전개되는데, 위트에 대한 프로이트의 구조들, 거세의 논리, 팔루스의 의미, 임상과 신경증 환자 치료에서 욕망과 요구의 변증법이 그것이다. 『대상관계』에 이어서 진행된 이 세미나는 98년 6월 프랑스에서 출판되었다. 이 세미나는 『에크리』(1966)에 수록된 1957년 5월 9일의 논문인 「무의식에서 문자의 심급*Instance de la lettre dans l'inconscient*」에 대한 부연 설명이다. 이 글을 읽는 데 어려움을 겪는 청중들을 돕고자 라캉은 무의식의 형성물인 '기지機智'(위트)를 분석하면서 '욕망의 그래프'를 만들게 된다.

1. 위트와 무의식의 형성물

독일어 'Witz'는 영어로 'Wit', 불어로 'Esprit'에 해당하는데, 프랑스에서는 'Mot d'esprit'로 번역한다. 즉 프로이트의 1905년 저서 'Der Witz und seine Beziehung zum Unbewuβten'는 'Le mot d'esprit et sa relation à l'inconscient', 'Le mot d'esprit dans ses rapports avec l'inconscient' 등으로 번역되어 프랑스에서 출판되었다. 우리의 경우, '도서출판 열린책들'에서 펴낸 프로이트 전집 6은 『농담과 무의식의 관계』로 번역하고 있다. 라캉은 'Witz'를 'Trait d'esprit(기지 넘치는 언행)'로 번역하며, 무의식에 의해 만들어진 형성물로 이해한다. 국어사전에 농담은 '실없이 하는 장난의 말', 기지는 '경우에 따라 재치 있게 대응하는 지혜'라고 기재됐다. 그래서 'l'homme d'esprit'는 '그 사람 기지(재치)가 있군!'이라는 의미가 된다. 독일어 'Witz'를 영어로는 유사하게 'Wit'라고 하지만, 프랑스어인 경우, 위에 제시한 것처럼 좀 달라서 한국어에 맞게 번역하기란 쉽지 않다. 그래서 여기서는 독일어와 영어 발음에 따라 '위트'라고만 한다.

프로이트가 위트가 발생하는 과정을 밝히고자 하였듯이 라캉도 '위트에 대한 프로이트의 구조들'을 분석한다. 이를 위해 라캉은 『세미나 3』에서 자세하게 다룬 기표 고리, 기표의 이중 고리, 언어의 두 축을 활용한다. 이런 장치는 하나의 단어를 이해하기 위해 필요하다. 위트를 담은 단어, 또는 위트로서의 단어를 분석하는 기술은 환자가 발설한 기표를 분석하는 데 활용된다. 그래서 무의식의 형성물로서 위트라는 기표는 정신분석 기술의 차원에서 연구되고 활용된다.

1953년부터 프로이트의 공개적인 주석가로 활동을 시작한 라캉은 1953~54년에 주체에 의한 꽉 찬 말la parole pleine과 인간 행위 저편에서 윙윙거리는 텅 빈 담화le discours vide를 구분했다. 라캉은 말한 것énoncé, dit과 말하는 것énonciation, dire에서 의미를 밝히기 위해 기표와 기의의 관계를 연구했다. 기표의 고리와 기의의 흐름 사이에는 상호 미끄러짐, 긴밀한 결합, 반대 의미로서 두 선의 교차가 있다. 이 교차점을 중심으로 인간은 사색spéculation을 하게 된다. 이 점을 『세미나 3』에서 고정점(소파점)이라 불렀다. 이 점은 끝없는 의미화 운동을 정지하게 하는 지점이자, 상징적 개입의 탄착점이다. 이 점은 『세미나 3』에서 다룬 두 축(통합축-통사축과 연상축-범열축)이 만나는 지점이기도 하다. 이 두 축은 야콥슨이 제시한 것인데, 그는 단지 수평과 수직이라는 단순한 〈그림 3〉으로 설명했다. 물론 이 그림은 프로이트가 『꿈의 해석』에서 제시

그림 3
언어활동의 두 축

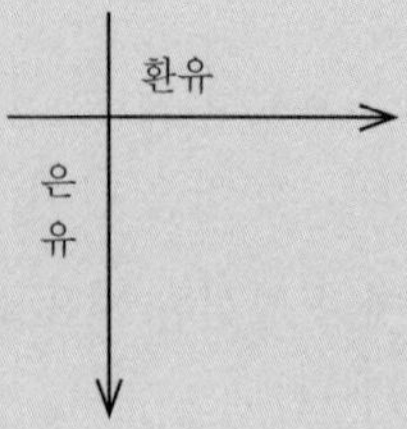

한 압축과 전치라는 것도 설명할 수 있다.

그러나 라캉은 여기에 변형을 가한다. 라캉이 소쉬르의 기호를 변형하여 기표의 우위를 강조하였던 것처럼, 야콥슨의 도식을 변형하여 ―소급되며 사후적인 방식으로 생성되는 고정점(누빔점)뿐 아니라― 기표 고리와 담론 고리를 보여 준다. 두 축(통합축-통사축과 연상축-범열축)은 욕망의 그래프를 형성하는 기본 요소이다. 라캉은 이 두 축을 이용하여 다음과 같이 간단한 〈그림 10〉을 만든다. 이 그림은 『세미나 5』와 『세미나 6』을 거치면서 점점 복잡해진다.

〈그림 10〉에서 왼쪽(▷)에서 오른쪽(▶)으로 가는 화살표는 '기표 고리'이고, 아래(△)에서 위로 가다가 아래(▼)로 내려오는 화살표는 '담화 고리'이다. 그림에서 마개는 여정의 시작점(▷)과 담화의 시작점(△)을 표시한다. 화살표 방향은 여정의 끝(▶)과 담화

그림 10
욕망의 그래프 1

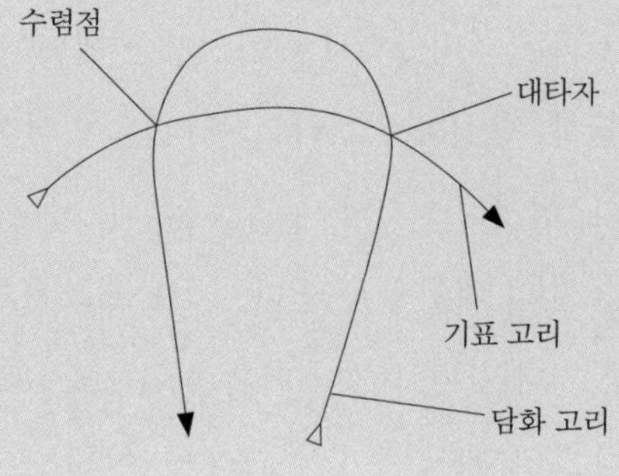

의 종료점(▼)을 표시한다. '기표 고리'를 오른쪽에서 왼쪽으로 감는 '걸쇠'는 '담화 고리'이다. 두 고리가 만나는 오른쪽 지점은 대타자Autre이고, 왼쪽 지점은 수렴점le point de convergence이다.

하나의 담화는 재료도 아니고, 문장 조직도 아니며 시간의 차원을 취한다. 즉 한 문장을 말하기 시작하여 그 문장을 끝맺기 전에는 말의 의미를 이해할 수 없다. 그런 의미에서 '기표 고리'는 은유와 환유 기표의 결과이다. 바로 목소리에 따른 기표들이다. 이 '기표 고리' 선상에서 분석가는 동음이의어의 '소리 맞히기 놀이'를 한다. '담화 고리'에는 이미 준거점이나 고정된 사물들 다수가 통합되어 있다. 이 사물들은 기표의 사용법을 따를 때만 포착할 수 있다. 고착점은 —하나의 사물에 하나의 이름이 있다는—

일사일의l'univocité가 적용되기는 거리가 멀다. 사용법에 의해 고정되고 정의된 의미소에서 이야기가 진행되어야 한다. 통용 담화, 공동 담화, 현실의 담화라고 불리는 이 담화는 이미 의미를 갖고 있다. 이것이 일사다어l'équivocité이다. 바로 여기에 결여된 담화le discours vide가 개입될 수 있다. '기표 고리'와 '담화 고리'는 대립한 의미를 지니며, 한쪽에서 다른 한쪽으로 미끄러지고, 하나는 다른 하나를 절단한다. 이 두 고리는 인식될 만한 두 점에서 재절단된다.

〈그림 11〉에서 α는 언어 용례 묶음인데, 'code'라고 부르며, 대타자Autre의 자리이다. γ에는 고리가 완성되고 의미가 구성된다. 기표로 구성된 담화의 결과는 메시지 형성이다. 메시지는 의미를

그림 11
욕망의 그래프 2

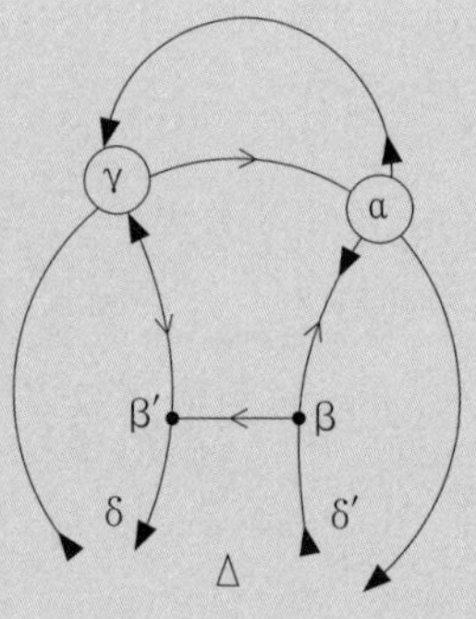

담고 있다. 의미가 창조되기 위해서는 기표 고리와 담화 고리가 결합하여야 한다. 이 의미는 메시지 속에 스며 있다. 그러나 담화 고리는 매번 절대로 기표 고리를 관통할 수 없다. β와 β′ 간의 일회기를 통해 담화가 말하는 풍차moulin à paroles, 순수하고 단순하게 반복하는 부르릉거리는 소리라는 이유로 인하여, 대부분 어떠한 메시지 안으로 들어오는 의미는 선포되지 않는다. '나는 말하는 동물이다'라는 것을 제외하고 이 담화는 절대적으로 어떤 것도 의미하지 않는다. 이것은 단지 '인간이 사나운 동물이 아니고 단지 말하는 동물이다'고 말하는 공동 담화이다. β는 담화에서 말하는 사람의 자리인 '그 나'이면서 '그 메시지'이다. β′는 환유적 대상이다. '그 나'와 '그 메시지' 간에는 원리적 차이가 있다. '그 나'는 담화 사슬 안에서 말하는 자의 자리이다. '그 메시지'는 실존하기 위한 도식 장치의 필연성이다. 〈그림 11〉을 설명해 보자.

우선 β→β′ 또는 β→α의 이동이 있다. 즉 '그 나'→'환유적 대상' 또는 '그 나'→'대타자', 그리고 '그 메시지'→'환유적 대상' 또는 '그 메시지'→'대타자'로의 이동이다. 그리고 β→α 또는 α→β의 이동이다. 즉 '그 나'→'대타자' 또는 '대타자'→'그 나'의 이동이다. 이 α→β 관계는 돌아오는 선 없이는 의미 창조의 희망은 없다. 위트는 이러한 본질적 차원 안으로 우리를 인도한다.

참고로 『에크리』의 「치료형태의 다양성*Variantes de la cure-type*」을 보면, 의사소통할 때 발화자는 수신자로부터 자기 자신이 보낸 메시지의 반대 형태로 되돌려 받는다고 한다. 가령, 발화자가 '나는 너의 선생이다'라고 하는 말은 수신자로부터 '나는 너의 학생이다'로 되돌려 받는다는 것이다. 그리고 환유적 대상은 『세미나 4』에서 규정한 '거기에 있지 않은 대상', '상실한 대상', '아이가 상실한 어머니의 젖'으로서 언제나 다른 곳에 있고, 다른 것이 된다. 즉 어머니의 젖을 대체하는 것이다. 은유가 은유적 응축, 은유적 선택이라면, 환유는 환유적 대체, 환유적 결합이다. 그래서 '젖'은 다른 것으로 선택된 것들이 결합하여 만들어진 환유적 대상의 상태로 된다. '그 나'는 이 대상을 겨냥하고, code α라는 대변인Autre을 통해 말한다. '그 메시지'는 이 대상을 욕망하고, code α라는 대변인Autre을 통해 욕망을 드러내지만 code α는 다시 '그 메시지'를 환원시킴으로써 의미를 담게 된다. 이 의미는 메시지에 숨겨져 있고, 메시지는 의미를 담게 된다. 즉 기표와 담화의 결합으로 이루어진다. 이것을 설명하기 위해 이러한 도식이 거론된다.

라캉은 정신분석을 기표에 관한 기술technnique du signifiant, 위트를 분석하는 기술technique du mot d'esprit이라고 말한다. 이런 식으로 분석한 대표적인 예가 'familionär'이다. 이 단어는 시인 하인리히 하이네가 『여행기*Reisebilder*』에 실은 「루카의 목욕」이라는 제목의 글에 나온다. 이 단어는 유대인 출신의 함부르크 복권 수집상인 히르시 히야킨트Hirsch Hyacinthe라는 희귀한 인물을 소개하는 과정에서 유래한다. 히야킨트는 시인 하인리히 하이네에게 로트실트 공작Rothschild과 자신의 관계를 자랑하면서 다음과 같이 말한다.

> 박사님, 신께서 제게 은총을 내리셔서 제가 티눈을 제거하는 수술을 받게 되었습니다. 티눈 수술을 해 주실 의사 살로몬 로트실트와 면담했는데, 그분은 저를 자신과 같은 부류처럼 아주 허물없이familionär, famillionnaire 대해 주었답니다.

프로이트는 기표 'familionär'를 바로 위에서 제시한 기술 고리와 담화 고리에 적용하여 다음과 같은 도식을 구한다. 기표 'familionär'는 보통은 'familiär'라고 해야 문맥에 맞지만, 'on'이 첨가되어 사전에도 없는 기표 'familionär'가 된다. 프로이트는 'on'의 기원을 추적하면서 'milionär'를 생각한다. 왜 이런 과정이 생기게 되었는지 아래와 같이 설명한다.

모든 담화는 α→β로 이행한다. 즉 '대타자'(α)에서 시작되어 '그

그림 12

β → α	famili	är	로트실트가 히야킨트를 '가족같이' 대했다.
β → β′	mili	onär	'백만장자'가 할 수 있는 만큼
α → γ	familion	är	'가족장자가 할 수 있는 친밀하게'

나'(β)에 반영된다. 그리고 다시 α인 '대타자'에게 갔다가 이차적으로 β인 '그 나'에 되돌아온다. 바로 여기서 '대타자에게 바람 l'invocation à l'Autre'이 나타난다.

이때 세 개의 시간이 구성된다. 첫 번째 시간에는 초벌 메시지가 구성되고, 두 번째 시간에는 β→β′(milionär), 그리고 β→α(familiär)가 구성되고, 세 번째 시간에는 β→β′(milionär), β→α(familiär), 그리고 α→γ(familionär)로의 이동이 이루어진다.

우선 β→α의 구도에서 볼 때 'familiär'는 로트실트가 히야킨트를 가족같이 친근하게 대했다는 것을 나타낸다. β→β′의 구도에서 볼 때 'milionär'는 '백만장자가 할 수 있는 만큼'의 뜻이다. 그리고 α→γ는 담화 속에서 'familionär'는 '백만장자가 할 수 있는 가족같이'라는 의미의 새로운 기표를 만든다. 이 기표를 굳이 번역하자면 '가족 같은 백만장자' 또는 '가족 장자' 정도가 될 것이다.

기표의 고리와 담화의 고리, 이 두 고리는 동일한 한 점에 수렴된다. 이 점은 메시지의 점le point du message이다. 시작된 담화가 끝을 맺는 지점인 누빔점 또는 소파점에서 환유와 은유라는 언어활동에 의해 'familionär'라는 기표로 나타난다. 라캉은 기표 'familionär' 같은 것을 위트Trait d'esprit, Mot d'esprit라고 부른다.

2. 의미의 진화와 환유축-은유축

위와 같이 라캉은 '위트'에서 만들어진 단어들을 분석하면서 세 단계의 시간을 이야기했다. 이런 언어가 논리적 순서에 의해 형성되고 의미가 진화된 것임을 다음에 소개하는 여러 예를 통해서 제시한다.

가령 'Atterré'는 '땅바닥에 쓰러뜨리다'라는 의미였다. 즉 땅에 몸을 가까이하는 것을 의미했다. 그런데 이 단어는 '깜짝 놀라다consterner'는 뜻도 가지고 있다. 라캉은 왜 하나의 단어가 이렇게 이질적인 뜻을 담고 있는지 풀이한다. 일반적으로 하나의 어휘가 여러 개의 뜻을 가질 때는 은유적이고도 심리적인 이유가 개입된다고 설명한다. 가령 'Atterré'는 'abattu'라는 단어로 대체되기도 하는데, 'abattu'는 무엇인가가 쓰러졌다는 것을 묘사하는 형

그림 13 은유의 공식

$$\frac{S}{S'} \rightarrow \frac{S}{s} \qquad \frac{X}{\text{atterré}} \rightarrow \frac{\text{atterré}}{\text{terre}}$$

s는 S의 의미이다.

용사이다. 이때 'Atterré'가 '두려움'이란 새로운 의미를 갖게 된다. 'abattu'에 은유적, 심리적 의미가 개입되는 이유는 나무가 땅에 넘어졌을 때나 싸움꾼이 땅에 쓰러졌을 때 발생하는 두려움 때문이다.

그러나 라캉은 이와는 다르게 설명한다. 'Atterré'는 이미 그 단어 속에 두려움이나 공포를 의미하는 'terre(≒terreur)'를 담고 있다. 여기서 보면 은유는 의미가 주입된 것이 아니라, 그 단어에 포함된 기표에서 유래한다. 'atterré'라는 단어가 두렵다는 새로운 의미를 갖는다면, 그것은 그 단어가 은유적이고 심리적인 의미를 가져서가 아니라 단어 자체가 포함하고 있는 기표, 단어 자체에 그러한 의미에 걸맞은 기표가 있기 때문이다. 즉 단어 'Atterré'는 공포를 의미하는 'terreur' 안에서 발견되는 음소인 'terre'를 가졌기 때문에 '의미의 진화l'évolution du sens'를 하게 되었다는 것이다. 바로 이것이 라캉이 말하는 은유의 공식la formule de la métaphore이다.

환유축은 인접한 기표의 결합이고, 은유축은 유사한 기표의 선택이다. 환유축은 대체적 단계이다. 이와 달리 은유축은 선택적 단계이다.

무의식의 형성에 대한 질문이 우리에게 제공하는 답변은 이러하다. 즉 주체는 경험으로 구성된 자아와 동일한 방식의 구조물이 아니라는 것이다. 자아는 양파처럼 자아의 이상형들로 구성된 여러 겹으로 구성된다. 하지만 무의식의 형성물은 특별한 필체나 구조를 가진다. 그 구조는 프로이트가 접근하고 보였듯이 신경증 환자들, 증상들, 꿈들, 실수들, 위트 등의 형태로 구성된다. 특히 위트는 꿈에서 찾아낸 법칙에 따라 구성된다. 즉 응축과 전치이다. 그래서 분석의 열쇠는 공통 구조의 법, 공통된 법의 구조에 대한 인식이다. 은유의 공식은 대문자 S에서 소문자 s′로 대체되는 구조를 표현하는 것이다. 대체 결과 s′에 의미의 변화가 생산된다. 소문자 s는 대문자 S의 의미이다. 대문자 S는 소문자 s가 소문자 s″를 생산할 수 있도록 s′와의 관계에 들어간다. 은유 기능의 마지막은 바로 이 의미의 창조이다. 여기서 X는 의미를 창출할 수 있게 하는 호출이다. 이 X가 있기에 은유적 형성물이 생산된다. 그러나 X의 수위에서는 어떠한 것도 생산되지 않는다.

프로이트는 쾌락과 즐거움의 원천이자 근원인 '위트'를 아이의 놀이 활동에 관계시킨다. 아이의 말놀이는 언어를 습득하는 첫 번째 놀이에 해당한다. 그러나 주체는 점차 교육을 받고, 현실을 체득하는 과정에서 기표를 얻는 훈련을 거치면서 통제와 비판을 받게 된다. 이 즐거움의 원천은 무엇이며, 즐거움이 전달되는 통로voies는 어떻게 작동하는가? 이 통로는 위트의 작동으로 자유롭게 된다. 여기에서 우리는 프로이트가 말한 모든 작동인들이 거론됨을 알 수 있다. 특히 무의식의 통로인 구조적 통로를 통해 위트가 개입됨을 알게 된다.

프로이트는 위트에 두 측면이 있다고 한다. 하나는 기표이고, 또 하나는 무의식이다. 전자는 후자의 질서에 뿌리를 두고 있다. 위트는 후자의 질서에 근거를 둔다. 위트는 무의식에 근거를 두는 꿈, 실수, 증상처럼 무의식의 구조를 기반으로 한다. 또한 위트는 응축과 전치로 분석한 꿈처럼, 은유와 환유의 언어활동 축이라는 형식의 무의식 구조에 기반을 둔다. 또한 라캉은 말의 구조와 무의식의 구조가 기표의 법칙에도 공동으로 통한다는 것을 위트에 대한 프로이트의 책에서도 확인할 수 있다고 말한다. 또한 기표의 자율성은 기표의 법칙에서 의미 창조의 메커니즘과 연관이 있는데, 프로이트에 따른 쾌락의 메커니즘은 위트에서 통용되는 '비-의미 안의 의미'에 의거하여 쾌락의 두 측면을 명확하게 제시한다. 우선 위트는 비-의미에 의해 엄습되는데 —비-의미는 정의 내리기가 어렵지만— '비밀한 의미'라고 볼 수 있다. 이런 과정을 거치면서 위트는 의미의 통로를 만드는데, 그때까지 포착되지 않던 비-의미가 위트라는 매개를 통해 의미로 드러나게 된다.

3. 환유의 행위와 은유의 행위, 푸드상스와 파드상스

의미의 통로가 만들어지는 과정에는 환유의 언어행위와 은유의 언어행위가 있는데, 라캉은 환유의 행위를 '푸드상스le peu-de-sens'라는 용어를 만들어 설명하며, 은유의 행위는 '파드상스le pas-de-sens'라는 용어를 만들어 설명한다. 여기서 'le peu'는 '사소한 것'을 의미하고, 'le pas'는 '없음'이 아니라 '한걸음'을 의미한다.

우선 '환유의 행위'를 살펴보자. '환유의 행위'는 기표와 기표가 만나 두 개의 연결 고리를 만드는 것이고, 이 고리에서 형성되는 의미의 매듭이 바로 '요구demande'이다. 그러니까 '필요besoin'는 주체가 기표에 실어 대타자에게 보내는 것이라면, '요구'는 대타자가 주체에게 보내는 반응을 반영한다. 가령, 아이가 등이 가려워서 칭얼댈 때, 아이에게 젖병을 물리는 어머니의 행위를 생각해 볼 수 있다. 즉 '필요'가 등을 긁어 주는 것이라면, '요구'는 젖병

물리기이다. 우리는 조금 전에 두 개의 기표 고리가 만드는 세 가지 시간 개념을 보았는데, 각 고리는 두 번째 시간이 끝나기까지는 아직 서로 교차하거나 얽히지 않는다. 그러나 동시적으로 진행하는 두 고리는 두 번째 시간이 끝나는 지점에서 이중의 완성을 이룬다. 이때 두 개의 기표 고리는 걸쇠로 엮여 매듭이 되고, 이 지점에서 대타자가 불러낸 메시지를 구성한다. 대타자의 설정은 메시지의 성취와 공존한다. 대타자와 메시지는 동시적으로 결정된다.

하지만 '필요'를 더 복잡하게 만들고 변화시키는 것이 있는데, 그것은 '욕망désir'이다. '필요'가 상상적 질서에서 유래하는 순수하고도 단순한 것이라면, '욕망'은 상징적 질서에서 비롯되는 기표 고리에 나타난다. 이것이 '필요'와 '욕망' 간의 본질적인 차이라고 볼 수 있다. '욕망'은 기표의 개입으로 나타나는 새로운 것으로서 무의식이라는 미로 안에 있는 본질적인 측면이라고 볼 수 있다. 프로이트는 '욕망'을 무의식의 단계에서 나타나는 '무엇인가 놀라운 것'이라고 부르는데, 그것은 근본적이고 본질적인 측면이다. 이런 놀람 현상은 근원적으로 무엇인가에 근거하여 발생하며, 욕망과 동질적인데, 순수한 욕망이 드러날 수 있는 조건이 된다. 이것은 모든 욕망이 무의식 안에 들어갈 수 있는 것이 아니라는 것을 나타낸다. 욕망이 무의식에 들어가려면 먼저 상징화된 후에 상징적 형태로 보존되어야 한다. 즉 프로이트가 제시했듯이 욕망은 위트라는 흔적의 형태로 무의식 안에 들어가며, 그 안에 보존된다. 욕망은 이런 흔적의 형태, 즉 기표의 순환 형태라는 상징적 구조에 의해 지탱되며 보존된다.

의미의 통로를 만드는 다른 하나는 '은유의 행위'이다. '은유의 행위'는 순환 중인 환유의 회기 안으로 침범한다. '은유의 행위'에 접근하기 위해서는 '환유의 행위'를 담보로 해야 하기에 환유적 대상에 대해 더 설명하는 것이 좋을 것이다. 재담에서 대타자에게 보내 근본적 결과를 생산하게 하는 '것', 즉 앞서 보았듯이 주체에서 시작된 '필요'와 대타자의 반응을 담은 '요구'는 무엇인가? '그 나'는 대타자의 '요구'를 반영한다. '요구'의 메시지가 완성되는 회기는 '호출-의도A-M'인데, '필요'의 2차적 회기이다. 이때 대타자에 의해 인정될 수 있는 대상이 중요한데, 이 대상은 대타자를 욕망하는 대상, 즉 환유적 대상이다. 이 대상을 깊이 생각한다는 것은 세 번째 시간에 메시지가 수렴된다는 뜻이다. 이 메시지는 두 개의 만남으로 구성된다. 그 하나는 호출을 일으켰던 대타자 자신으로부터이고 또 하나는 공동체의 성격 또는 대상들의 전치라고 부르는 것인데, 이 메시지는 기표 고리 안에 게재된다.

세 번째 시간에 이루어지는 만남에서 담화는 두 개의 화살표 끝 방향 사이에서 맴돈다. 즉 이 담화는 말의 비틀거림, 즉 말실수 등에 관계된다. 만약 환유적 축이 무엇인가를 겨냥한다면, 그것은 평등화, 평균화, 동등화이다. 이것은 의미의 소멸이나 축소를 말하는 것이지, 비-의미non-sens를 말하는 것이 아니다.

라캉은 이러한 것을 부르는 용어로 '데상스dé-sens'(탈-의미, 후기-의미, 이후-의미), '푸드상스Le peu-de-sens'(의미의 사소함)를 제안하는데, 이를 통해 환유적 고리의 의미를 잘 파악할 수 있다고 한다. 'Le peu-de-sens'는 'peu de'+'명사'로 이루어진 관형어구로 '사소한 의미', '대수롭지 않은 의미'를 나타내지만 라캉은 비-의미non-sens는 아니라고 단언한다. 이렇게 단어의 의미 또는 단어의 메시지를 '푸드상스'로 표현한다는 것은 무슨 의미일까? 여기서 대타자의 영역이 중요한데, 대타자의 위트에서 의사소통되는 것은 '푸드상스'의 영역에서, '푸드상스'의 의미에서만 답변할 수 있기에 '푸드상스'는 위트의 고유한 메시지의 본질로 이해된다.

라캉이 제안한 '은유의 행위'는 '파드상스le pas-de-sens'라는 형식에 관한 것이다. 즉 은유의 행위는 환유적 사용 저편, 공동 범위 안에서 발견되는 것 저편에 관한 것이다. '파드상스'를 은유의 행위에 적합하게 도입하는 것은 주체의 의도이다. 여기서 '파le pas'

는 모든 종류의 '필요'가 비워진 것인데, 사용되는 '파'의 의미는 '~이 아니다'를 나타내는 부사가 아니라, 수에즈 운하Pas-de-Suez에서 운하le canal의 의미, 'Pas-de-Calais'에서 '해협', 'Pas-de-vis'에서 '나사의 1회전 진행거리' 등을 나타내는 명사이다. 그러니까 '파드상스'는 의미의 해협, 의미의 수직거리, 의미가 누비고 내려간 간격을 말한다고 볼 수 있다. 이 '파드상스'의 영역은 위트에서 분명하게 나타난다. 주체가 위트라는 담화를 통해 대타자에게 새로움을 알리는 과정에서 환유적 행위의 '푸드상스'와 은유적 행위의 '파드상스'의 작용이 발생한다. 이로써 주체는 쾌락을 얻게 된다.

4. 부성적 은유

프로이트가 환유와 은유라는 용어를 사용하지는 않았지만, 의미상 그런 식으로 설명했다면, 라캉은 환유와 은유라는 두 기표의 고리를 이용하여 요구와 필요, 욕망의 이동 경로를 풀어냈고, 이를 다시 '환유의 행위'로서 '푸드상스' 그리고 '은유의 행위'로서 '파드상스'로 구분하여 설명했다. 바로 여기서 '부성적 은유la métaphore paternelle'가 거론된다.

'부성적 은유'는 아버지의 기능에 관한 것인데, 아버지의 기능은 정신분석 상담에서 그 자리가 확인되며, 오이디푸스 콤플렉스의 핵심 부분이다. 프로이트가 이 기능을 도입한 것은 이미 오래전의 일이다. 오이디푸스 콤플렉스는 꿈에 대한 과학에서부터 나타난다. 프로이트는 (남자아이가 아버지의 죽음을, 여자아이가 어머니의 죽음을 꿈꾸는) '부모의 죽음에 대한 아이들의 꿈'에서 성적 편향을 예견한다. 무의식에 오이디푸스 콤플렉스가 나타나는 것이다. 무의식의 계시가 중요한 이유는 어머니와 아버지에 대한 유아의 욕망이 억압된다는 것과 이 억압의 기억이 상실된다는 것을 담고 있기 때문이다. 프로이트가 정상인과 신경증 환자에게서 오이디푸스 콤플렉스를 찾았다면, 라캉은 오이디푸스 콤플렉스 없는 신경증 환자가 없겠느냐는 의문을 제기하면서 오이디푸스의 역사를 세 축으로 구분한다.

1) 첫 번째 축. 이 단계는 샤를 오디에르Charles Odier의 소논문 제목 「오이디푸스 콤플렉스 없는 신경증이 존재하는가?*Y a-t-il des névroses sans Œdipe?*」이기도 하다. 오이디푸스 콤플렉스가 없는 신경증 개념은 모성적 초자아le surmoi maternel라 부르는 것에 부과된 질문과 동일한 문제이다. 오이디푸스 없는 신경증 문제가 거론되

었던 시점에서, 프로이트는 초자아가 아버지에 기원을 둔다는 공식을 정리한다. 그렇다면 우리는 과연 '초자아가 아버지에게서만 유래하는 것이고 어머니와는 관계가 없는 것일까?'라고 의문을 제기할 수 있다. 이래서 첫 번째 축은 모성적 초자아와 부성적 초자아의 관계가 결속되는 단계이다.

2) **두 번째 축.** 이것은 현실의 장에서 야기되는 장애에 관한 것이다. 이 장애의 문제는 주체의 전개 과정에서 전前-오이디푸스 단계, 즉 도착la perversion과 정신병la psychose에 부합된다. 성도착은 비정상적인 고착과 도치된 신경증으로 취급된다. 이 전-오이디푸스 문제를 중심으로 도착과 정신병 문제가 묶인다.

3) **세 번째 축.** 이 단계는 성별화la génitalisation와 오이디푸스와 관계된다. 성별화란 남녀가 각기 자기의 성을 정복해 가는 것을 말한다. 여기에서 이중적인 문제가 제기된다. 하나는 진화나 성숙을 내포하는 발아une pousée이고, 다른 하나는 주체가 자기 고유의 성을 인준하는 것이다. 여자가 여성적 형태의 역할을 맡는다는 사실은 여성으로서 자각하고 여성적 기능에 동일시됨을 뜻한다. 남성성과 여성화는 본질적으로 오이디푸스를 나타내는 단어이다. 우리는 여기서 오이디푸스가 직접 '자아 이상'의 기능과 관계됨을 알 수 있다. 긍정적 오이디푸스(아들이 어머니와 혹은 딸이 아

버지와 친밀하거나 갈등하는 상태)는 성별화를 긍정적으로 이끌지만, 부정적 오이디푸스(아들이 아버지와 혹은 딸이 어머니와 친밀하거나 갈등하는 상태)는 도치된 성별화를 초래하고 성도착이나 정신병의 기본 틀이 된다.

라캉이 구분하는 오이디푸스의 세 축은 긍정적 오이디푸스로의 전개를 위한 아버지 기능의 중요성을 나타낸다. 즉 아버지가 없다면 오이디푸스는 없을 것이다. 다시 말해, 오이디푸스를 말한다는 것은 아버지 기능을 본질적인 것으로 소개한다는 의미이다. 라캉에 의하면, 오이디푸스 콤플렉스의 단계를 밟아 가는 역사적 주체는 초자아, 현실, 자아 이상이라는 세 축을 중심으로 돌고 있다. 『세미나 4』에서 대상 부재의 세 가지 형태를 제시한 라캉은 『세미나 5』에서도 이것을 다시 인용한다.

라캉은 이 도표를 설명하면서 거세를 행하는 자가 왜 실제의

대상의 부재에 따른 세 가지 형태

형태 \ 대상	대상의 부재	작동인	대 상
거 세	상징적 부채	실재적 아버지	상상적 팔루스
좌 절	상상적 영별	상징적 어머니	실재적 젖꼭지
박 탈	실재 구멍	상상적 아버지	상징적 팔루스

아버지냐는 질문을 던지면서, 한스의 경우 '네가 고추를 만지면 그것을 자르러 의사 선생님을 부를 거야'라고 실제로 말한 이는 어머니였음을 지적한다. 에리히 프롬이 이 문제에서 프로이트와 의견을 완전히 달리한 것과는 달리, 라캉은 상상적 위협에 대한 아버지의 실제 개입을 문제 삼는다. 거세는 상징적 행위이고, 작동인은 그것을 자르겠다고 말하는 어머니나 아버지 등 실제의 누구이다. 여기서 대상은 상상적 대상이고, 만약 아이가 그것을 잘렸다고 느낀다면 그가 그것이 잘린 것을 상상하기 때문이다. '거세'에서 아버지가 겨냥하는 것은 바로 어머니이다. 아버지는 아이에게서 어머니를 빼앗는다. 대상으로서의 어머니는 아버지에게 속한 것이지, 아이에게 속한 것이 아니다. 이러한 구도 위에서 아버지는 남자아이나 여자아이에게 공격성을 유발하고, 이들과 경쟁 구도에 들어간다. '좌절'에서 아버지는 실제 인물이 아니라, 권리를 가진 자로 개입한다. 여기서 아버지가 없을지라도 —아버지의 모습이 보이지 않는 상태에서 아버지가 전화로 어머니를 부를지라도— 결과는 마찬가지이다. 실제의 대상(어머니)에 관한 상상적 행위인 좌절에 개입하는 상징적인 아버지, 아이가 필요로 하는 아버지가 바로 여기에 있다. 오이디푸스 콤플렉스는 '박탈'에서 결합한다. 어머니를 선호하는 아버지와 어머니의 선호 대상인 아버지가 쟁점 사항이 된다. 이 시기는 정체화의 마무리 단계이고, 부정적 오이디푸스와 남녀 사이에 다르게 전개되는 오이디푸스 문제가 모여든다.

그러면 여기서 거론되는 아버지는 누구인가? 여기서 아버지는 가정la famille에서의 아버지가 아니라, 오이디푸스 콤플렉스 구도에서의 아버지이다. 그가 거세된 육체를 주기 위해 실제로 개입한다고 할지라도 아버지는 실제의 대상이 아니다. 그가 실제의 대상이 아니라면 무엇인가? 라캉은 오이디푸스 콤플렉스의 근본 토대를 문화와의 관계에서 발견한다. 여기서 아버지는 상징적인 아버지인데, 아버지는 은유이다. 은유는 다른 기표의 자리에 오는 하나의 기표이다. 라캉식 은유의 아버지는 다음과 같이 표현된다.

아버지는 다른 기표를 대체하는 하나의 기표이다.

le père est un signifiant substitué à un autre signifiant.

라캉식 은유의 아버지 표현 방식에 근거하여 라캉식 환유의 아버지를 표현하면 다음과 같이 표현할 수 있다.

아버지는 하나의 기표에 연결된 또 하나의 기표이다.

le père est un signifiant pour(auprès de) un autre signifiant.

바로 이것이 오이디푸스 콤플렉스 안에서 아버지 개입의 유일한 관할 영역l'unique ressort이고, 본질적인 관할 영역le ressort essentiel이다. 이러한 맥락에서 부성적 결핍les carences paternelles이 거론된다.

아래의 은유 공식에 따르면, S는 어머니와의 관계에서 기의(아버지), 즉 x였던 무엇(아버지)에 이미 관계된 것으로서 어머니인 S′, S′의 자리에 온다. 즉 아버지는 어머니의 자리에 온다. 아이에게 어머니는 이미 아버지와의 관계에 있다. 오이디푸스 콤플렉스에서 아버지의 기능은 상징화나 모성적 기표 안에 도입된 첫 기표를 대체하는 기표이다.

그림 14
부성적 은유

$$\frac{S}{S'} \rightarrow \frac{S}{s} \qquad \frac{\text{Père}}{\text{Mère}} \cdot \frac{\text{Mère}}{x = \text{phallus}}$$

여기서 오고 있고, 오는 것은 어머니이다. 이렇게 말할 수 있는 것은 우리 자신이 바로 상징적인 것 속에 이미 사로잡힌 존재이고, 상징화되어야 한다는 것을 배웠기 때문이다. 앞서 은유의 공식에서 's는 S의 의미'라고 말했다. 즉 소문자 s는 기의이고, 어머니의 오고 감의 기의는 바로 '팔루스'이다. 아이는 매우 이른 시기에 상상적인 x를 힐끗 볼 수 있게 되고, 이것을 한번 이룩한 후 팔루스의 관념을 갖게 된다. 이 상상적인 것은 정상적인 것이 아니기 때문에 상상적 영별을 갖게 하고 이후의 상상적인 행로는 우리가 고착이라 부르는 것을 일으킨다. 상상적인 행로는 순수하지도 정상적이지도 않고 완전하게 접근할 수도 없는데, 항상 대략적이고 불가사의하고 이원적이고 성도착의 동질이상형적인 것을 남겨 둔다. 그러면 상징적인 행로는 무엇인가? 바로 은유적인 행로이다. 라캉은 여기서 아버지를 규정할 때 은유의 일상적인 결과가 생산하는 기표로서 어머니를 대체하는 기능이라고 말한다. 그리고 공식을 다음과 같이 개정한다.

그림 15 $\frac{S}{S'} \cdot \frac{S'}{x} \rightarrow S(\frac{1}{s'})$ $\frac{S}{S'} \cdot \frac{S'}{x} \rightarrow S(\frac{S}{\text{phallus}})$

여기서 S는 팔루스의 형태로 나타나는 어머니의 욕망 대상이다. 즉 S는 은유적 행로를 통해 아버지를 소유한다는 것이다.

라캉은 우리가 지금까지 설명한 도식을 제1차 체계라고 말한다. 이 체계에서는 담화의 사슬이 기표의 사슬을 기준으로 회전하기 때문에 대칭la symétrie과 원심력 관계와 구심력 관계가 성립된다. 제1차 체계에는 '그 나'에서 시작하여 대상과 대타자를 향하는 벡터와 '그 메시지'에서 시작하여 대타자와 대상을 향하는 벡터가 있다. '그 나'와 '그 메시지' 간의 대칭 관계, 그리고 환유의 보물 장소로서 대타자와 환유의 체계 안에서 구성된 환유적 대상 간의 원심적이고도 구심적인 관계가 성립된다.

라캉은 첫 번째 체계와의 관계에서 '대응'되는 것을 첫 번째 체계 위에 첨가한다. 이 교대 작업이 대타자로부터 주어져서 재담을 인정하는 메시지를 향하기 위해서는 교대 작업이 기표의 체계 속에 사로잡혀야 한다. 이렇게 되면 두 번째 체계가 된다. γα는 주체를 위한 것이고, ββ′는 환유적 대상과 '그 나'의 관계를 위한 것이다. 그다음의 단계로 이행하여 대타자는 β″β‴라는 환유적 대상과 '그 나'의 관계를 가진다. 반면 γα는 여기서는 γ′α′가 된다.

5. 정신분석에서의 시간, 오이디푸스를 중심으로

라캉은 어머니와 아이의 관계가 상징적 질서에 의해 구성되면,

그림 16

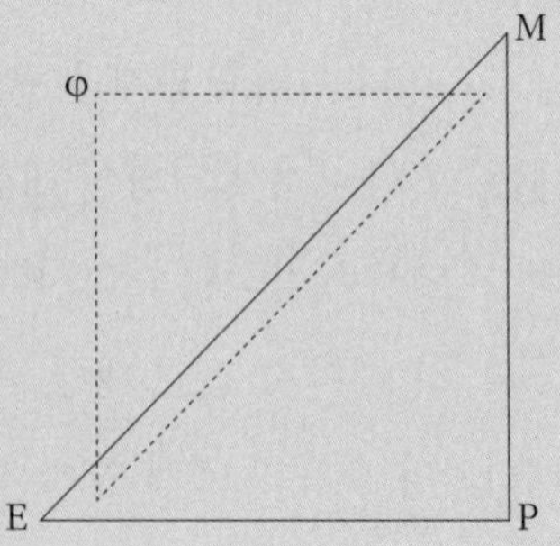

상징과 기표로서의 아버지가 어머니의 자리를 대체한다고 말했다. 이것을 라캉은 '(아버지)-팔루스-어머니-아이'라는 사각형으로 표현했다.

여기서 점선으로 된 삼각형은 상상적 삼각관계le ternaire imaginaire, 실선으로 된 것은 상징적 삼각관계le ternaire symbolique를 표현한다. 전자의 정상점은 팔루스(φ)이고, 후자의 정상점은 아버지(Père)이다.

이 두 삼각형에는 단순한 대칭이 아닌 은유적 질서가 있다. 가령, 아이가 팔루스에 정체화되는 과정을 보면, 아이는 어머니의 옷 아래 숨겨진 것으로서의 팔루스에 정체화된다. 아이가 어머니의 욕망 저편에 있는 대상과 어떠한 관계가 있다는 의미에서 성도착을 얻을 수 있다. 즉 어머니와 아이의 상상적 관계의 어려움을 수용하는 것도 이러한 성도착, 복장도착, 동성애의 위치에서이다. 아이는 팔루스적 어머니la mère phallique에 정체화된다. 팔루스와 아이의 관계는 팔루스가 바로 어머니의 욕망 대상임을 보여 준다. 아버지는 어머니가 갖지 못한 무엇을 거세하지 않음이 밝혀진다. 오이디푸스 콤플렉스의 진화 과정에서 아버지에 의한 어머니의 박탈 문제에 대하여 유아적 주체가 그 상황을 사실로 수용하느냐 또는 그렇지 않으냐, 받아들이느냐 또는 아니냐 하는 점이 본질적이다. 라캉은 이 점을 절점le point nodal이라 부른다. 그래서 아버지는 어머니의 박탈자로서의 기능en fonction comme privateur de la mère을 하게 된다. 그러나 아이가 아버지에 의해 작동된 어머니에 대한 팔루스의 박탈을 수용하지 않는다면 아이는 하나의 규칙으로서 처음부터 경쟁-대상으로 표현되는 어머니의 대상에 정체화되는 형태를 얻는다.

이것은 아버지에 정체화되는 것을 말하는 것인가? 이 근거 기준점을 중심으로 라캉은 '어머니가 자기의 욕망의 대상인 아버지에 의해 박탈되었음을 아이가 받아들이지 않도록 하는 어머니-아이-팔루스 관계의 정황은 무엇인가?'라고 의문을 던질 수 있다고 말한다. 이러한 상황 속에서 아이는 팔루스에 정체화되는가? 상상적 도면 위에서는 '팔루스가 존재하느냐, 존재하지 않느냐

être ou ne pas être, to be or not to be'의 문제가 거론된다. 이 양자택일 문제는 팔루스의 존재 유무와 페니스의 소유 유무로 구분된다. 여기서 거세 콤플렉스가 나타난다. 아버지는 우선 법을 가진 자porteur de la loi이고, 어머니인 대상을 금기시키는 자l'interdicteur de l'objet이다. 아버지의 기능과 이름은 근친상간 금기에 관계된다. 아버지는 어머니와 아이의 장애물이고, 법의 소지자이다. 아버지의 법이 아닌 어머니의 법은 어머니가 말하는 존재라는 것과 이 법이 통제되지 않는 법임을 보여 준다.

여기서 라캉은 시간을 개입시킨다. 첫 번째 시간은 어머니의 욕망 대상인 팔루스의 존재 여부를 말한다. 이 시기에 주체는 거울상에서 나타난 어머니의 욕망 대상에 정체화된다. 이 시기는 최초의 팔루스적 단계, 부성적 은유가 작용하는 단계이다. 이때 팔루스의 우위는 법과 담화의 상징으로 세상에 건설된다. 두 번째 시간은 아버지가 어머니의 박탈자로서 개입한다. 세 번째 시간은 아버지가 아이에게 어머니인 대상을 금기시키고, 법으로 나타난다. 아버지는 법의 소지자porteur이자, 지지자supporter이다. 아버지에게 정체화되기가 세 번째 시간에 이루어진다. 이 정체화는 자아 이상이라 불린다. 아버지는 대타자 안에서 법처럼 기표고리의 실존을 대표하는 기표이다. 즉 아버지는 〈그림 17〉에서

그림 17

S	Σ
S S S S S S S	$S_1 \cdots S_2 \cdots S_3 \cdots S_4$
s s s s s s s	$s_1 \cdots s_2 \cdots s_3 \cdots s_4$

보여 주듯 기표 고리 맨 윗부분에 위치하며 하부 기표들을 대표한다.

라캉이 말하는 시간은 연대기적 시간이 아니라 논리적 시간이다. 첫 번째 시간은 어머니의 욕망과 아이의 관계이다. 어머니의 욕망 대상과 아이의 관계이다. 즉 어머니의 욕망 대상에 대한 욕망과 아이의 욕망의 관계이다. 이 대상은 주관적 변증법의 축인 '팔루스'이다. 어머니에 의해 욕망된 팔루스가 첫 번째 시간에 거론된다. 팔루스는 라캉의 도식에서 환유적 대상의 자리에 위치한다. 아이는 어머니의 욕망 대상이 되고자 하는 욕망을 가진다.

6. 욕망의 그래프

〈그림 18〉은 앞서 '통합축-통사축'과 '연상축-범열축'이라는 두 축, 즉 기표 고리와 담화 고리를 이용하여 만든 〈그림 10〉을 확장한 것이다. 그리고 이 그림은 『세미나 9』에서 다룰 오일러의

원과도 연결될 것인데, 앞서 기표 고리를 설명할 때 만든 아래 그림에서 보여 주는 (왼쪽에서 오른쪽으로 가는) 아랫부분의 화살인데, 이 위에 하나의 층이 더 있음을 볼 수 있다.

아랫부분은 상징계에 속하며 의식이 지배하는 담론이고, 그렇기에 타자와 소통이 가능한 의미의 차원이고, 언표 주체가 의식적 담론을 지배한다. 반면 윗부분은 무의식이 지배하는 담론이고, 그렇기에 일상적 의미를 벗어나서 타자와 소통이 가능하지 않은 무의식의 차원이고, 언표 행위의 주체가 무의식의 담론을 지배한다. 그래서 아래의 그림은 의식적 담론에는 포착되지 않고 빠져나가는 무의식적 욕망의 기표 고리(윗부분)가 의식적 담론

그림 18
욕망의 그래프 3

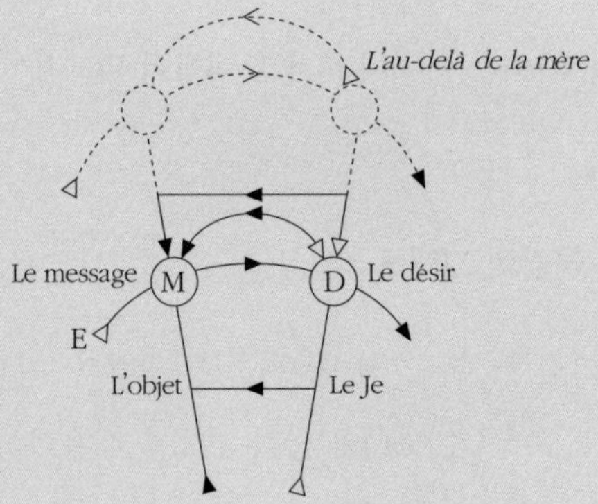

(아랫부분) 너머에 있음을 보여 준다. 라캉은 이 그래프를 '욕망의 그래프le graphe du désir'라고 부른다. 이 그래프는 『세미나 5』를 거쳐 『세미나 6』에 이르러 온전한 모습을 나타낸다. 이 책에서는 『세미나 6』을 다루지 않기에 세미나 5와 6을 통합한 욕망의 그래프를 차츰 설명할 것이다.

〈그림 18〉의 아랫부분에 있는 E(Enfant, 아이)는 아이의 담화를 말하는데, 잠재적인 'Le Je(그 나)'는 타자의 욕망인 D(Le désir, 욕망), 즉 어머니에 의해 구성된다. 어머니는 아이의 대타자가 된다. 자신의 욕망 대상과 결합한 어머니는 M(Le message, 메시지)에서 아이에게 메시지를 전달한다. 어머니는 아이에게 메시지를 전달함으로 개입한다. 아이는 M에서 어머니의 욕망, 즉 가공되지 않은 메시지를 입수한다. 아이가 어머니의 욕망을 수용하는 한, 아이는 어머니의 환유적 자리에 기입되도록 열리게 된다.

최초의 정체화는 대타자로서의 어머니 자리에 주체의 'Le Je'가 오는 식으로 구성된다. 이것이 첫 번째 시간이다. 두 번째 시간은 아버지가 금기를 단행하는 사람으로 느끼는 순간에 구성된다. 오이디푸스의 첫 번째 단계에서 어머니의 담화는 가공되지 않은 상태로 획득되었지만, 두 번째 단계에서는 아버지의 말이 어머니의 담화에 개입한다. 여기서는 아버지가 어머니를 위한 메시지로서 개입한다. 아버지는 M의 위치에서 금기를 말한다. 이때는 아이가 아버지에 의해 '금기'된 어머니의 예기된 욕망을 입수한다. 이 'ne pas'는 메시지에 대한 메시지이다. 아버지의 메시지가 담긴 어머니의 메시지, 이 특별한 형태의 메시지는 '금기'이다. '~하지 말라'는 하나의 메시지에 대한 또 다른 메시지이다. 이 시기에 아이에게 부과되는 말은 '너는 어머니와 잠자지 말라'이고, 동시에 어머니에게 부과되는 말은 '너는 너의 생산물을 복직시키지 말라'이다. 이 복직la réintégration은 모성적 본능의 초기 형태이다. 이로부터 아이는 예속된 위치position d'assujet에서 동요된다.

어머니의 욕망 대상이 부성적 금기에 의해 침범되기 때문에 이 원le cercle은 아이에게 완전하게 닫히는 것도 아니고, 순수하고도 단순하게 어머니의 욕망 대상이 되지도 않는다. 첫 단계에서 어머니의 욕망으로 인하여 어머니와 아이의 모호한 삼각관계가 형성되었다. 라캉은 여기서 이미 상징적인 관계가 성립된다고 본다. 이 상징적 관계를 통해 주체는 욕망하는 대상을 처음으로 봉쇄la bouclage하게 되며, 처음으로 어머니가 욕망하는 대상이 무엇인지를 찾는 데 성공할 수 있게 한다.

라캉은 〈그림 18〉을 통해 정신병을 설명한다. 정신병에서는 상징적 기능으로서 아버지의 이름이 배제된다. 아버지는 법으로서 나타난다. 메시지는 완전히 작동되지 않은 것으로서 '어머니의 저편L'au-delà de la mère'에 있고, 이러한 작동의 원천이다. 법의 기원이 신화적인 형태 아래에서 발생한다면, 법이 아버지 안에서 토대를 마련하기 위해서는 무엇보다 '아버지의 죽음'이 전제되어야 된다. 법을 공포하는 아버지는 죽은 아버지, 즉 상징의 아버지이다. 그래서 이 죽은 아버지는 아버지의 이름이다. 정신병이 아버지의 이름을 배척하는 것이라고 할 때, 배척verwerfung, forclusion은 우리가 접근할 수 있는 것도, 대타자 안에서 억압되는 것도, 기표인 것도 아니다. 배척은 활자 안에서 항상 부재하는 기표 또는 문자를 가질 수 있다. 기표와 무의식의 공간은 결국 활자로 기록되는 공간이다.

라캉은 〈그림 19〉와 같이 최종적인 형태의 욕망의 그래프를 만든다.

이 욕망의 그래프는 『세미나 5, 무의식의 형성물』(1957-58)과 『세미나 6, 욕망과 그 해석』(1958-59), 그리고 『에크리』의 「프로이트의 무의식에서 주체의 전복과 욕망의 변증법」(1960)에서 점차 소개된다. 이 그래프는 욕망의 형식들을 담고 있는데, 라캉은 『세미나 5』에서 〈그림 20〉처럼 이렇게 정리하고 있다.

각 명칭을 해석해 보자.

그림 19
완성된 욕망의 그래프

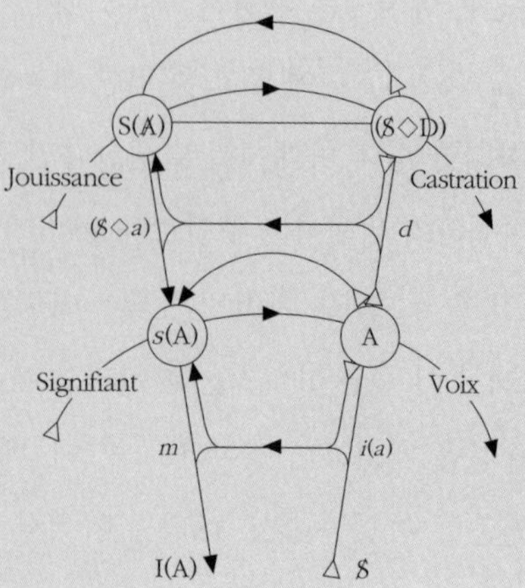

그림 20

1.	d	→	$\$ \diamond a$	⇄	i(a)	←	m
2.	D	→	A◇d	⇄	s(A)	←	I
3.	△	→	$\$ \diamond$D	⇄	S(Ⱥ)	←	Φ

우선, 1에서 d는 욕망désir, $\$$는 빗금쳐진 주체Sujet를 나타낸다. 기표의 대문자 S와 혼동을 피하기 위해, 그리고 무의식적 주체임을 나타내기 위해 사선(/)을 그어 두었다. a는 소문자로 표기되는 타자로서 주체의 닮은꼴le semblable du sujet이자, 거울 단계에서 거울에 나타난 타자와의 최초 정체화에서 나타나는 것이다. m는 나

르시스적 정체화의 축으로서 moi자아의 첫 글자이다. ◇는 마름모, 각인으로 번역되고 있고, 환상의 기능을 의미한다.

2는 요구Demande를 통한 말과 욕망의 관계를 나타낸다. D는 'Demande요구'이다. A는 주체가 타자와의 관계에서 의거하는 코드의 장소, 말의 장소인 대타자(Autre)이다. s(A)는 대타자(A) 안에서 기의(s)가 갖는 효력을 나타낸다. 즉 기표와의 관계에서 기의가 갖는 효력이다. s(A)는 자아 이상에 정체화되는 I와 관계를 맺는다.

3은 기표와 욕망하는 주체의 관계를 직접 표현한 것이다. △는 주체가 기표와의 관계에 들어가도록 부추기는 것을 나타내는 필요besoin이고, $◇D는 무의식의 주체($)가 요구(D)를 통과하면서 갖게 되는 결과를 보여 준다. 팔루스를 나타내는 상징 Φ는 주체와 그의 요구와의 밀접한 관계를 통해 기표의 무엇을 S(Ⱥ) 안에서 실현한다. 여기서 S(Ⱥ)는 기표(S)로 표기할 수 없는(/) 대타자(A), 그래서 S(Ⱥ)이다.

이 욕망의 그래프는 다양하게 적용된다. 라캉은 전이와 암시, 세 유형의 정체화, 히스테리, 강박증에 그것을 적용한다. 처음 두 주제는 『세미나 8』, 『세미나 9』에서 더 부연될 것이다. 『세미나 6』에서 이 그래프는 진화를 거치고 부연되기 때문에 『세미나 5』에서는 아직 분명한 것을 알 수가 없고, 대략적인 것만을 소개한다. 『세미나 5』 마지막 부분에 전이le transfert에 대한 적용, 정체화, 히스테리 환자의 순환, 강박증 환자의 순환 등을 간단하게 소개한다. 『에크리』나 『세미나 5』의 341과 392페이지에 제시된 도표에는 아랫부분의 'm－i(a)'가 순서가 바뀌어서 'i(a)－m'로 되어 있다.

『세미나 5』에 나타난 '욕망의 그래프'는 우리가 일상적으로 접하는 라캉의 욕망의 그래프와는 차이가 있다. 욕망의 그래프에서는 '케 부오이Che vuoi?(너가 원하는 게 무엇이냐?)'라는 이탈리아어가 나타나는데 『세미나 5』에서는 아직 이 용어가 나타나지 않는다. 이 단어는 『세미나 6』의 1958년 11월 12일에 제시된다. 이 단어는 자크 카조트Jacques Cazotte의 소설 『사랑에 빠진 악마*Le Diable amoureux*』에 나오며, 1960년 소논문에도 나타난다.

타자는 주체의 호출에 답하는데, 주체가 "Che vuoi?"라는 형태로 질문하면서 타자를 호출한다. 가령 아이가 어머니에게 '너가 원하는 게 뭐냐'고 묻거나 그 반대로 어머니가 아이에게 그것을 묻는다면, 그에 따른 답은 무엇일까? 아이가 자신의 필요besoin, need를 말하면 어머니는 자신이 이해한 요구demande로서 응답한다. 필요를 말했는데 요구로 돌아온 답은 최초의 불일치이다. 이 불일치는 주체에게 유일무이한 흔적trait unaire으로 남게 된다. 여기

그림 21 ¦ 아이의 필요와 어머니의 요구 간의 불일치

어머니의 대응(서수, 요구)	1	2	3	4	5	6	7	…
아이의 상황(기수, 필요)	0	1	2	3	4	5	6	…

서 우리는 아이의 상황과 이에 대한 어머니의 대응이 다름을 볼 수 있다. 이것은 존재론적 상황이자 존재론적인 문제이다. 라캉은 서수les nombres ordinaux와 기수les nombres cardinale가 서로 다름을 보여 주면서 이것을 설명한다. 서수에서는 제로(0)를 받아들이지 않는 반면, 기수에서는 -1과 +1 사이의 제로(0)의 가능성이 성립된다. 그래서 아이의 필요와 어머니의 요구 사이에는 이러한 도식이 성립되고, 그 사이에서 욕망이 발생한다.

어머니의 요구는 아이의 필요인 기표 0 위에 기표 1로 나타난다. 하지만 어머니의 기표 1에 사로잡힌 아이의 최초 기표 0은 몰이해되고, 그 의미가 상실되며 어떠한 기표로도 그것의 본질적 형태를 재구성할 수 없다. 이때 아이의 필요는 유일무이한 기표, 최초의 기표le signifiant unaire를 구성한다. 이 기표는 『세미나 7』에서도 계속 논의된다.

6장
『세미나 7』 읽기

세미나 7(1959~60년)

정신분석의 윤리*L'ethique de la psychanalyse*

1. 윤리와 도덕의 구분

『세미나 7』의 주제 '정신분석의 윤리'는 프로이트의 저서에 담긴 정신분석의 색다른 경험을 무엇으로 파악할지, 그 도구를 마련하기 위해 준비되었다. 이를 위해 라캉은 다양한 학자를 거론하는데, 이들 중 일부는 권력의 체계를 유지하는 전통적인 도덕을 주장했고, 또 일부는 이러한 도덕에 대립되는 개념의 윤리를 제기했다. 가령, 아리스토텔레스는 지고선le Souverain Bien을, 아우구스티누스는 원죄le péché를, 데카르트는 주체를, 칸트는 정언적 명령l'impératif catégorique을, 니체는 새로운 쾌락주의를 말했는데, 도덕과 윤리는 이런 과정을 통해 나름대로 개념이 정리된다.

라캉에 따르면 아리스토텔레스에서 칸트에 이르는 서양 윤리는 주인의 입장에서 기술된 윤리, 지배자의 윤리인데, 이와는 달리 정신분석의 경험은 도덕적 문제들, 주인의 입장, 지배자의 윤리에서 탈피하여 지금까지 누구도 접근하지 못한 위반의 세계l'univers de la faute, 위반이라는 불건전한 영역l'univers morbide de la faute, 위반이 주는 매력l'attrait de la faute을 겨냥한다. 도덕적 경험이 행위를 통해서 인간을 파악하고 품행의 이상형을 낳는 것이라면, 정신분석 윤리는 행위의 숨겨진 의미로서 욕망을 탐구하고, 행위의 핵심에 내재하는 욕망을 지향하는 것이다. 그러니까 정신분석의 윤리는 도덕이 겨냥해 온 계율의 저편, 의무감이 제시하는 것의 저편에 위치한다.

프로이트가 1920년대에 발표한 『쾌락원칙을 넘어서』에는 죽음의 충동이라 불리는 것이 나타난다. '원리와 법의 저편'에 있는 죽음의 충동은 무엇인가? '쾌락원칙'과 '현실원칙'의 접속에서 '현실원칙'은 '쾌락원칙'에 대한 연장이나 적용처럼 나타날 수 있다. 이 위치는 세상과 우리의 관계를 결정짓는 '어떤 것 저편'에 다시 나타날 수 있다. 바로 『쾌락원칙을 넘어서』라는 글 속에서 쟁점화되는 것은 이러한 것에 대한 폭로이며 발견이다. 이런 과정 속에서 우리 시선에 나타나는 것이 프로이트가 '현실'이라는 용어로 제시하는 것인데, 이 현실은 우리가 지금까지 말해 온 것처럼 매일의 일상이나 과학에 의해 발견된 현실이 아니라, 분석가가 만나는 환자의 이야기 속에 등장하는 심적 현실이다.

'쾌락원칙'과 '현실원칙'은 상호 대립의 원칙, 즉 φ 체계와 ψ 체계 간의 대립 원칙인데, 이 두 원칙은 프로이트의 작품 전체에서 구분된다. 우선 『과학적 심리학 초고*Entwurf*』(1895), 『꿈의 해석』(1900) 제7장에서('쾌락원칙'에 의해 통치되는 은유와 환유로서 제1차 과정과 '현실의 원리'에 의해 통치되는 제2차 과정), 『심적 구조에 대하여』(1911), 『문명 속의 불안』(1930)에서 다루어진다. 라캉은 『세미나 2』에서 프로이트의 『초고』를 다루었는데, 『세미나 7』에서도 다룰 만큼 프랑스의 정신분석계에 『초고』가 차지하는 비중은 아주 크다고 볼 수 있다.

라캉이 도덕la morale이라 말할 때는 상상적인 체계에서다. 그래서 도덕은 자아, 닮은 것들과의 관계에 대한 것이다. 거울 도식을 이용해 말해 보면, 내가 타자에게 정체화될 때, 이 타자는 자아가 되는데, 이 구도에서 도덕은 그 자리를 점한다. 내가 타자에게서 사랑하고 보호하는 것은 나의 자아의 이미지이다. 라캉이 이 상상적 기능의 소멸을 주장하지는 않는데, 이렇게 상상적 기능으로서 도덕의 기능은 주체의 등장을 허용하거나 윤리의 기능을 하지는 못한다. 그래서 정신분석의 윤리는 도덕과는 다르게 상징적 질서에 속하고, 초자아의 요청에 깊이 뿌리박은 모든 윤리에 대립한다.

라캉은 끊임없이 아리스토텔레스를 언급한다. 자기 이론의 명증성을 위해 서양 사상에서 결정적인 역할을 한 아리스토텔레스를 대위법처럼 사용한다. 특히 아리스토텔레스의 저서 『니코마코스 윤리학』에 높은 가치를 부여한다. 플라톤이 영원한 이데아의 세계에 인간과는 독립된 '선'이 존재한다고 믿었고, 그 '선'을 연역적 윤리를 위한 근거로 삼았던 것과는 달리 아리스토텔레스는 그 과정을 뒤집고 귀납적 방식을 구성한다. 귀납적 윤리학에서는 사물과 인간의 현실이 전면에 등장한다. 각각의 실존은 특수한 궁극을 향하거나 스스로 실현된다. 가령, 돌의 궁극은 바닥에 가까이 다다르는 것이다. 그 돌이 바닥에 닿으면 휴식하게 된다. 이런 관점에서 보면 인간의 윤리는 궁극을 향한 행위인데, 최상의 행복이 최상의 휴식이다. 인간의 행위는 최상의 행복을 얻기 위해 '선'을 겨냥한다. 아리스토텔레스가 실재계로서 최고선을 추구하고 욕망하는 것은 정신분석의 경험에 부합된다. 욕망을 추구하는 주체는 흉측한 짐승의 성격la bestialité처럼 여겨져 비정상의 범위로 분류된다. 이런 범위에 속하는 주체는 도덕의 입장에서 제거되어야 할 대상이지만, 정신분석의 윤리의 입장에서는 오히려 고려의 대상이다.

2. 물자체

라캉은 사물을 지칭하는 두 개의 독일어 단어를 설명한다. 첫 번째는 물자체Das Ding이고, 두 번째는 물표상Die Sache이다. 전자는 근원적 사물 또는 사물의 본질 등 언어로 표현하기 어려운 대상에 관한 것이고, 후자는 표상된 사물 또는 사물의 표상 등 언어로 명기될 수 있는 대상에 관한 것이다. 전자가 인간의 경계를 벗어나는 사물la chose이라면, 후자는 어떤 목적을 위해 인간이 만든 대상l'objet이다.

라캉은 이러한 구분을 프로이트의 글 「무의식」(1915)에서 찾는다. 프로이트는 언어로 명기될 수 있는 사물을 물표상과 말표상Das Wort이라고 보았다. 그래서 사물들의 표상Sachvortellung과 단어들의 표상Wortvorstellung을 말한다. '사물들의 표상'은 무의식에 속한 것이긴 해도 어떤 방식으로든 표상된 어떤 것이고, '단어들의 표상'은 전의식에 속하면서 언어의 체계로 표상된 것이다.

물표상과 말표상이 밀접하게 관계되어 한 쌍을 이루는 것과는 달리 물자체는 다른 곳에 위치한다. 즉 물자체는 관계 속에 있는 것이 아니고, 그 속에 다른 것이 있다. 그 속에 있는 것은 진정한 비밀인데, 그것은 '현실원칙'의 비밀이기도 하다. 억압의 근본적 위치는 기표와 주체의 관계 둘레에서이다. 프로이트는 전의식에서 그 역할을 다하는 언어의 작용과 무의식에서 작용하는 요소 간의 차이를 알고 있었다. 라캉은 인간 세계의 사물은 말로써 구조가 이루어진 우주의 사물이라고 말한다. 쾌락원칙에 의해 통치되는 사고의 과정은 무의식적이고, 현실원칙에 의해 통치되는 사고의 과정은 전의식적이다. 주체는 고유한 자기 말 속에 있다.

라캉은 물자체가 무엇인지 하이데거의 『에세이와 강연*Essais et Conférences*』과 『물자체*La Chose*』에 나오는 꽃병le vase을 예로 들어 설명한다. 라캉은 흙으로 꽃병을 만들 때, 꽃병을 만드는 질료가 흙이기도 하지만 '무rien, 無'이기도 하다고 말한다. 꽃병은 재료에 의해 만들어지는 것 같지만 꽃병 가운데 있는 공간이 없다면 꽃병이 되지 못한다. 왜냐하면 꽃병은 토기장이가 빈 구멍을 중심으로 만들기 때문이다. 꽃병은 본질적으로 비어 있기도 하지만 꽉 차 있다. 이런 맥락에서 라캉은 말과 담화는 비어 있거나 차 있다고 말한다. 앞선 세미나에서 라캉은 주체의 담화를 꽉 찬 담화라고 하고, 자아의 담화를 텅 빈 담화라고 했듯이, 꽃병도 비어 있거나 꽉 차 있다고 말한다.

그렇기에 '물자체La Chose, The Thing, 物'라 불리는 실재계의 중심, 공간은 무un nihil, rien이며, 이를 중심으로 꽃병이 만들어진다. 토기장이는 손으로 공간의 둘레에 꽃병을 만든다. 즉 신화적 창조자처럼 그 구멍에서부터, 그리고 무 저편에 꽃병을 창조한다. 이런 설명을 하면서 라캉은 좀 더 대담한 말을 한다. 구멍과 무로서의 물자체가 인류의 현존을 유지시킨다는 것이다. 왜냐하면 물자체가 인류에게 끊임없이 기표를 내보내기 때문이다. 그래서 라캉은 인류가 물자체에서 유래하는 기표 때문에 괴로워한다고 말한다.

왜 결핍으로서의 물자체가 인류의 근거가 되며, 왜 끊임없이 기표를 내보내는가? 라캉은 물자체의 '공간'을 중심으로 발생하는 세 개의 양태를 예술, 종교, 학문의 담화라고 제시한다. '예술'은 '공간' 주위의 구조 체계에 의하여 특징지어지고, '종교'는 이 공간을 '피해 보려는' 모든 양태 안에서 구성되고, 서양 전통의 지혜와 철학의 담화에 기원을 두는 '학문'의 담화는 프로이트가 제안한 망상증과 깊은 관련이 있다. 즉 '예술'은 사물의 근본

억압verdrangung, refoulement을 피해 승화가 이루어지고, '종교'는 전위verschiebung, deplacement를 통해 종교적 경험을 추구하며, '학문'의 담화는 절대 지식의 근거가 되는 '물자체la Chose의 현존'을 의심하고 이에 대해 문제를 제기하며, 서술할 수 없는 공간의 실재를 거부/배척verwerfung, négation하고 그것을 서술한다. 다시 말해 서술할 수 없는 공간을 서술하여 그곳을 꽉 채우는 것이다.

3. 최초의 기표에서 이원적 기표로

물자체에 대한 또 다른 접근이 있을 수 있다. 앞서 『세미나 2』에서 라캉은 네 단계로 프로이트의 사고 변천을 다루면서 '-, +, 그리고 저항'이라는 삼극 전등 비유를 제시했었다. 『세미나 3』에서는 환유축과 은유축, 무의식적 의미로서의 기의적 의미와 의식적 의미로서의 기표적 의미의 상통 여부를 다루었다. 이때 문제시되었던 것이 기표와 기의를 가르는 막대($\frac{S}{s}$)였다. 이 막대는 물자체에 접근하려는 것을 막는 것이다. 이 막대는 '상징 체계로서 언어'일 수 있다. 설령 이 막대가 제거된다고 해도 물자체에 완전히 도달할 수는 없다. 왜냐하면 언어의 체계가 없이는 그것을 표현할 수가 없기 때문이다.

그래서 언어 체계 속에 있는 한, 무(공간)와 최초의 기표 관계가 거론될 수밖에 없다. 맨 처음에 아이는 자신의 필요besoin 때문에 자기 몸을 움직인다. 가령 아이의 울음le cri은 아이의 필요 때문이었는데, 어머니 편에서는 아이의 요구 때문이라고 판단한다. 어머니는 나름대로 아이의 '필요'가 무엇인지에 대해 판단하는데, 그 판단은 어머니 자신의 기표 안으로 아이의 필요를 끌어들이는 것이다. 이렇게 하면서 어머니는 대타자Autre처럼 아이를 향하게 된다. 말을 하지 않고 우는 아이는 자신의 필요가 무엇인지 제시하지 못한다. 이런 상황에서 어머니는 아이가 자신의 젖꼭지를 요구하는 것이라고 해석한다. 그러나 아이가 필요로 하는 대상은 젖꼭지가 아니라 다른 것일 수 있다. 가령 어머니의 손길이나 목소리일 수도 있다. 아이는 자신의 필요를 채울 수 있는 대상을 입수하려고 울음이라는 몸의 방아쇠détente(이완, 시계의 종소리를 울리게 하는 시동 장치, 즉 아이의 울음)를 당긴다. 그러나 어머니는 아이가 우는 이유를 다르게 해석하게 된다. 즉 어머니는 자신의 젖꼭지를 빨기 위해서라고 생각한다. 하지만 아이의 울음은 어머니에 의해 자극되어 발사된 것, 어머니라는 존재가 있기 때문에 무엇인가를 얻으려고 보내는 메시지라고 볼 수 있다. 아이 몸의 방아쇠에는 울음뿐 아니라, '잉여' 단어들, 몸짓들 등도 포함된다.

그렇지만 아이 몸의 방아쇠가 보여 주는 것은 어머니 몸의 방아쇠가 보여 주는 것과는 사뭇 다르다. 아이의 필요와 어머니의 요구는 엇갈려 도는 회전목마처럼 계속해서 빗나간다. 아이의 상황과 여기에 대응하는 어머니의 태도는 매번 어긋난다. 그래서 라캉은 이런 관계를 서수les nombres ordinaux와 기수les nombres cardinale 간의 다름처럼 설명한다. 서수에는 0이 없지만, 기수에서는 -1과 +1 사이에 0이 있다. 여기서 아이의 상황이 0이 되는 이유는 말이 아니라 울음이라는 몸의 방아쇠를 사용하여 자신의 뜻을 전달하기 때문이다. 말의 세계에 진입하지 못한 아이의 몸의 방아쇠는 어머니에게 정확하게 전달되지 않는다. 그래서 라캉은 근본적으로 어긋나는 아이의 필요와 어머니의 요구를 『세미나 5』의 〈그림 21〉에서 제시했었는데, 여기서도 그 그림을 이용하며 설명을 이어간다.

그림 21 ┆ 아이의 필요와 어머니의 요구 간의 불일치

어머니의 대응(서수, 요구)	1	2	3	4	5	6	7	…
아이의 상황(기수, 필요)	0	1	2	3	4	5	6	…

아이의 필요인 0 위에는 1이라는 어머니의 요구가 있다. 어머니의 요구 1에 사로잡힌 아이의 필요 0은 상실되고, 그다음 항에 가서 아이의 필요 자리에는 어머니의 요구 1이 자리하게 된다. 계속해서 아이의 필요는 지연되어 어머니의 요구에 예속된다. 여기서 아이의 기표가 n이라면 어머니의 기표는 n+1이다. 최초의 기표Signifiant unaire이자 유일무이한 기표 n은 기표 n+1이 등장하면서 이원적 기표Signifiant binaire가 된다. 그 결과 기호 $\frac{1}{0}$, $\frac{2}{1}$, $\frac{3}{2}$ … $\frac{n+1}{n}$과 같은 이원적 기표가 구성된다. 기표 n은 결코 회복될 수 없다. 그래서 기호 $\frac{n+1}{n}$에 근거하여 언어 체계가 마련되고, 이를 매개로 문화가 세워진다. 곧 어긋나고 지연되는 기표 체계가 세워진다. 기표 n+1에 사로잡힌 기표 n은 기의로 이해되고, 이원적 기표 형식 $\frac{n+1}{n}$은 $\frac{S}{s}$(여기서 소문자 s는 기의, 대문자 S는 기표)로 표기된다. 계속되는 필요를 의미할 모든 기표 n은 최초의 순간과 '잉여', 몸짓 등에 관련된다. 기표 n이 지향했던 대상이었지만 어긋나고 지연된 관계로 인해 도달하지 못했던 대상은 그 이후로도 계속해서 탐구의 대상이 되는데, 이 대상은 실재의 필요를 채우는 데 공헌하지 못하고 영원히 잃어버린 신화적 향유에 대한 요구를 소생시킬 뿐이다.

4. 안티고네, 욕망의 수호자

그리스의 작가 소포클레스(B.C. 496/5~406)는 90세를 향유하는 동안 120여 편의 극을 썼다고 전해지며 이 중 60여 편이 비극이다. 라캉은 『세미나 7』에서 그의 비극 일곱 개를 간단하게 소개하면서 정신분석의 윤리와 연관시킨다. 그 극본들은 「아이아스」, 「안티고네」, 「엘렉트라」, 「오이디푸스」, 「트라키스 여인들」, 「필록테테스」, 「콜로노스의 오이디푸스왕」이다. 이 극들은 호메로스가 쓴 『오디세이아』의 신화에 근거하며, 삶과 죽음 사이에 직면한 주인공을 다루고 있는데, 집필 순서와는 달리 내용 면에서 본다면 먼저 오이디푸스, 그리고 콜로노스의 오이디푸스왕, 마지막으로 안티고네가 된다고 라캉은 말한다.

「오이디푸스 왕」(429 또는 420)은 테베의 라이오스 왕과 아들 오이디푸스 왕의 이야기를 다루고 있다. 라이오스가 젊었을 때 엘리스의 펠로프스 왕의 궁궐로 피신해 있던 중 크류이시포스 왕자와 동성애를 범한다. 그래서 펠로프스왕으로부터 저주를 받는다. 자식을 낳아선 안 되며, 만약 자식을 낳게 된다면 아들 손에 죽게 되고, 아들은 어머니와 결혼하게 된다는 저주였다. 그럼에도 라이오스 왕은 아내 이오카스트Jocaste를 통하여 아들을 낳는데, 그가 바로 오이디푸스이다. 결국 오이디푸스는 자기 아버지를 죽이고 어머니를 아내로 삼아 아들 에테오클레스Eteocle와 폴리니스Polynice, 딸 안티고네Antigone와 이스메네Ismène를 낳는다. 나중에 이러한 사실을 알게 된 어머니 이오카스트는 스스로 만든 끈으로 자살하고 오이디푸스는 자기 손으로 눈을 찌른다.

「콜로노스의 오이디푸스 왕」(사망 전 만듦)은 눈이 먼 오이디푸스가 안티고네의 손에 이끌려 돌아다니다가 콜로노스에 정착하고 죽는다는 내용을 담고 있다.

「안티고네」(441)는 아버지와 어머니가 죽고 이르고스 공주와 정략결혼을 한 안티고네의 작은 오빠 폴리니스가 테베를 침공하여 싸우다 죽는데(물론 큰오빠도 죽는다) 삼촌 크레온이 역적으로 몰린 폴리니스의 장례를 치르지 못하게 하는 상황에서 극이 발단된다. 이런 상황에서 안티고네는 폴리니스가 악을 행했건 선을 행했건 가족이기에 죽음을 무릅쓰고 장례를 강행한다. 안티고네는 현실의 어떠한 상황에서도 작은 오빠가 존재한다는 것을 부인할 수 없다고 말하며 '존재하는 것은 존재한다ce qui est est'는 입장을 취한다. 안티고네는 그 존재를 부인하지 않으며 −목숨을 걸고서라도 그 존재를 인정하며− 그 존재에 대한 진실을 지킨다. 안티고네는 자신의 욕망을 언어로 표현한다. 또한 안티고네는 죽음에 이를 수도 있는 상황을 감지하면서 자신의 욕망을 표출한다. 이런 안티고네의 행동이 가능했던 것은 안티고네가 무로부터ex nihilo 욕망을 끌어내기 때문이다. 죽음에 대한 순수하고 단순한 욕망, 죽음을 불사하는 욕망, 이 욕망은 어머니의 욕망le désir de la mère, 대타자의 욕망le désir de l'Autre에서 비롯된다. 라캉은 어머니의 욕망이 모든 것의 근원이라고 말한다. 어머니의 욕망은 모든 구조의 토대이면서 동시에 안티고네의 형제자매들을 태어나게 했던 욕망이다. 우리가 다시 한 번 주지해야 할 것은, 안티고네의 어머니가 이오카스트였다는 것과 이오카스트가 자신의 아들 오이디푸스와 결혼하여 안티고네를 낳았다는 것이다. 안티고네는 눈먼 자신의 아버지 오이디푸스와 동행하였기에 누구보다도 어머니의 욕망을 잘 알고 있었다고 볼 수 있다.

우리는 여기서 프랑스어 표현 'de'에 더 주의를 기울여야겠다. 어머니의 욕망le désir de la mère과 대타자의 욕망le désir de l'Autre에서 'de'는 '~에 대한'으로 볼 수도 있지만, '~가 갖고 있는'으로 볼 수 있다. 그러니까 어머니'에 대한' 욕망이라고 볼 수도 있지만, 어머니'가 갖고 있는' 욕망이라고 볼 수 있다. 'de'는 프랑스 사람들에게도 어려운 전치사이다. 그래서 세미나 중에 사람들이 뜻을 질문하자, 라캉은 이 세미나에서 의도하는 바가 후자라고 말한다.

그러니까 어머니가 가진 욕망, 대타자가 가진 욕망이 나의 욕망이 되는 셈이다. 하지만 어쩌면 이건 나의 욕망이라고 볼 수 없다. 어머니에 의한, 타자에 의한 욕망이기 때문이다. 이렇게 아이(주체, 안티고네)는 어떻게 보면 수동적인 방식을 통해 욕망에 사로잡힌다. 즉 라캉은 안티고네의 어머니인 이오카스트가 자신의 아들 오이디푸스와 결혼한 것을 '어머니의 욕망'이라는 말로 표현하는데, 안티고네의 욕망은 어머니의 욕망을 이어받은 것으로 볼 수 있다. 신탁이 있기는 했지만, 어머니의 욕망도 있었다고 말한다.

또한 라캉은 안티고네의 삼촌 크레온이 작은 오빠의 장례를 금하는 것에 저항하는 안티고네를 높이 사는데, 안티고네의 욕망은 장례 금기를 파기하는 동인이 된다. 이런 면에서 보면 안티고네가 단지 어머니의 욕망을 이어받았다고는 볼 수 없고, 장례 금기를 파기하는 안티고네의 욕망을 수동적이라고만 볼 수도 없다. 왜냐하면 안티고네의 욕망은 상징적인 체계에서 보면, 죽음을 담보로 할 때만 가능한 것이기 때문이다. 상징적인 체계에서는 욕망을 포기하게 하고 현실에 순응하게 하지만, 안티고네는 상징적 질서를 뛰어넘는다.

라캉은 이런 욕망을 비극(햄릿)과 휴머니즘의 근원이라고 말한다. 안티고네의 욕망 행위인 작은 오빠를 장사 지내는 것은 근친상간 금지나 아버지 살해 금지에 대한 욕망과도 상통한다고 본다. 이 욕망은 언어의 장소인 대타자Autre로 표기되는 상징적 질서에서 부재한 것인데, 라캉은 이것을 '사랑의 문자 S(A̸)'로 표기한다. 이 표기는 바로 물자체의 근원적 뜻인 어머니의 욕망, 어머니가 갖고 있는 욕망이다. 이 욕망은 범죄적 욕망un désir criminel이자 죽음에 대한 욕망이다. '사랑의 문자 S(A̸)'를 욕망하는 것은 금기와의 싸움을 의미한다. 이 싸움을 포기하는 것은 지배자의 도덕 법칙에 순응하는 것이다. 「안티고네」에서 여동생 이스메네가 순응하는 사람이라면, 안티고네는 이 법칙에 항거하는 사람이다. 안티고네는 자신의 욕망을 포기하거나 양도하지 않는다. 죄의식은 도덕 법칙을 누른 상황에서가 아니라, 욕망을 포기했을 때 생긴다. 안티고네는 도덕 법칙이 제시하는 죽음 앞에서 욕망의 법칙을 따랐다. 그래서 라캉은 주체의 상황을 강도 만난 여행자에 비유한다. —이 예화는 『에크리』의 841페이지에도 나오는데— 강도가 여행자에게 생명을 내놓든지, 아니면 봇짐을 내놓으라고 말한다. 봇짐을 내놓으면 경비가 없어서 굶어 죽을 처지이고, 생명을 내놓자니 아무것도 소용이 없어진다. 주체는 이러한 상황 앞에서 상징화된 타자의 욕망désir de l'Autre과 이 욕망 내부에 부재한 욕망(S(Ⱥ))사이에 놓이게 된다.

라캉은 이 극을 통해 도덕과 윤리를 구분 짓는 원리를 발견한다. 크레온은 전통적으로 윤리라고 일컬어 온 선에 대한 봉사자를 대표하는 사람인데, 라캉은 오히려 이것을 도덕이라 말한다. 권력의 도덕이나 선의 봉사로서의 도덕에서는 전형적으로 "욕망에 대해서라면 나중에 다시 오시오. 그것은 기다려야 하오"라고 말하는데, 히틀러가 파리에 왔을 때 행한 연설과도 맥을 같이한다. 라캉은 히틀러가 행한 연설의 한 대목을 인용한다. "나는 여러분을 이런 것과 저런 것에서 자유롭게 하러 왔소이다." 라캉은 이 말의 본질적 의미가 "노동을 계속하시오. 노동은 멈추어서는 안 되오"라고 말하는 것과 같다고 설명한다. 즉 히틀러의 연설은 "어떠한 경우에도 욕망을 드러내 보여서는 안 되오"라는 의미라는 것이다. 그러나 정신분석의 윤리에서 분석가는 "너의 욕망을 결코 포기해서는 안 되오ne pas céder sur ton désir"라고 말한다. 그래서 라캉은 유죄가 될 수 있는 유일한 사건이 욕망을 포기하고 양도하는 것이라고 말한다. 또 그는 "선이라는 명목 아래 혹은 타자를 위한 선이라는 명목 아래 일을 하는 것은 죄의식과 내적 파국을 피할 수 있는 것과는 거리가 멀다"라고 말한다. 오히려 이런 식으로 일하는 것은 신경증을 초래한다고도 말한다. 왜냐하면 타자를 위한 선은 자기를 위한 선을 포기하는 것이기 때문이다. 곧 자기 욕망을 포기하는 것이다. 분석이 하나의 의미를 갖는다면 그 욕망이 무의식의 주체를 지탱한다는 바로 그것이다. 도덕주의자들에 의해 잠재워져 왔고 마취되고 망설여졌던 욕망은 —교육가들에 의해 길들고 교육 기관에 의해 왜곡된 사람의 욕망은— 오이디푸스 이야기가 들려주듯이, 사람의 눈을 멀게 하는 열정이다. 라캉은 이런 도덕주의자들과 교육 기관이 제시하는 지식이 눈을 멀게 하는 열정을 갖게 하여 사람을 억압하고 그 속으로 도피하게 한다고 주장한다.

이런 의미에서 앎에 대한 열정, 지식에 대한 열정은 욕망의 자리를 점유하고 있고 욕망을 짓누른다. 이렇게 욕망의 자리를 점령하고 있는 과학은 신비한 욕망으로 자극되기는 하겠지만, 이 욕망이 말하는 것을 억누르기에 이 욕망의 실체를 알지는 못한다. 그래서 이 욕망의 의미를 풀기 위해서는 정신분석이 필요한데, 라캉은 오직 정신분석만이 이 욕망을 풀 수 있는 과학이라고 단언한다. 이런 의미에서 정신분석의 윤리는 바로 욕망의 윤리이다. 라캉이 『세미나 7』에서 많은 고전적 학자들을 끌어들여 말하고자 한 것은 과학이라는 명목하에 욕망의 가치를 알지 못했던 것을 지적하고 욕망의 가치를 살리는 것이 치료의 길이며,

이를 위해 정신분석이 나아가야 한다는 것이다. 그러나 이것은 방종을 말하는 것이 아니다. 『세미나 7』에는 상징계를 벗어나 실재계로 관심을 돌리는 라캉의 사유 여정이 잘 담겼다고 볼 수 있다.

7장
『세미나 8』 읽기

세미나 8(1960~61년)

전이*Le transfert*

1. 플라톤의 『향연』에 대한 소개

『세미나 8』은 오랫동안 플라톤의 『향연*Symposium*』을 분석하고, 이것을 재료로 정신분석에서 가장 주요한 기술 중 하나인 전이를 설명한다. 그래서 『세미나 8』을 이해하기 위해서는 우선 플라톤의 『향연』 내용을 잘 숙지하는 게 중요하다.

플라톤은 아리스토크레스라는 본명보다 플라톤(427~347)이란 이름으로 널리 알려졌는데, 『향연』은 B.C.E. 416년경에 쓰였다고 한다. 이는 플라톤이 11세 정도 되던 해이다. 그러니까 보통 쉰 살이 넘어야 책을 쓸 수 있다는 속설에 견주어 보면, 『향연』의 집필 연대를 이보다 훨씬 이후로 보아야 할 것이다. 여기서 '향연'이란 비극 대회에서 우승한 젊은 비극 작가 아가톤Agathon을 위한 잔치를 지칭할 수도 있겠지만, 그 잔치 다음날 진행된 일곱 명의 대화를 지칭한다고 말하는 것이 더 정확할 듯하다.

『향연』은 구성면에서 글라우콘Glaucon과 아폴로도로스Apollodore 간의 대화편이다. 글라우콘이 아폴로도로스에게 '그 잔치'에서 나눈 이야기를 해달라고 부탁하는데, 사실 아폴로도로스는 이 '잔치'에 참석하지 않았었기에, '잔치'에 참석했던 아리스토데모스Aristodème로부터 들은 내용을 글라우콘에게 전달한다. 그러니까 이 대화편은 아리스토데모스 → 아폴로도로스 → 글라우콘의 전달 과정으로 구성된다. 처음 도입부에서 아폴로도로스와 글라우콘이 대화를 나누다가, 그 이후에는 플라톤이 아폴로도로스의 입을 통하여 말하기 시작한다. 그러니까 실제로는 아폴로도로스가 글라우콘에게 하는 말이지만, 『향연』에서는 플라톤이 등장인물 각각의 이야기를 각각의 이름으로 서술한다.

『향연』의 배경은 비극에서 우승한 젊은 비극 작가 아가톤을 위한 축하연이 있었던 그다음 날이다. 소크라테스는 아가톤의 승리 축하연에 초대를 받았지만 혼잡할 것 같아 가지 않고 그다음 날 준비된 조촐한 축하연에 참석하러 간다. 도중에 아리스토데모스를 만나 함께 간다. 모임 장소에 가 보니 지난밤 모두 술을 많이 마셨기에, 오늘은 더 이상 술을 권하지 말자는 제안이 나오고 이에 모두 만장일치한다. 에뤼크시마코스가 오늘만큼은 이야기로 서로 즐기는 것이 어떨까 제안하고, 이야기 주제로 파이드로스가 늘 분개하는 내용을 다루려 한다. 파이드로스는 다른 신들에게는 찬가와 사은가를 짓는데, 사랑의 신 에로스Eros에게는 어떤 누구도 찬가를 짓지 않았다고 지적해 왔다. 그래서 한 사람씩 돌아가면서 사랑의 신을 찬미하는 연설을 할 것을 제안한다. 그래서 에로스 신에 대한 이야기가 돌고 돌았는데, 담화자인 아리스토데모스는 각각의 내용을 다 기억하지 못한 채 기억나는 것만을 아폴로도로스에게 말했고, 역시 이야기를 모두 기억하지 못한 아폴로도로스는 글라우콘에게 이야기를 전해 준다. 이 잔치를 목격하고 아폴로도로스에게 이야기를 전해 준 아리스토데모스는 연사에 포함되지 않는다.

이날 대화에 참석하는 사람은 일곱 명인데, 당시 문화에서는 담화할 때 자리에 비스듬히 누운 채로 했다고 한다. 누운 순서는 파이드로스Phèdre, 파우사니아스Pausanias, 아리스토파네스Aristophane, 에뤼크시마코스Eryximaque, 아가톤Agathon, 소크라테스Socrate, 알키비아데스Alcibiade였다. 이야기는 누운 순서대로 했는데, 두 번째 연사 파우사니아스가 말을 마쳤을 때 아리스토파네스가 딸꾹질을 하여 말을 잘 못하게 되자, 다음 연사인 에뤼크시마코스가 이야기했고, 딸꾹질이 멈춘 아리스토파네스가 다시 이야기를 이어 간다. 마지막 대화자인 알키비아데스Alcibiade는 소크라테스가 연설을 마치고 들어오자 소크라테스를 찬양한다.

라캉은 10주 동안 이 대화편을 분석한다. 이것이 『세미나 8』의 제1부이다. 그리고 이러한 맥락에서 8주 동안 거세 변증법과 욕망의 대상을 전개한다. 이것이 제2부이다. 이로써 18주가 지나간다. 라캉은 이런 과정을 거치면서 점차 혼돈 속에서 길을 밝혀 나간다. 결국 그는 청중이 플라톤의 『향연』을 읽는 자가 아니라, 라캉의 세미나에 참석하고 있음을 깨닫게 한다. 그러면서 그는 자신만이 말할 수 있고, 말해 왔던 이론들로 질주한다. 그리고 제3부에서는 가톨릭 문학가인 폴 클로델Paul Claudel의 비극들을 분석한다. 그리고 계속해서 욕망의 대상을 탐구하고 실증한다. 『세미나 8』에서 라캉은 '전이'를 설명하기 위해 고대 철학자와 문학가로부터 현대 철학자와 문학가에 이르는 기나긴 정신분석 여행을 한다.

『세미나 8』은 우리가 기대했던 전이에 관한 간단명료한 이야기를 찾아보기가 어렵다. 10주가 지나서도 쉽게 알 수 있으리라 생각되던 전이 개념을 한마디도 언급하지 않는 라캉을 보면서, 그가 무엇 때문에 허둥대는지 그 이유를 계속해서 묻게 된다. 그러나 라캉은 근본적인 토대를 세운 다음에 또 너무 빨리, 그리고 너무 많이 '전이'와 '역전이'를 말하면서 다른 주제로 이어 간다.

2. 플라톤의 『향연』에 대한 라캉의 강독

성경에서 말하는 세상의 태초에 말씀Verbum, 로고스logos가 있었다면, 정신분석 경험의 태초에는 사랑이 있었다고 라캉은 말한다. 정신분석의 탄생은 한 남자와 한 여자의 만남에서 시작된다. 즉 의사인 브로이어Joseph Breuer와 환자인 안나 오Anna O의 만남이 바로 그것이다. 어느 날 브로이어는 진료 중에 안나 오에게 '지금 나오고 있는 것이 바로 당신 아이입니다'라는 말을 듣게 된다. 당시 브로이어는 그것이 전이를 뜻한다는 것을 알지 못했다. 그래서 안나 오에 대해 호감을 갖고 있던 자신의 마음 때문에 그녀를 피해 먼 길을 떠난다. 이렇게 환자가 보이는 '전이'에 대해 의사가 반응하는 것을 '역전이contre-transfert'라고 한다. (역사적인 '전이'가 발생한 그 순간 '역전이'가 작용하여) 브로이어는 부인을 데리고 오스트리아 빈에서 이탈리아 베니스로 길고도 위험한 여행을 감행한다.

그곳에서 딸을 얻고 이름을 안나라고 붙인다.

『세미나 7』에서 우리 존재의 핵인 '공空, vide' 또는 '무에서ex nihilo'에서 생기는 것이 윤리라고 말했는데, 『세미나 8』은 이러한 연장선에서 이해해야 한다. 또한 라캉은 플라톤의 『향연』에 나오는 단어 'Schwärmerei'를 어떠한 방법이나 수단으로도 헤아릴 수 없는 '공', '지고선의 이데아'라고 말한다. 이어서 이런 것을 이해하기 위해 앨프리드 히치콕의 영화 〈지난여름 갑자기Soudain, l'été dernier〉를 보라고 청중들에게 말한다. 필자는 프랑스에서 유학할 1990년대 당시 우연히 이 영화를 TV에서 보았다. 이 영화는 애인을 상실한 여인이 치유되는 과정을 보여 주는데, 라캉이 청중들에게 이 영화를 보라고 한 이유는 바로 전이를 설명하기 위한 것으로 볼 수 있다.

이제 라캉은 플라톤의 『향연』을 본격적으로 다룬다. 『세미나 8』을 이해하기 위해서는 『향연』을 꼭 읽어 보아야 한다. 에뤼크시마코스의 제안에 따라 술은 마시지 않고 에로스에 대한 연설이 시작된다.

첫째로, 파이드로스가 연설한다. 라캉은 사랑하는 자와 사랑받는 자를 구분한다. 이제부터 라캉이 제시하는 용어를 잘 익혀야 한다. 그리스어와 프랑스어에 해당하는 용어를 잘 숙지해야 앞으로 전개되는 이야기를 수월하게 따라갈 수 있다. '사랑하는 자'에 해당하는 그리스어는 'érastès', 'érôn'이고, 프랑스어는 'l'aimant'이다. '사랑받는 자'에 해당하는 그리스어는 'érôménon'이고, 프랑스어는 'l'aimé, celui qui est aimé'이다. '사랑받는 대상'에 해당하는 그리스어는 'érôménos'이고, 프랑스어는 'l'objet aimé'이다. 즉 사랑하는 쪽érastès-l'aimant, érôn-l'aimant과 사랑받는 쪽érôménon-l'aimé, celui qui est aimé, érôménos-l'objet aimé으로 구분한다.

이렇게 구분된 두 용어, 두 축은 앞으로 『향연』이 전개하는 '사랑의 변증법'의 토대, 전환점, 본질적인 연결점이 된다. 사랑을 이해한다는 것은 전이에서 발생하는 것을 이해한다는 말이다. 이 두 용어 간에는 어떠한 우연도 없다. 하나에 부재한 것이 다른 것에 존재하는 것은 아니다. 이것이 바로 모든 사랑의 문제이다. 사랑의 의미가 생산되는 것은 사랑하는 자l'aimant의 기능이 사랑받는 자l'objet aimé로 대체되는 범위에서이다. 파이드로스는 종교, 신화, 그리고 민속학이라는 삼각 구도 아래, 특히 신화의 담화를 통해 에로스를 말한다. 파이드로스는 에로스가 가장 오래된 신들 가운데 속하며, 오직 한 분이고 최대의 선의 원인이라고 말한다. 그가 사랑에 대하여 말하는 것은 신학에 대하여 말하는 것인데, 이 담화가 일종의 서론으로 시작된다는 사실을 알아차리는 것이 중요하다. 즉 신들이 가장 귀하게 여기는 사랑은 사랑하는 자가 친구나 남편을 사랑하는 것이 아니라, 그보다도 사랑받는 자가 사랑하는 자에게 애정을 보이는 것, 특히 남을 위해 죽는 순사殉死의 경우이다.

이러한 관점에서 파이드로스가 예로 제시한 펠리아스의 딸 알케스티스Alceste와 테티스의 아들 아킬레우스Achille는 엄격하게 대립한다. 왜냐하면 알케스티스는 사랑하는 자의 위치에, 아킬레우스는 사랑받는 자의 위치에 있기 때문이다. 아킬레우스는 아직 수염도 나지 않고, 그가 사랑하는 자l'aimant인 파트로클레스Patrocle보다 수십 살이 적다. 라캉은 아킬레우스-파트로클레스Achille-Patrocle 커플과 알케스티스-아드메토스Alceste-Admète 커플에서 적극적인 쪽l'actif과 강한 쪽le fort을 구분하는데, 적극적인 쪽은 파트로클레스-알케스티스Patrocle-Alceste이고, 강자는 아킬레우스-아드메토스Achille-Admète이다. 아킬레우스는 사랑하는 자로 혼동될 수도 있지만, 파트로클레스에 의해 사랑받는 자이다. 서론격으로 볼 수 있는 파이드로스의 연설은 『향연』 담화에서 방황하고 사랑하는 것이 오히려 사랑받는 편에 있는 대상임을 알려 준다.

두 번째 연설자는 파우사니아스인데, 이것은 사회학자의 담화, 사회 관찰의 담화로 볼 수 있다. 계속해서 라캉은 사랑하는 자-

사랑받는 자érastès-érôménos의 구도 아래, 플라톤에서부터 크리스천의 묵상에 이르는 사랑에 대한 모든 담론을 정돈한다. 욕망 안에서 겨냥되는 타자는 사랑받는 자érôménos인데, 이는 사랑받는 자였다가 어느 순간 사랑하는 자érastès, 욕망하는 자가 된다. 라캉은 이것을 '사랑받는 자'에서 '사랑하는 자'로의 대체substitution라고 말한다. 알케스티스가 살아 있는 남편을 살리기 위해 ―남편을 사랑하는 자이기에 죽음의 자리에 간 반면 아킬레우스는 파트로클레스가 이미 죽었기 때문에― 그를 따라서 죽는다. 알케스티스가 사랑하는 자érastès였다면, 아킬레우스는 파트로클레스로부터 사랑받는 자érôménos였다. 아킬레우스가 순순히 자기 나라로 돌아간다면 살 수 있으나, 파트로클레스의 복수를 갚으려고 싸운다면 죽게 될 것이라는 비극적 운명을 받아들인다. 파트로클레스로부터 사랑받는 대상인 줄 알았던 아킬레우스가 사랑하는 자érastès로 변형된다.

라캉에 의하면, 첫 번째 연사인 파이드로스는 사랑과 미의 여신 아프로디테가 하나라고 주장했지만, 파우사니아스는 이 둘을 구분한다는 것을 강조한다. 파우사니아스는 사랑과 미의 여신 아프로디테가 우라니아 아프로디테와 판데모스 아프로디테로 나뉜다고 주장한다. 우선 우라니아 아프로디테Aphrodite Uranienne, 즉 사랑과 미의 여신 아프로디테venus는 여인에게서 태어나지 않았다. 아프로디테는 어머니가 없고 크로노스(제우스의 아버지)가 우라노스Uranus의 음부를 잘라서 바다에 던졌을 때 나온 정액의 거품(아프로디테의 'aphros'는 거품에서 태어난 신이라는 뜻이다)에서 태어났다. 그리고 제우스와 데오네에서 태어난 판데모스 아프로디테Aphrodite Pandémienne는 남녀의 피를 받아 여신에게서 태어났기 때문에 저속하고 영혼보다 육체를 사랑한다는 것이다. 앞의 우라니아 아프로디테는 여성의 피를 받지 않고 남성의 피만 받았기에 이지적인 사람과 남성을 그리워하고, 이성적인 판단을 하지 못한 소년을 사랑하는 것을 절제한다는 것이다.

파우사니아스는 이러한 사랑의 본질을 이야기한 후 사랑의 문화적 풍습에 대한 차이를 말한다. 즉 사랑을 주는 사람의 뜻에 따르는 것이 아름다운 풍습일 때도 있지만 창피한 일일 때도 있다고 말한다. 이는 이오니아와 페르시아 지방, 엘리스나 라케다이몬 지방, 보이오티아 지방 등에서 그러하다고 말한다. 아테네의 경우, 사랑을 주는 사람의 뜻에 따르는 것이 아름다운 풍습이라고 말한다. '사랑을 주는 사람'과 '사랑을 주는 그가 사랑하는 대상'이 같은 목표를 향한다면 이는 아름답다. 사랑받는 소년이 사랑을 주는 사람의 뜻에 따르는 일은 아름답다. 즉 지혜와 덕을 높일 수 있는 힘을 가진 자와 지혜와 덕을 얻고자 하는 자가 하나로 맺어지는 것은 아름다운 것이다. 이때 서로의 목표가 어긋나 좋은 결과가 나오지 않을 수도 있는데, 이 경우는 창피한 일이 아니라고 본다. 하지만 창피한 경우도 있다. 가령 돈을 얻을 생각으로 부자라고 생각되는 사람에게 접근했을 때 그가 부자가 아닐 경우, 또 그 속셈이 드러나서 돈을 얻지 못할 경우는 창피한 일이라고 본다. 여기서 라캉은 성서에 나오는 천국에 들어가기 어려운 부자의 예를 기반으로 '부자 심리학'을 말한다. 그 당시도 잔치를 여는 것은 부자의 의무이고, 사치성 소비의 한 형태였다. 부자에게 접근하여 돈을 얻어 보려는 것은 천한 사랑의 신인 판데모스의 속성에 속하며, 덕을 위해 상대방을 따르는 것은 우라니아의 속성에 속한다고 말한다.

3. 파우사니아스 파우사메노스와 딸꾹질

두 번째 연사 파우사니아스가 연설을 마쳤을 때, 분위기가 심상치 않았던 듯하다. 왜냐하면 진행자 아폴로도로스와 다음 연사인 아리스토파네스가 독특한 언행을 했기 때문이다. 우선 진행자의 위치에 있는 아폴로도로스의 언행이다. 그는 두 번째 연사가 말을 마치자 '파우사니아스 파우사메노스Παυσανίας παυσαμένου' 라고 말한다. 이 말은 '파우사니아스가 말을 끝내고 입을 다물었다'는 뜻이다. '파우사니아스 파우사메노스'를 소리 내어 읽어 보면 발음이 비슷해서 혀가 좀 꼬인다. 아폴로도로스는 이 말을 하고는 소피스트들한테서 이런 어투를 배웠다고 말한다. 당시에 소피스트들은 발음이 비슷한 낱말을 연결해 말하는 법을 소개했던 것 같다. 이것은 말하자면 오늘날 개그콘서트에서 개그맨들이 언어로 노는 것, 가령, '고조쇼'라는 코너에서는 '아무런 ~없이'라는 '거저'를 연상시키는 발음으로 '오늘 기분이 고조, 고조 최고다!'라고 말하는데 이와같이 소위 말장난하는 것과 비슷할 것이다. 라캉은 이렇게 비슷하게 소리 나는 낱말의 조합을 'l'isologie' 라고 부르는데, 이는 동급同級, 상등相等(화학적 개념)·상동相同(유전학적 개념)·상사相似·수렴收斂 등으로 표현된다.

그리고 그다음은 연사 아리스토파네스의 언행이다. 파우사니아스 옆에 누워 있던 아리스토파네스가 이야기를 이어 갈 차례인데, 별안간 과식을 해서 그랬던지 딸꾹질le hoquet 때문에 말을 할 수 없게 된다. 그래서 아리스토파네스는 옆에 있던 의사인 에뤼크시마코스에게 자신의 딸꾹질을 멎게 해 주든지, 아니면 딸꾹질이 멎을 때까지 이야기를 대신 해 달라고 말한다. 에뤼크시마코스는 의사로서 숨을 멈추고 있든지, 물로 양치질해 보든지, 콧구멍 속을 건드리든지 해보라고 식견을 준다.

여기서 라캉은 '파우사니아스 파우사메노스'와 '딸꾹질'이 어떤 의미를 담고 있는 기표라고 확신하고 말한다. 플라톤은 이러한 기표를 사용하여 파우사니아스의 연설이 조소적이고 값어치 없고 하찮은 것임을 나타내고자 했다는 것이다. 파우사니아스는 비극 대회에서 우승한 아가톤의 열렬한 애인이었다. 라캉은 플라톤이 아가톤을 위해 모인 자리에서 파우사니아스가 한 연설이 분위기에도 맞지 않고 아가톤에게도 도움 되지 않는 것이라고 말하기 위해 이러한 기표들을 사용했다고 말한다. 라캉이 이렇게 확신하게 된 것은 『세미나 8』을 진행할 당시 플라톤에 관한 책을 저술한 알렉산드르 코제브 때문이다. 코제브는 아리스토파네스의 딸꾹질의 의미를 모른다면 이 작품을 이해할 수 없다고 말한 바 있다. 라캉은 『세미나 3』에서도 야콥슨의 1956년 논문을 읽고, 이 논문에서 소개하는 은유와 환유를 세미나에 적용하여 자신의 정신분석 이론을 세울 수 있었다. 그때 야콥슨의 논문이 나오지 않아서 라캉이 그 논문을 읽지 못했다면, 『세미나 3』은 어떠했을까? 『세미나 8』에서도 라캉은 코제브의 글을 읽고, 플라톤의 『향연』을 이해하는 데 필요한 실마리를 얻게 되었고,

『향연』에서 가장 중요한 기표 둘을 발견하게 된 것이다. 어쩌면 기표의 우위를 주장하는 라캉은 야콥슨이나 코제브가 없었다고 해도 그가 말하고자 했던 것을 말했을 것이다. 이렇게 라캉은 광범위하고 깊은 독서를 통해 과학으로서의 정신분석을 세우는 데 한 걸음 더 나아간 것으로 볼 수 있다.

파우사니아스의 연설을 들은 후, 아폴로도로스가 '파우사니아스 파우사메노스'라고 말하고, 아리스토파네스가 '딸꾹질'한 것은 한편으로 파우사니아스의 연설에 대한 평가절하를 의미하고, 다른 한편으로는 아리스토파네스의 연설에 대한 평가절상을 의미한다.

그래서 아리스토파네스를 대신하여 에뤽시마코스가 세 번째로 연설한다. 의사인 그는 이 연설을 주최한 사람이지만, 직업이나 전문적인 주제가 아니면 고찰 능력이 없는 인물로 소개된다. 그래서 방금 전 파우사니아스에게서 들은 선한 사랑과 악한 사랑을 중심으로 파우사니아스가 미처 마무리하지 못한 이야기를 마무리해 보겠다고 말한다. 앞서 파이드로스는 에로스가 하나라고 말하고, 파우사니아스는 에로스가 둘이라 말했는데, 에뤽시마코스는 후자가 옳다고 말하고는, 그 이유를 의학과 연관 지어 설명한다. 즉 몸의 건강한 부분에 발동하는 에로스와 그렇지 못한 부분에 발동하는 에로스가 각각 다르다는 것을 설명한다. 계속해서 에뤼크시마코스는 사랑(에로스)에 관한 협소한 대화를 인간의 몸뿐 아니라 음악, 천문학, 요리술, 점성술까지 확대하여 말한다. 라캉은 이를 그다음 연사인 아리스토파네스로 하여금 '완전한 전체'를 구상할 수 있게 해 준다고 풀이한다. 결국 에뤼크시마코스는 의학을 다음과 같이 정의한다. 이 정의에 대해 라캉은 'les sciences des érotiques du corps quant à ce qui est de la réplétion et de la vacuité'라고 번역한다. 이 문장을 어떻게 번역하면 좋을까? 국내에 『향연』의 역본은 여러 개가 있으니, 그 중 왕학수, 최명관, 조우현의 번역을 보면서 이야기를 풀어 가 보자. 우선 왕학수는 '충족과 결핍을 구하는 신체적인 연애(욕구) 현상을 다루는 학문'이라 번역하고, 최명관은 '충족과 배설을 둘러싸고 체내에 일어나는 여러 가지 사랑의 현상에 관한 인식'이라고 번역하고, 조우현은 '몸 안에서 일어나는 애욕을 채워 주느냐 비워 주느냐의 작용에 관한 학문'이라고 번역한다. 즉 의학은 육체에 대한 관능학인데, 이것은 만복과 공복에 관한 것이다. 이 꽉 참과 텅 빔이란 개념은 물리학과 의학의 결합점에서 문제시되는 정신적인 것의 위치와 역할을 환기한다. 훌륭한 의사는 서로 조화되지 않는 것을 잘 조화되게 하는 자이다. 이 조화는 음악과 계절의 순환, 천문학의 원리가 된다고 말한다. 이렇게 에뤼크시마코스는 인간을 자연과 동일한 것으로 본다. 인간은 자연에 대한 요약이나 한 편의 영상이 아니라, 유일하고 동일한 그것une seule et même chose이라고 본다. 라캉은 에뤼크시마코스가 소우주적 인간 l'homme microcosme 개념을 갖고 있다고 말한다.

4. 『티마이오스』와 두 성을 가진 둥근꼴의 몸

이제 네 번째 연사의 말을 들어 보자. 세 번째 연사였던 아리스토파네스, 즉 딸꾹질로 인해 이야기하지 못했던 아리스토파네스는 의사인 에뤼크시마코스의 처방에 따라 재채기를 함으로써 딸꾹질을 멈춘다. 그래서 에뤼크시마코스 다음으로 이야기를 이어간다. 플라톤은 아리스토파네스를 희극 시인, 어릿광대로 표현한다. 아리스토파네스는 사람의 본래 상태와 변한 상태를 각각 설명한다. 즉 인간은 본래 두 성을 가진 둥근 꼴의 몸이었다고 말한다. 좀 더 자세하게 말하자면, 인간은 여자+여자(la terre, 지구, 女), 남자+남자(le soleil, 태양, 男+男), 여자+남자(la lune, 달, 女+男)였고, '여자+여자'-'남자+남자'-'여자+남자'의 인간은 두 개의 손과 두 개의 발, 뒤통수를 붙인 두 개의 얼굴을 가진 둥근 꼴의 몸

tout ça se continue d'une façon bien ronde이었다. 그런데 제우스가 이들 각각을 절반으로 갈랐다. 그래서 둘로 갈라진 각각은 다른 반쪽을 그리워하고 한몸이 되고자 한다는 것이다. 한 사람 한 사람이 사람의 부절符節, symbolon이다. 여자(여자+여자) 중에서도 여자의 반쪽인 것은 남자에게는 전혀 마음이 끌리지 않고, 오히려 여자에게 더욱 마음이 끌리고, 남자(남자+남자)도 역시 그러하다고 말하며, 여자와 남자였던 것은 여자는 남자를, 남자는 여자를 그리워하게 된다는 것이다.

아리스토파네스의 담화는 우주와 천체에 관한 작품인 플라톤의 『티마이오스*Timée*』에도 등장한다. '구la sphère, 球'는 눈, 귀, 발, 팔 등이 없고, 단지 상하좌우 전후로의 운동만이 있다. 여기서는 암-암, 수-수, 암-수androgynes라는 세 형태의 '구'를 상상해 내고 있다. 이러한 내용은 소크라테스의 견해를 뒷받침하기 위한 기반이 된다. 아리스토파네스에 따르면, 파우사니아스와 아가톤의 애정 관계처럼, 가장 가까운 것이 필연적으로 가장 좋은 것이라고 말한다. 그래서 '마음에 맞는 소년을 만나는 일'은 좋은 것인데, 이러한 일을 이루게 해 주는 것이 신이다. 신을 찬미하고 신을 공경하는 마음을 갖고 있으면 사랑의 신이 이러한 만남을 이루도록 도와준다. 아리스토파네스는 잃어버렸던 한쪽을 찾는 것이 사랑이고, 그것을 욕망하면 육체적인 것에 대한 욕망 그 이상의 것으로 가게 된다고 말한다. 라캉은 이것을 플라토닉 러브, 플라톤적 사랑이라 말한다. 아리스토파네스가 말하는 이야기는 오늘날 〈헤드윅*Hedwig And The Angry Inch*〉(2000)이라는 작품으로 재탄생하였다. 존 카메론 미첼 감독이 2000년에 만든 이 뮤지컬에는 '사랑의 기원*The origin of love*'이라는 노래가 나온다. 이 노래의 가사를 보면 아리스토파네스가 했던 말을 더 쉽게 이해할 수 있을 것이다. 그 가사는 다음과 같다.

'아주 오랜 옛날, 구름은 불을 뿜고, 하늘 너머 높이 솟은 산, 오랜 옛날,
두 쌍의 팔과 두 쌍의 다리를 가진 사람, 하나로 된 머리 안에 두 개의 얼굴 가진 사람,
한 번에 세상 보고, 한 번에 읽고 말하고, 한없이 큰 이 세상 굴러다니며,
아무것도 몰랐던 시절, 사랑 그 이전 the origin of love, the origin of love.

그 옛날 세 종류 사람 중, 등이 붙어 하나 된 두 소년, 그래서 해님

의 아이.

같은 다른 모습 중 돌돌 말려 하나 된 두 소녀, 그들은 땅님의 아이.

마지막 달님의 아이들, 소년과 소녀 하나 된 그들은 해님 달님 땅님의 아이.

아- the origin of love.

이제 불안해진 신들은 아이들의 저항이 두려워 말하길,

"너희들을 망치로 쳐 죽이리라. 거인족처럼."

그때 제우스는

"됐어! 내게 맡겨. 그들을 번개 가위로 자르리라. 저항하다 다리 잘린 고래들처럼."

그리곤 벼락을 꽉 잡고, 크게 웃어 대며 말하길,

"너희 모두 반 쪽으로 갈려 못 만나리. 영원토록."

검은 먹구름 몰려들어 거대한 불꽃 되고

타오른 불꽃 벼락 되어 내리치며 번뜩이는 칼날 되어

함께 붙은 몸 가운데를 잘라 내 버렸지. 해님 달님 땅님 아이들.

어떤 인디언 신,

토막 난 몸을 꿰매고 매듭을 배꼽 만들어 우리 죄 다시 생각게 해.
오! 사이러스, 그 나일의 여신.
폭풍 일으켜 세워 거대한 허리케인, 갈라지는 하늘,
검게 쏟아지는 폭우, 거침없는 파도에 흩어져 버린 우리.
끝없는 절망 속, 마지막 애절한 소원, 한쪽 다리와 눈만은 제발 남겨 주시길.

나는 기억해. 두 개로 갈라진 후, 너는 나를 보고, 나는 너를 봤어. 널,
알 것 같은 그 모습, 왜 기억할 수 없을까.
피 묻은 얼굴 때문에, 아니면 다른 이유일까.
하지만 난 알아. 네 영혼 끝없이 서린 그 슬픔, 그것은 바로 나의 슬픔, 그건 고통,
심장이 저려 오는 애절한 고통, 그건 사랑.
그래. 우린 다시 한 몸이 되기 위해 서로를 사랑해.
그건 Making Love, Making Love.

오랜 옛날 춥고 어두운 어느 밤, 신들이 내린 잔인한 운명,
그건 슬픈 얘기, 반쪽 되어 외로워진 우리 그 얘기, That's the

origin of love.

The origin of love, The origin of love, The origin of love.

이상이 〈헤드윅〉에 나오는 'The origin of love'의 가사이다. 플라톤이 왜 아리스토파네스로 하여금 딸꾹질을 하게 하면서까지 이 이야기를 아꼈는지, 라캉 또한 아리스토파네스처럼, 우리처럼, 플라톤의 의도에 공감하고 있었다.

5. 주체의 아토피아

다섯 번째 연사 아가톤은 에로스의 성질과 에로스가 베푸는 혜택을 말한다. 그는 파이드로스가 말한 가장 오래된 에로스에 반박하면서, 가장 젊고 영원히 젊은 가장 부드러운 신으로서의 에로스에 수긍한다. 에로스의 덕은 신이나 인간에 대하여 또는 신이나 인간으로부터 그릇된 일을 행치 않으며, 에로스가 쾌락과 욕망을 지배한다고 말한다. 아가톤은 앞의 연사들이 에로스의 정의, 용기, 그리고 절제를 말했지만, 에로스의 'l'habileté'에 대해서는 말하고 있지 않다고 지적한다. 『향연』을 번역한 왕학수, 최명관, 조우현은 이 용어l'habileté를 '지혜'로 번역하고 있는데, 프랑스어에서는 좋은 솜씨, 재치 있는 온갖 방식과 그 능력, 그리고 민첩함을 뜻한다. 그래서 다음과 같은 경우에 이 용어를 사용한다. 가령 활 쏘는 기술과 의술과 예언술을 발명한 아폴론, 문예와 미술을 다스리는 아홉 명의 뮤즈 신들Muses, 대장장이의 신 헤파이스토스, 직조술과 공예술의 신 아테나, 그리고 신들과 사람들을 통치하는 제우스 등이 모두 욕망과 사랑에 의해 지배되었기에 이런 '솜씨'가 가능했다고 말한다.

에로스는 시든 꽃이나 굳은 마음의 영혼이나 굳은 육체에는 머물지 않는다. 이러한 성질을 가진 에로스는 인간에게 아래와 같은 혜택을 선사한다고 길게 기술한다. "그는 우리에게 서로 어색한 마음을 없애서 다정한 마음으로 채워 준다. 우리로 하여금 언제나 이런 자리를 마련해서 서로 모이게 하고 잔치나 춤이나 제사에서 우리를 주관한다. … 기꺼이 호의를 베풀어 미움을 일으키지 않고 … 혜택을 받지 못하는 사람에게는 부러움이고 혜택을 받는 사람에게는 값진 보배이고 … 고난, 공포, 동경, 언론에서 으뜸가는 키잡이, 전사, 원조자, 구원자이다."

아가톤은 이러한 내용으로 에로스를 찬양하는데, 라캉은 이 대목에서 죽음과 영혼 불멸에 대한 이야기를 끄집어낸다. 주체는 의식으로 접근할 수 없는 의식 저편에서 경험들로 결합한 고리들을 보관하고 있다고 한다. 이 고리는 영화 필름에 소리나 영상이 저장되는 방식이 아니라, 영원히 저장하고 기억할 수 있는 저장 방식이라고 말한다. 라캉은 바로 이런 것을 프로이트가 갖고 있다는 점에서 그의 천재성이 드러난다고 말한다. 프로이트가 이 고리 매체를 가지고 있다는 것은 바로 '반복의 자동성의 가사 형태 성격le caractère mortiforme de l'automatisme de répétition'인 '죽음의 충동'을 일컫는다. 여기서 죽음이란, '그것이 말한다ça parle'가 보여 주는 죽음을 향한 소인tendance, 생각할 수 없는 주체의 욕망이다. 라캉은 '두 죽음 사이l'entre-deux-morts'를 말하는데, 첫 번째 죽음의 경계는 삶이 완성되는 만기일, 즉 노년, 노화, 퇴조 등을 의미하고, 두 번째 죽음의 경계는 이처럼 소멸되고자 하고 인간이 영속하고자 하는 것을 의미한다. 라캉은 후자의 근거를 고대 비극에 나타나는 그림자, 암흑, 엄폐에서 찾고, 근대에 와서는 잔인, 헛된 항변, 부조리 등에서 찾는다.

프로이트가 자신의 발견과 영역을 오이디푸스 비극 안에서 확인하고 재인식한 이유는 오이디푸스가 자신의 아버지를 죽였기 때문도, 자기 어머니와 동침했기 때문도 아니다. 프로이트는 그 비극에서 아버지를 죽이고 어머니와 동침한 오이디푸스가 근본적인 자신의 모습인 바로 '그 자신도 몰랐던 바로 그, 또는 그 자신도 모르는 바로 그le il ne savait pas'를 발견한다고 말한다. 이때 주체가 경험하는 것은, 키르케고르의 용어로 말하자면, 두려움과 전율인데, 이것은 바로 두 번째 죽음 앞에서 인간이 경험하는 것이다. 독배를 마시는 소크라테스는 이 이차적 죽음, 두 번째 죽음에서 어떠한 의심도 없이 영원한 생명을 찾는다. 소크라테스는 영원한 생명과 더 진실한 생을 위하여 차분하게 이 세상을 떠났다. 그는 또 불멸하는 사람들이 있음을 의심하지 않았고, 그의 사상 가운데서도 제거하지 않았다.

그렇다면 왜 소크라테스는 정열적으로 불멸의 영혼을 확신했을까? 라캉은 청중들에게 그 이유를 밝히고자 한다. 이를 위해 라캉은 'atopie', 'atopia'라는 그리스어에 관심을 기울인다. 이 용어는 프랑스어로 'nulle part'(영어로 none part, neither)인데, 부정어와 함께 사용되며 '어디에도'를 의미한다. 그러니까 이것은 '어디에도 없다'는 것을 나타내는 부정어이다. 소크라테스로 하여금 진리에 다가서는 진지한 노력을 하게 한 것이 바로 '소크라테스라는 존재의 'atopia', 'nulle part'이다. 이 'atopia[a(不)+topia(所, topos)]'는 어떤 곳에도 존재하지 않는 곳, 분류할 수도 없고, 위치시킬 수도 없는 경우를 일컫는다. 이 단어에서 유토피아utopia가 유래하며, 이에 대응하는 프랑스어가 바로 'nulle part'이다.

사실 이러한 담화는 철학자들에게 윙윙거리는 소리일 뿐인데, 한마디로 규정하기 어려운 어떤 장소를 일컫는다. '소크라테스라는 존재의 아토피아'는 소크라테스라는 존재가 없다는 것이 아니라, 소크라테스라는 존재가 어디에 위치하는지를 알 수 없다는 것이다. 있지만 어디 있는지 알 수 없다는 것이다. '욕망의 아토피아atopia du désir'라고 말하는 것은 욕망의 자리가 없다, 욕망의 자리가 비어 있다공, 空, vide는 의미이다. 욕망의 자리가 없지만, 없는 것이 아니라는 것이다. 이 말은 욕망하는데, 그 욕망하는 곳이 어딘지를 알 수 없다는 것이다. 소크라테스 이전에는 어떠한 사람도 욕망의 장소에 대해 이렇게 말한 적이 없었다. 그런 면에서 볼 때 '소크라테스식 주체의 아토피아', '소크라테스식 욕망의 아토피아'라고 하는 것은 소크라테스에 의해 처음으로 발설된 것이다. 이 지점에서 라캉은 욕망의 핵심을 보았고, 욕망의 핵을 건드리고 있다. 이것은 인간이 글을 사용한 이래, 인간이 남긴 기록물에서 처음으로 주체의 탈핵, 욕망의 탈중심을 말한 것이다. 최초로 그 말을 한 이가 바로 소크라테스이다. 그렇다고 아가톤의 연설이 훌륭하다는 것은 아니다. 소크라테스가 아가톤의 연설을 두고 한 푼의 값어치도 없는 것이라고 폄하했듯이, 라캉도 아가톤의 담화가 무가치하다고 말한 독일의 고전학자·그리스 문헌

학자이자 번역가인 빌라모비츠 묄렌도르프Wilamowitz-Moellendorff의 견해에 재청한다. 아가톤의 말을 받아서 소크라테스는 특유의 대화법과 산파법을 도입하여 에로스의 성질에 대해 다시 반문한다. 그럼에도 이 부분의 대화 또한 아주 중요한 내용을 거론하고 있다고 볼 수 있다.

6. 사랑받는 대상에서 질문하는 자, 질문하는 자에서 사랑하는 자로

지금까지 파이드로스, 파우사니아스, 아리스토파네스, 에뤼크시마코스, 아가톤이 사랑에 대해 연설했다. 이제 남은 건 소크라테스와 알키비아데스이다.

이제 여섯 번째 연사 소크라테스의 차례이다. 그는 아가톤의 훌륭한 연설을 듣고 난처하게 되었다고 말하고는 아가톤에게 질문한다. 다들 자신의 이야기를 하거나 앞의 연사가 했던 내용을 근거로 자신의 이야기를 풀어 갔지만 소크라테스는 앞의 연사 아가톤에게 질문을 던진다. 이는 산파법이라고 알려진 그의 대화법이다.

조금 전 두 번째 연사 파우사니아스가 말을 끝냈을 때, 진행자인 아폴로도로스가 '파우사니아스 파우사메노스'라고 했듯이, 라캉도 이에 응하기라도 하듯, 그리스어 단어 놀이를 제시한다. 즉 에로메노스érôménos, l'objet aimé(사랑받은 대상)가 에로토메노스érôtôménos, l'interrogé(질문하는 자)가 된다고 말한다. 즉 아가톤의 사랑을 받는 대상인 소크라테스가 아가톤에게 질문하는 자가 된다.

소크라테스는 이렇게 질문을 시작한다. 에로스는 어떠한 것에 대한 사랑(에로스)인가? 아니면 대상이 없는 것에 대한 사랑인가? 즉 아버지는 누구의 아버지인가? 아니면 누구의 아버지도 아닌가? 물론 아버지는 어떤 이의 아버지이고, 에로스는 어떤 것에 대한 사랑이다.

에로스는 그가 갖지 못한 것을 욕망하는가? 그것을 가졌을 때도 욕망하는가? 물론 갖지 않은 것을 욕망할 것이다. 갖고 있다면 반드시 그것을 욕망하지 않을 것이다. 또 지금 가지고 있는 것을 갖고 싶다는 말은 지금 가지고 있는 것을 앞으로도 갖고 싶다는 것이다. 즉 자기가 지금 가지고 있는 것이 앞으로도 자기에게 보존될 것을 원한다는 것은 결국 아직 자기가 가지고 있지 않은 것을 원한다는 것과 같은 이야기가 된다.

종합해 보면, 에로스는 첫째로 어떤 것에 대한 사랑이고, 둘째로 자기에게 없는 것에 대한 사랑이다. 즉 에로스는 어떤 것(추함이 아닌 아름다움)에 대한 사랑인데, 에로스는 자기에게 없는 것을 사랑하는 것이므로 아름다움이 없는 것이고, 이 아름다움을 갖고 있지 못하다는 것이다. 에로스에게는 아름다운 것도, 선한 것도 없다. 그래서 에로스는 누군가에 의해 사랑받는 대상érôménos-l'objet aimé이 아니고, 무엇인가를 사랑하는 자의 위치에 있게 된다. 이것은 지금까지 에로스를 찬양과 찬미의 대상으로 본 연사들과는 완전히 반대되는 견해이다. 소크라테스는 에로스가 아름다움을 갖지 못한 '공空'이라고 말한다.

소크라테스는 산파법을 사용하여 이렇게 질문한 후, 만티네이아에서 온 디오티마Diotime de Mantinée라는 여자가 들려준 에로스에 관한 이야기를 한다. 디오티마는 '지혜가 없다는 것은 무지가 아니다'라고 말한다. 즉 지혜와 무지 사이에 무엇인가 있는데, 그것이 바로 올바른 생각이라는 것이다. 앞서 『세미나 2』에서 플라톤의 『메논』을 분석할 때, 분석가는 진리aretè, vérité를 알고 있지도 않고, 지식épistémé, savoir을 가지지도 않고, 단지 올바른 견해orthodoxa, opinion vraie를 가질 뿐이라고 말한 라캉의 견해를 보았다. 에로스는 선하지도 악하지도 않고, 그렇기 때문에 없는 어떤 것을 욕망하고, 선과 악, 그리고 죽는 것과 죽지 않는 것의 중간적 위치에 있다. 또 에로스는 사람에게서 나온 것을 신들에게, 신들에게서 나온 것을 사람에게 통역하고 전달하는 전령이다. 그래서 에로스는 신과 인간 사이의 비어 있는 곳에 위치한다.

디오티마는 '에로스 탄생 신화'를 이렇게 말한다. (라캉은 이 신화가 플라톤에만 나오는 것이라고 말한다.) 에로스는 포로스Poros(메티스의 아들)와 페니아Pénia(빈곤을 뜻하는 단어를 신격화시킨 것) 사이에서 태어났기에 부모들의 성질을 모두 갖고 있다. 어머니 '페니아'는 집도 없이 언제나 노숙하며 살아간다. 그래서 에로스는 '늘 없는 상태와 함께 사는' 어머니의 성질을 소유한다. 아버지 '포로스'는 부유하고 수단이 좋으며 지혜를 사랑한다. 에로스는 그래서 본성상 죽는 것도 죽지 않는 것도 아니고, 지혜와 무지의 중간에 있다. 이 말은 지혜 있는 자는 이미 지혜가 있기에 지혜를 사랑하지 않는다는 말이고, 무지한 자도 지혜를 사랑하지도 지혜자가 되고자 하지도 않는다는 의미이다. 에로스는 이 중간적인 위치에 있기 때문에 —갖고 있는 것으로 인하여— 찬미받기보다는, 갖고 있지 않은 것을 그 자신이 욕구하고 사랑하는 자이다.

디오티마는 에로스를 사랑하는 자l'aimant의 위치에 놓는데, 그가 사랑하는 것은 그가 가진 것처럼 생각되지만, 실제로는 갖지 못한 '선, 미, 지혜, 덕'이다. 그러면 사랑을 하는 자는 왜, 무엇을 위하여 사랑하는 것일까? 앞서 아리스토파네스는 사랑이 구하는 것이 자신의 반쪽을 찾아 완전한 사랑을 이루는 것이라고 말했는데, 디오티마는 사랑이 구하는 것은 반쪽도 아니고 전체도 아닌, 정확하게 말하자면, 아름다운 반쪽, 아름다운 전체라는 것이다.

죽게 마련인 생명 안에 죽지 않는 것이 있게 되는 까닭은 임신과 출산 때문이다. 사랑은 왜 출산으로 향하는 것일까? 죽음의 운명에 처한 존재에게 출산은 일종의 영원한 것, 죽지 않는 것이다. 그러면 무엇이 사랑과 욕망의 원인인가? 죽게 마련인 것의 본성은 될 수 있는 한 영원하고 죽지 않기를 바란다. 이것은 오직 생식으로만 가능한 일이다. 그것은 헌것 대신 새것을 남겨 두고 간다.

디오티마는 지식도 이런 맥락에서 이해한다. 복습은 지식이 떠나가기 때문에 필요하다. 잊는다는 것은 지식이 나간다는 것이다. 그래서 떠나가는 지식을 대신하여 새 기억을 만들어 지식을 축적하고, 그 결과 그 지식을 먼저 것과 같은 지식인 것처럼 갖기 위해 복습이 필요하다. 이런 방식으로 죽게 마련인 모든 것은 이어져 가고 있다. 즉 어떤 것이 언제나 같은 방식으로 존재하는 것이 아니라, 사라지고 떠나가는 낡은 것이 자기와는 다른 새것을 뒤에 남겨 두고 가는 것이다. 이런 방식으로 죽게 마련인 것은 불사성을 나누어 가진다. 바로 이 불사라는 것이 사랑과 욕망이 추구하는 궁극적인 것이라고 디오티마는 말한다.

'죽지 않는 명예를 영원히 누리기' 또는 '불후의 명성을 영구히 쌓아 올리기'는 알케스티스가 남편 아드메토스를 대신해서 죽은 것, 아킬레우스가 파트로클로스의 복수를 갚고 그 뒤를 이어 죽은 것, 코드로스가 아들의 왕위를 위해 스스로 목숨을 재촉하는 것 등에서 증명된다. 이렇게 영혼에 임신한 사람들은 바른 판단doxa(분별력)과 덕을 산출한다. 만티네이아에서 온 디오티마는 시인, 제작가, 발명가 등을 이런 분류에 넣고 있는데, 그는 플라톤의 이데아론과 연역법을 대변한다. 절제와 정의를 임신하고 있는 자는 시기가 차면 아름다운 사람과 접해서 사귀고, 오랫동안 잉태한 것을 그 사람에게 출산하고 함께 키운다. 이 경우 육적 자손보다 더 큰 협동심과 사랑을 갖게 된다고 한다. 올바른 순서대로 아름다운 것들을 바라보면서 사랑의 길로 인도된 사람은 아름다움의 궁극 목표에 이르러 갑자기 그 본성의 신비한 것을 보게 된다. "이 아름다움은 보는 사람에게 얼굴이나 손이나 신체의 어떤 부분의 모습으로 나타나지는 않을 것이다. 또 무슨 말이라든가 지식 같은 것으로 나타나지도 않을 것이다. 또는 동물이나 땅이나 하늘, 또는 그 밖의 것 안에 있는 것으로서 나타나지도 않을 것이다. 오히려 오직 그 자체만으로 그 자체와 함께 단 하나의 모습을 가지고 영원히 있는 것으로서 나타날 것이다." 디오티마는 계속해서 아름다움과 불멸성을 결합한다. 즉 만일 누군가 아름다움 자체를 볼 수 있다면, 그는 덕의 그림자가 아닌 참덕을 산출할 수 있는 자일 것이다. 그가 참덕을 산출하고 길러 내게 되면 신의 사랑을 받는 자가 되며, 이러한 사람은 바로 불사라고 부를 수 있지 않을까 질문하면서 바로 불사가 되기 위해 에로스라는 조력자가 필요하다고 말한다.

라캉은 소크라테스의 연설을 분석하면서 에로스에게 부재한 어떤 것이 결정적인 요소라고 말한다. 에로스는 이 부재를 중심으로 결집하며, 그 결과 에로스가 욕망하게 되고, 사랑을 받는 자에서 사랑하는 자로, 욕구되는 자에서 욕망하는 자로 변형된다. 인간에게 두 죽음이 있다면 첫 번째 죽음은 영원과 관계되며, 두 번째 죽음은 이 세상과 연관된 것이다. 다가설 수 없는 죽음에 대한 욕망은 가려져 있는 아름다움에서 비롯된다. 라캉은 미에 대한 욕망은 죽음에 대한 욕망이 감추어진 현재에 대한 욕망이며, 미에 부재한 것에 대한 욕망이라고 말한다. 이렇게 라캉은 소크라테스의 연설에서 에로스마저도 중심이 비어 있으므로, '선, 미, 지혜, 덕' 등의 부재로 인해 욕망한다는 것을 포착하고, 이런 견해를 자신의 인간 이해에 수용한다.

7. '아갈마'와 욕망의 부분 대상

이제까지 아가톤과 소크라테스, 소크라테스와 디오티마 간의 대화를 통해 에로스의 전혀 다른 성질을 알아보았다. 에로스는 그 위치가 '사랑받는 대상érôménos'에서 '질문하는 자érôtôménos'로, '질문하는 자'에서 '사랑하는 자Érastès'로 변했다고 말하면서 에로스 속에는 무엇인가 영원히 부재한 어떤 것이 있다고 말한다.

이제 마지막 일곱 번째 연사의 차례이다. 소크라테스가 연설을 마친 후 갑자기 알키비아데스가 나타난다. 알키비아데스는 소크라테스를 조각가의 상점에 놓여 있는 '셀레노스 상la statue de silène'과 많이 닮았다고 말한다. 셀레노스는 술의 신 디오니소스와 함께 늘 동행했던 디오니소스의 양아버지인데, 보통 나귀를 타고 다녔고, 귀는 말귀 같고 코는 넓적하며 머리는 대머리였다고 한다. 언제나 취해 있는 노인이며, 영감에 찬 예언자이고, 허름한 겉 차림 속에 지혜를 간직하고 있는 자로 알려졌다. 라캉은 셀레노스를 하나의 선물상자, 보석함, 껍데기로 보고, 그 속에 있는 것을 '아갈마agalma'(복수형은 agalmata이다)라고 부른다. 헬라어 'ἄγάλμα'는 장식ornement, 장신구parure를 의미하는데, 여기서는 상자 속에 있는 중요한 대상, 보석을 뜻한다. 라캉은 '아갈마타'라는 용어를 에우리피테스의 『헤퀴브*Hécube*』에서 처음 발견했고, 팔루스 phallus를 알기 전에 이미 그 단어를 찾았다고 한다. 『세미나 8』에서는 '아갈마'와 '팔루스'가 나란히 등장한다. '아갈마'는 오브제 아objet *a*라고 표기할 때, *a*를 지칭하는 원原단어가 된다. 오브제 아는 라캉이 고안한 신용어인데, 특히 라캉은 이것을 그리스철학과 문학에서 끌어낸다. 가령 트로이의 목마에서 뱃속에 숨어 있는 병사들을 지칭하여 '아갈마타'라고 하였다. 트로이의 목마라는 것은 그리스의 장군 오디세이아가 만든 것인데, 이에 관련된 이야기는 호메로스가 쓴 『오디세이아』에 나온다. 그리스 군대가 트로이 성을 포위했지만, 장악을 하지 못한 상황에서, 오디세우스는 다음과 같은 아이디어를 생각해 낸다. 즉 커다란 목마를 만들어 그 안에 병사들을 숨겨 놓고는 트로이 성을 포위하고 있는 군대를 후퇴시키는 것처럼, 남은 병력도 모두 배에 태워 그리스로 돌아가는 것처럼 위장하는 것이었다. 포위가 풀리자 트로이의 병사들은 성문을 열고 밖으로 나와 그리스군이 남기고 간 커다란 목마를 성안으로 끌고 들어간다. 목마의 옆구리 부분에 아테나 신에게 바친다는 문구가 큼지막하게 씌어 있었기 때문에 트로이의 병사들은 그 목마가 신에게 바치는 제물이라 단정하고 아무런 의심도 하지 않았다. 밤이 되자 병사들은 승리를 자축하며 만취하여 곯아떨어졌다. 이때 목마 안에 숨어 있던 그리스 병사들이 나와서는 성 밖에서 잠복하고 있던 아군을 불러들인다. 잠들어 있던 트로이 병사들은 몰살당하고 마침내 트로이 성은 함락된다.

라캉이 이 목마를 '아갈마'(오브제 아)에 비교하는 이유는 바로 이것에 욕망을 일으키는 대상이 있기 때문이다. 즉 하나의 대상이 누군가에게 욕망을 일으킨다면 그것은 그 대상 속에 숨겨진 무엇 때문이다. 그 대상 속에는 욕망을 일으키는 아갈마가 있기 때문이다. 오브제 아를 처음 도입하는 『세미나 8』에서는 욕망을 일으키는 대상이라고 했지만, 『세미나 10』에 가면 욕망을 일으키는 '원인'이라고 표현을 바꾼다.

욕망의 대상은 가슴, 손가락, 대변 등 몸의 부분이나 몸에서 떨어져 나온 어떤 것이다. 라캉은 이러한 부분 대상이 철학에서 배척됐고, 철학적 변증법으로는 접근 불가능한 욕망의 분야에 속하는 것이라고 말한다. 누군가가 무엇인가를 진정으로 사랑한다고 할 때, 정신분석이 경험한 그 무엇이라는 대상은 아갈마라고 표현되는데, 소크라테스에게서 '아갈마'는 바로 앞에서 디오티마를 통해 기술한 아름다움 자체, 참덕이다. 알키비아데스는 멋진 남자여서 소크라테스가 그에게 호감을 느끼고 있었다고 한다. 그러나 알키비아데스는 연사로 나서서 말하면서 오히려 소크라테스에게 호감을 느낀다. 하지만 소크라테스는 자신에게는 알키비아데스가 호감이 갈 만한 것이 없다고 말한다. 표면상으로 볼 때, 그리고 일상에서 알려지기로는 소크라테스가 사랑하는 자의 위치에 있고, 알키비아데스는 사랑받는 자의 위치에 있다. 라캉은 소크라테스의 첫사랑이 알키비아데스라는 것을 모두가 안다고 말한다. 그러나 이 이야기의 상황에서 알키비아데스가 사랑하는 자가 되고, 소크라테스는 사랑받는 자의 위치가 된다. 라캉은 알키비아데스가 사랑받는 자에서 사랑하는 자가 된 것이 소크라테스에게 있는 '아갈마'를 사랑하기에 생긴 것이라고 말한다. 그래서 알키비아데스는 자신의 육적인 매력을 제공하여 소크라테스의 마음을 사려고 하지만 실패한다. 그래서 매혹과 당황이 뒤섞인 상태가 된다. 소크라테스는 알키비아데스에게 너의 욕망의 대상은 내가 아니라 아가톤이라고 말한다.

8. 사랑의 은유와 모르는 것에 대한 사랑

소크라테스가 알키비아데스의 사랑을 거부하는 이유는 무엇인가? 알키비아데스가 소크라테스의 첫사랑임은 모든 사람이 알고 있기에, 라캉은 여기서 소크라테스가 알키비아데스를 거부하는 데는 다른 의미가 있다고 지적하고, 이것이 '사랑의 은유'라고 말한다. 즉 소크라테스가 사랑받는 자로서 인정되는 것은 사랑의 은유이다. 소크라테스가 사랑받는 대상이 되는 것을 거부하는 이유는 자신에게는 사랑받을 만한 것이 없다고 생각하기 때문이다. 앞서 에로스가 자신이 갖지 못했기에 사랑받는 위치에서 떠나, 자신이 갖지 못한 것을 갖기 위해 사랑하는 자의 위치로 이동하여 욕망한 것처럼, 소크라테스 또한 자신이 갖지 못했기 때문에 사랑받는 위치를 떠나, 자신이 갖지 못하는 것을 갖기 위해 사랑하는 자의 자리로 이동하여 계속 욕망한다. 그래서 그는 알키비아데스의 사랑을 거부하는 것이다.

소크라테스가 추구하는 본질은 공οὐδέν, 空, vide, 구멍, creux이다. 그래서 라캉은 소크라테스의 '공'이 단순한 모름, 무지를 지칭하는 라틴어 'inscitia'가 아니라, 알고 있지만 표현할 수 없는 앎을 지칭하는 라틴어 'inscientia'에 해당한다고 말하면서 'science'와 'in-science'를 제시한다. 'science'는 바른 지식이고, 'in-science'는 바른 무지이다. 앞서 『세미나 2』에서 보았듯이, 바른 판단orthé doxa, orthodoxa, opinion vraie(바른 분별력)은 바른 지식science, épistémé과 바른 무지amathia, in-science의 매개이다. 바른 판단은 에로스가 위치하는 공의 자리, 소크라테스가 위치하는 공의 자리에 대한 설명, 해석이다. 정신분석은 바른 지식이 아니라, 바른 판단에 관한 것이라고 앞서 『세미나 2』에서 말했던 것과 같은 맥락이다.

라캉은 '사랑받는 자의 자리에 사랑하는 자'로 대체되는 것을 사랑의 은유, 기적적인 사건, 대체의 구조, 실현된 은유라고 부른다. 소크라테스식으로 말하자면 사랑받는 자가 없는 것인가? 사랑받을 만한 것을 갖고 있지 않은 자는 사랑받는 자가 되지 못하는가? 그렇다면 도대체 사랑받을 만한 자리에 설 사람이 있기는 한 것인가? 이 질문을 이해하기 위해 플라톤은 무지amathia와 지혜sophia의 연결 방식이 중요하다고 말한다. 사랑은 아는 것에 대한 사랑이 아니라, 모르는 것amathia에 대한 사랑sophia이라는 것이다. 플라톤에 의하면, 사람은 거의 아무것도 모르면서 모든 걸 아는 것으로 생각하고, 모르는 것을 다른 사람이 하도록 맡기지 않고 스스로 함으로써 과실을 범한다고 말한다. 즉 사람들은 모르는 것amathia, in-science에 대한 사랑sophia이 아니라, 바른 지식science, épistémé에 대한 사랑을 생각하기 때문에 이러한 사랑의 은유를 이해할 수 없다는 것이다. 사랑받는 자가 될 수 있는가를 판단하기 위해서는 근본적으로 모르는 것amathia에 대한 사랑sophia이냐, 바른 지식science, épistémé에 대한 사랑sophia이냐 하는 질문 앞에서 소크라테스나 라캉이 제시하는 답을 잘 따져 보아야 할 것이다.

빅토르 위고의 시구를 즐겨 인용하는 라캉은 구약성서 「룻기」에 나오는 남자 보아스Booz가 한 여인이 거기에 있었다는 것을 '몰랐다'고 말하면서도 무의식적으로는 룻이 보아스에게는 사랑의 대상이었음을 '알았다'고 말한다. 하지만 룻은 하나님이 그녀에게 원하는 것을 '몰랐다'. 대타자로서 하나님은 하나님께서 정하신 장소인 보아스의 발아래에, 하나님께서 정하신 시간인 어두운 야밤에 신성한 흔적을 남긴다. 오이디푸스의 두 가지 금기인 부친 살해 금기와 근친상간 금기에서도 아버지를 죽이고 어머니와 동침했던 오이디푸스는 그 사실을 '몰랐다'. 이렇게 '몰랐다'는 것을 '알았다'는 것은 바로 사랑을 받고 있다는 것을 '몰랐다'는 것을 알게 되었기에 사랑하는 자로 대체되는 것이다.

라캉이 10주 동안 분석한 『향연』은 전이를 설명하기 위해 끌어들인 플라톤의 텍스트이다. 전이는 프로이트에 의해 발견된 하나의 과정이다. 전이의 본질은 '과거의 현재'이고, 이 '현재'는 분석에 의해 발견된다. 전이는 허구처럼 나타난다. 허구의 본질은 무엇인가? 허구의 대상은 무엇인가? 허구에서 위장하는 것은 무엇인가? 누구를 위해 위장하는가? 그 누구는 우리가 알고 있는 그 누구인가? 라캉은 '아니다'라고 답한다. 그렇다고 우리가 모르는 그 누구인가? 그것도 '아니다'라고 말한다. 우리가 아는 누구'이다'. 지금까지 『향연』을 분석하면서 라캉은 '아니다'에서 '이다', '모른다'에서 '안다'로 대체되는 과정을 설명했다. 이때 그 누구는 갑자기 기화하고volatilisée 사라진다. 무의식이나 꿈 등을 통해 우리가 알고 있는 모든 것이 우리에게 알려 주는 것은 심적 현상이 있다는 것이다. 비록 우리가 그 누구를 모른다고 할지라도 꿈의 과정은 거기에 대타자가 있다고 말해 준다. 라캉은 소크라테스가 알키비아데스에게 알키비아데스가 찾는 아갈마를 감추고 있는 껍데기이고, 알키비아데스의 욕망을 숨기고 있는 노예라고 말한다. 알키비아데스는 욕망하는 욕망의 노예, 욕망의 화신인 소크라테스에게서 자신(알키비아데스)의 아갈마를 보기 원한다고 말한다.

9. 타자의 욕망과 가려진 하나님

근원과 본질로서의 욕망은 타자의 욕망인데, 이 욕망은 항상 우리가 모르는 사이에 나타난다. 나의 욕망은 근원적이고 본질적인 면에서 타자에 대한 나의 욕망이 아니라, 이미 타자에 있는 욕망이다. 그래서 나의 욕망은 타자'의' 욕망, 타자'가 갖고 있는' 욕망이다. 룻도 타자의 욕망을 몰랐기에 하나님이 자신에게 원하는 것을 알 수가 없었다. 그녀가 그것을 몰랐던 이유는 '하나님이 가려져 있다éclipsé, 蝕'는 신비 때문인데, 룻의 하나님은 언제나, 천문학의 식蝕 현상 때처럼, '거기에 가려져 있다'고 라캉이 말한다.

'하나님이 가려져 있다'는 라캉의 표현은 '숨은 하나님'과 '계시된 하나님'이라는 신학, 특히 루터의 신학에 근거한다. 구약성서에 근거한 하나님, 특히 구약성서의 「룻기」에 나오는 룻의 하나님은 '숨은 하나님'에 해당한다. '숨은 하나님'은 사람들의 눈에 보이지 않기 때문에 신비의 대상이자 두려움의 대상이다. 도리어 이 하나님 때문에 사람들은 죄의식에 사로잡히고 눌리게 된다. 이런 하나님임을 구체적으로 드러낸 곳이 바로 시내 산에서 모세에게 준 십계명이다. 구약성서 「출애굽기」 20장에 나오는 십계명은 여호와 하나님 이외에 다른 신을 섬기지 말라고 말한다. 이것을 어겼을 때 받게 되는 대가는 실로 엄청나다. 이런 구도에서 사랑하는 쪽은 누구이고, 사랑받는 쪽은 누구인가? 당연히 사람들이 사랑하는 쪽이고, 하나님이 사랑받는 쪽이다. 사람들은 '숨은 하나님'을 사랑받는 대상으로 삼는다. '숨은 하나님'은 무조건 사랑받는 대상이 된다. '숨은 하나님'은 오직 경배의 대상일 뿐이다. 그래서 제사 때마다 매번 동물과 식물을 태워 하나님께 드린다. 이런 방식으로 '숨은 하나님'은 인간과 관계를 맺는다. 여기에는 친근한 교류가 없다. 단지 임의의 하나님, 자신이 정한 방식대로 하시는 하나님이 있을 뿐이다. 근엄하신 하나님이고, 다가가기 어려운 하나님이다.

반면에 '계시된 하나님'은 예수 그리스도로 드러난 하나님인데, '숨은 하나님'을 모욕한다는 죄목으로 사람들에 의해 십자가에서 처형되었다. '계시된 하나님'은 인간에게 준 율법(십계명, 언약)을 파괴하고 사람들을 선동한다는 죄목으로 죽었다. 너무나 나약한 대상인 하나님이다. 그래서 오히려 사람들은 이 하나님을 위로한다. 사람을 대신해 죽은 '계시된 하나님'은 사람들로부터 사랑받는 대상이라기보다는 오히려 사람을 사랑하는 자이다. 구약성경의 하나님이 제사를 받는 것과는 달리 자신이 제물이 된다. 제물을 받는 구약성경의 하나님에서 스스로가 제물이 되는 신약성경의 하나님이다. 하지만 계시된 하나님이신 그리스도는 죽으면서도 자신이 하나님이라 주장하지 않았다. 자신을 경배하라고 말하지 않았다. 오히려 자신을 보낸 성부 하나님, 아버지 하나님(곧 '숨은 하나님')만을 경배하라고 가르쳤다. 마음과 뜻과 정성을 다하여 하나님을 사랑하라고 말한다. 그 자신은 아버지 하나님이 시키는 일만 한다고 말한다. 아버지 하나님이 시킨 일이란, 그의 의도를 이루는 것이다. 즉 '계시된 하나님'인 그리스도는 병든 자를 치유하고 그들의 죄를 사하여 주었다. 어떤 이가 예수에게 영생을 얻는 방법이 무엇이냐고 질문하자, 하나님을 사랑하고 인간을 사랑하는 것이라고 말했다. 예수 그리스도는 사람들이 자신을 사랑해 주기를 바라지 않았다. 이런 의미에서 기독교의 신을 사랑하는 하나님이라 하고, 기독교를 사랑하는 종교라고 말한다. 물론 여기서 예수 그리스도가 말하는 사랑이란, 신학적인 의미이다. 그렇기에 그러한 사랑을 인간 쪽에서 행할 수는 없다. 단지 하나님을 사랑하고 인간을 사랑한 이는 예수 그리스도뿐이다. 이러한 신학적인 사랑의 의미를 인간학적인 의미에서 이해하여 실천하거나 기술하는 것은 가능하지 않다. 그러니까 신학적인 의미에서 사랑은, 바로 위에서 플라톤이 말한 것처럼, 모르는 것amathia에 대한 사랑sophia이고, 인간학적인 의미에서 사랑은 바른 지식science, épistémé에 대한 사랑, 곧 정의正義이다. 사람이 신학적인 의미에서의 사랑은 할 수 없다고 해도, 인간학적인 의미에서 정의에 버금가는 방식의 사랑은 할 수 있을 것이다.

유대교에서 기독교로의 이동이 있었다는 것은 '숨은 하나님'에서 '계시된 하나님'으로 변화되었다는 것을 의미한다. 또한 사랑받는 대상으로서 '숨은 하나님'이 사랑하는 자로서 '계시된 하나님'이 되었다는 것을 의미한다. 라캉은 이런 구도를 보면서 룻이 이해한 하나님이 언제나 '식蝕, éclipsé' 현상 때처럼 가려져 있다고 말한다. 이렇게 『향연』에서 거론한 '사랑받는 자'에서 '사랑하는 자'로의 대체는 유대교와 기독교에서 말하는 신관의 변화와도 밀접한 관계가 있음을 알 수 있다. 우리가 추측건대 라캉이 이러한 대체를 통해 전이를 설명하는 듯하다.

이렇게 『향연』의 분석이 끝나는 듯한데, 라캉은 정작 전이에 대해서는 직언하지 않고 이후에도 계속 예술 작품을 분석하는데, 특히 부상당한 에로스를 깨우려다 기름병을 쏟는 프시케의 그림을 분석한다. 또 대문자 Φ(상징적 팔루스, 팔루스 기능)와 소문자 ϕ(상상적 팔루스)를 구분하면서 Φ가 욕망의 현재, 실제적인 현재라고 말하면서 히스테리 환자의 환상을 라캉은 아래와 같이 표현한다.

그림 22 ¦ 히스테리의 환상

$$\frac{a}{(-\phi)} \diamond A$$

이 공식은 대타자(A)와의 관계 속에서(◇) '마이너스 파이(ϕ)' 위에 있는 *a*라고 읽는다. *a*는 대체와 은유의 대상으로, 앞서 본 아갈마의 약자이다. 앞으로 오브제 아objet *a*라는 이름으로 불릴 *a*는 『세미나 8』이 창출한 기호이다. 이 기호는 여러 차례 세미나를 진행하면서 라캉이 말하고자 했던 대체의 대상과 은유로서의 대상, 환유의 대상과 은유로서의 대상 등을 하나로 묶는 역할을 한다. 즉 *a*는 환유로서의 기표와 은유로서의 기표라는 이중 기표를 표현하는 것인데, 그 아래는 숨겨진 무엇, 상상적 거세인 −ϕ가 있고, 이런 것은 대타자와 연관된다. 이러한 대체와 은유가 전이와 관련이 있기에 라깡이 이 공식을 도입하는 것으로 볼 수 있다.

히스테리 환자의 환상은 강박증 환자의 환상과 대립하는데, 좀 다른 각도에서 전이를 설명하기 위해 라깡이 제시하는 강박증 환자의 환상의 공식은 아래와 같다.

그림 23 ¦ 강박증의 환상 $A \diamond \phi(a, a', a'', a''' \cdots)$

이 공식은 프로이트의 사례인 '쥐 인간'을 토대로 만든 것이다. 쥐 인간은 공식 세미나를 시작하기 전, 1952년 실비아 바타이의 집에서 열린 세미나 0에서 다룬 주제이다. 이 사례에서 주요한 장면은 환자가 자위행위를 하고 있는데, 죽은 아버지가 노크하고 들어오는 것이다. 이 환상을 갖게 된 이유를 분석해 가는 것이 이 사례의 주목적이다. 이 장면은 실제적인 현재가 모욕당하는 것이라고 분석된다. 라캉은 특별한 설명 없이 이 사례를 그냥 지나친다. 그래서 세미나 텍스트를 읽어 나가면서도 이해하기가 쉽지 않다. 단지 각각의 기호가 무엇을 의미하는지 분석하면서 추측할 뿐이다. 가령, Ⱥ는 대타자(A)가 거세당한 것이고, Φ는 상상적 팔루스이다. 히스테리에서는 a 아래에 마이너스 파이가 있는데, 강박증에서는 Φ(상상적 팔루스)가 바로 대체 대상 a, a', a'', a'''의 합이 된다.

이 밖에도 『세미나 8』에서 카미유 클로델의 남동생인 폴 클로델Paul Claudel, 1868-1955의 작품을 분석한다. 그의 작품은 가톨릭적인 요소를 담고 있는데, 한글로 번역된 것은 한두 개에 불과하다. 라캉이 클로델의 삼부작la trilogie de Coûfontaine이라고 부르는 『인질*L'Otage*』, 『굳은 빵*Le Pain*』, 『모욕당한 아버지*Le Père humilié*』는 아직 국내에 소개되지 않고 있다. 이 세 작품은 프랑스 'Gallimard' 출판사에서 한 권으로 출판될 정도로 세 작품이 하나의 작품 역할을 한다. 그래서 우리가 라캉식으로 클로델의 작품을 접한다는 것은 더더욱 어려운 일이다.

단지 플라톤의 『향연』 분석에서 얻은 것을 토대로 그것들을 읽어 나간다면 『세미나 8』이 말하고자 하는 것을 잘 정리할 수 있을 것이다. 라캉은 이 글에서 정신분석의 기술에서 가장 중요하면서도 논란이 되는 전이를 직접 말하지 않고 우회적으로 말한다. 이러한 라캉의 강의 방식이 우리에게 말하는 의미는 무엇일까? 전이와 관련해서 우리가 깊이 생각해 볼 문제이다. 『세미나 8』은 라캉의 사유에 접근하려면 고전적인 텍스트를 해박하게 알아야 가능하다는 사실을 다시금 실감케 하는데, 이것만큼이나 현대적인 텍스트를 알아야 더 용이하다. 이렇게 『세미나 8』은 분석에서 일어나는 실제적인 테두리와 이론적 토대를 굳게 다지고 있는 작품이라고 볼 수 있다. 『세미나 8』은 700개가 넘는 인명, 저서가 등장하는 라캉 세미나의 최고봉이다.

8장
『세미나 9』 읽기

세미나 9(1961~62년)

정체화*L'identification*

1. 미출판 세미나로서의 정체화의 위치

앞 장에서 라캉은 플라톤의 『향연』에 등장하는 용어 아갈마, 아토피아atopia를 정신분석에 도입하면서 사랑의 은유를 설명하였다. 즉 마지막 연사 알키비아데스가 소크라테스에게서 자신의 아갈마(욕망의 대상)를 보고자 원하지만, 소크라테스는 자신이 그것을 갖고 있지 않다고 주장하고, 오히려 자신도 아갈마를 찾고 있는 사람이라고 말한다. 이것은 사랑받는 자가 사랑하는 자로 변형되는 것, 욕망을 불러일으키는 대상인 자가 욕망하는 자로 변형되는 것을 보여 주면서 이것을 '사랑의 은유'라고 말한다. '사랑의 은유'는 '사랑받는 자érômenon'에서 '사랑하는 자érastès'로, '사랑받는 대상érôménos'에서 '사랑하는 자érôn'로 바뀌는 것, 사랑받던 대상이 사랑하는 자로 바뀌는 것이고, 이때 사랑받던 대상이자 사랑하는 자인 주체는 자신의 위치를 알 수가 없는데, 그래서 어떤 곳에도 존재하지 않는다는 의미의 'atopie', 'nulle part'라는 용어를 사용하여 설명되었다. 사랑의 은유의 주체가 거하는 곳이 없는 것은 아니지만, 어딘지를 알 수 없기에 이런 용어가 붙었다고 설명했었다.

이러한 안목으로 라캉의 아홉 번째 세미나인 '정체화*L'identification*'를 강독해 보면 그가 생각하는 것이 무엇인지 보다 분명하게 이해될 것이다. 2015년 현재 프랑스에서 아직 출판되지 않은 이 세미나는 지금까지 소개된 세미나와는 성격이 매우 다르다. 특정한 문학 작품을 분석하는 것도 아니고, 특정한 주제로 대중 강연회를 하는 것도 아니고, 프로이트의 작품을 섬세하게 주석하는 것도 아니다. 이 세미나에서는 지금까지 도입된 적이 없는 도식과 수학소가 나온다. 그리고 무엇보다 기표에 대한 이야기가 많이 나온다. 야콥슨과 소쉬르의 용어들을 분리해서 사용하는 것도 이때 나타난다. 세미나 9도 세미나 8의 성격과 유사하다. 세미나 8에서 '자유연상'과 '부동의 주의' 등 '전이'라는 정신분석 임상에 관한 내용을 미리 말하지 않아서 실무적이고 현장 중심의 세미나가 아니었듯이, 세미나 9 또한 그런 성격이 아니다.

세미나 8에서 플라톤의 작품뿐 아니라 폴 클로델의 여러 작품이 분석되었던 것과는 달리, 세미나 9는 그렇지는 않다. 세미나 9는 매우 어려운 세미나이다. 필자가 프랑스 몽펠리에 Ⅲ대학(폴 발레리 대학교) 철학-정신분석학과에서 공부할 당시 세미나 9로 박사 논문을 쓰고 있었는데, 정신분석학과 책임자인 앙리 헤이-프로드Henry Rey-Flaud가 강의 시간 때 자신이 라캉의 세미나 9를 20% 정도 이해한다고 말하는 것을 듣고 깜짝 놀란 적이 있다. 헤이-프로드는 자크 알랭-밀러가 주관하는 라캉의 세미나 출판에서 프로이트 부분의 자문 역할을 담당하는 전문가인데, 정신분석을 두루 섭렵하고 있는 그가 이런 고백을 한다는 것을 볼 때 세미나 9가 얼마나 난해한 텍스트인지를 알 수 있다. 세미나 9에는 주체, 사랑, 불안, 욕망, 환상 등 단순 명료하게 풀이되지 않는 라캉식 사유를 담은 용어들이 나열되어 있기에 이해하기가 더욱 쉽지 않다.

2. 프로이트의 정체화와 라캉의 정체화에 대한 소개

세미나 9의 주제 '정체화'는 프로이트가 저술한 '정체화'를 라캉이 구조적으로 읽어 낸 결과라고 말할 수 있다. 그러니까 세미나 9의 전체적인 형식은 프로이트에게 근거한다고 볼 수 있겠다. 우선 'l'identification'이라는 용어를 무엇이라고 번역해야 할 것인지 깊이 있게 질문해야 한다. 국내에서는 보통 동일시, 동일화, 정체화라고 번역하기도 하는데, 이 글에서는 정체화로 번역한다.

정체화Identifizierung는 프로이트의 다양한 저서 속에서 발견되지만, 근본적으로는 1921년 출간된 『집단심리학과 자아분석』 제7장에서 찾을 수 있다. 이 책에서 이 용어는 재귀용법으로 사용된다. 즉 A는 B에 정체화된다A s'identifier à B. 하지만 대명용법으로는 사용하지 않는다. 즉 C는 A와 B를 정체화한다C Identifier A et B.

프로이트는 자아가 타자와 유사하다는 말을 하면서 정체화를 소개한다. 여기서 유사하다는 말은 자아와 타자, 자아와 대상의 관계를 말하는데, 이는 서양의 중세 때 신학, 과학, 인문학의 주요한 사유 체계이자 학문적인 방법이었던 유비類比, analogie와 깊은 연관성이 있다. 프로이트식 정신분석 임상 연구 결과에 따르면, 도라는 '아버지와 K 부인'의 '성적 장면'에 정체화되고, 그 결과 기침을 한다. 여기서 두 개의 대상이 중요한데, 하나는 장면이고, 또 하나는 기침하는 목이다. 여기에는 아주 복잡한 관계가 얽혀 있다. 목기침이라는 증상은 억압으로 수정된 대체 대상이다. 억압되기 전, 수정되기 전의 원대상은 구강 성행위 장면이다. 억압된 후 수정된 대상은 아버지의 목기침이다. 억압 때문에 최종적으로 수정된 대체 대상은 도라가 갖게 된 목기침이다. 무의식에서 전개되는 정체화는 원대상(아버지와 여인 K 간의 구강 성행위 장면)과 유사한 대체 대상(아버지의 목기침)을 취한다. 프로이트는 이런 의미에서 원대상에서 분리된 대상에 정체화되는 자아가 타자와 유사하다고 기술한 것이다.

프로이트는 세 가지 형식 또는 양상의 정체화를 기술한다. 첫째 형식의 정체화는 하나의 대상과 친밀한 관계를 갖는 가장 근원적인 형태이고, 퇴행의 작용에 의한 둘째 형식의 정체화는 일종의 자아 안으로 대상이 내투되면서 리비도적인 대상관계로 대치되는 것이고, 셋째 형식의 정체화는 성적 충동의 대상이 아닌, 한 인물과 한 공동체에 새롭게 스며든 것이다.

정체화의 제1형식에 대해 말하자면, 오이디푸스 콤플렉스의 한 요소인 아버지에 정체화되는 것이다. 제2형식은 아버지의 특성에 정체화되는 것이다. 제3형식은 부재한 대상에 정체화되는 것이다. 첫 번째 정체화에서 아버지는 아이가 되고자 하는 것이고, 두 번째 정체화에서 아버지의 특성은 아이가 갖고자 하는 것이다. 세 번째 정체화에서는 아버지인지 아닌지는 모르지만 어떤 대상과 아이가 상호 관계를 맺는 것이다. 여기서 찾을 수 있는 원리는 됨과 가짐, sein과 haben, être와 avoir, be와 have이다. 이를 풀어 보면 '나는 곧 대상이다'와 '나는 그것을 가졌다' 등으로 표현할 수 있다. 가령 '아이가 아버지처럼 되기를 원한다'와 '아이가 아버지의 그것을 갖고자 한다' 등으로 볼 수 있다. 이렇게 프로이트는 '되다, 가지다' 등으로 정체화를 정리한다. 프로이트는 세 번째 정체화에 관해서 『집단심리학과 자아분석』에서 기숙사에서 발생한 심리적 전염에 의한 발작을 예로 들어 설명한다. 가령, 기숙사에 사는 한 소녀가 연인으로부터 편지 한 통을 받고는 히스테리 발작을 일으킨다. 이때 주위의 친구 중 몇 명이 심리적 전염으로 인해 이 발작에 감염된다. 이것이 바로 세 번째 형식의 정체화에 관해 프로이트가 제시하는 아주 단편적인 암시이다. 상호적 정체화에는 적어도 세 개의 주체가 등장한다. 즉 첫 번째 주체가 세 번째 주체(연인)에 이미 정체화된 두 번째 주체(한 소녀)에 정체화되는 것이다. 꽤 복잡해 보이지만 단순하게 생각해 보자. 여기서 첫 번째 주체는 두 번째 주체로부터 감염된다. 두 번째 주체는 세 번째 주체와 연관되어 있다. ('1'↔'2+3') 여기서 관련이란, 리비도적 관계를 말한다. 여기서 첫 번째 주체도 세 번째 주체의 상황을 알고 있을 수 있지만, 첫 번째 주체가 연결되는 것은 두 번째 주체이다. 결론적으로 말해 첫 번째 주체가 정체화되는 것은 두 번째 주체이지만, 이 둘은 직접적인 리비도 관계를 맺고 있지 않다. 그래서 프로이트는 세 번째 형식의 정체화를 리비도 방출이 없는 정체화 모델이라고 말한다. 우리는 세 번째 주체가 보낸 편지의 정확한 내용은 알 수 없다. 단지 이 편지를 받은 두 번째 주체인 소녀가 기숙사 내에서 친구들의 연민을 자아내게 했다는 것만 알 수 있을 뿐이다. 세 번째 주체에 정체화된 두 번째 주체가 편지를 받고 경련을 일으키자, 첫 번째 주체가 동일한 증세를 보인다. 프로이트는 이것을 심리적 전염을 통한 경련이라 부른다.

프로이트는 정체화의 세 형식(됨·가짐·상호성)을 수직축과 수평축으로 나눈다. 우선 수직축에는 나르시스적 정체화인 됨의 정체화와 가짐의 정체화가 속하고, 수평축에는 상호적 정체화가 속한다. 수직 관계를 규정하는 대상은 추상적인 관념이나 신 등으로 대체될 수 있고, 각 개인은 대상과 리비도적 관계에 근거한다. 상호적 정체화는 이미 수직적 정체화를 맺은 개인들 간의 수평적 정체화이다. 그래서 상호적 정체화는 수직과 수평을 동시에 고려해야 하기에 매우 복잡한 양상을 보인다. 프로이트가 주로 관심을 쏟은 것은 수직적 정체화, 즉 정체화의 첫 번째 형식과 두 번째 형식이다. 그래서 프로이트는 주로 이 두 가지만을 상세하게 부연하고, 세 번째 형식에 관해서는 언급한 곳이 없다. 정체화가 『집단심리학과 자아분석』의 한 부분에서 다루어지는 만큼 세 번째 형식에 강조점이 주어질 법하지만 직접 연결하여 서술하지는 않는다. 프로이트는 아버지처럼 되기 또는 아버지의 특성을 갖기 등 아버지에 예속된 구도에 많은 관심을 둔다. 이는 가정에 관련된 내용이기에 가족 시네마라고 볼 수 있다. 하지만 세 번째 형식의 정체화는 가정이라는 울타리를 넘어 사회로 확대된다. 프로이트가 수직 관계 구도에서 수평 관계 구도로 연구 범위를 확대하고자 했다는 것은 제1차 위상에서 제2차 위상으로 옮겨 간 것에서도 알 수 있다. 이런 이행은 정신분석 임상을 통해 자연스럽게 나타난 것이라고 볼 수 있다. 왜냐하면 한 가정의 아이는 아버지-어머니-형제-자매라는 가족 구성원뿐 아니라 사회 구성원과도 관계를 맺고 살기 때문이다. 그러나 수평 관계의 구도가 수직 관계의 구도에 뿌리를 내리고 있다는 것은 변함이 없다. 그래서 프로이트식 정신분석 계열에서는 오이디푸스 콤플렉스를 버릴 수 없는 것이다.

이런 흐름은 라캉식 정신분석에도 이어진다. 정체화에 대한 프로이트의 관심이 수직축에 머무는 것을 파악한 라캉은 수직적 정체화를 수평적 정체화로 확대할 수 있는 포석을 마련한다. 그 흔적은, 앞서 보았듯이, 라캉이 오이디푸스 콤플렉스의 양자 관계를 삼자 관계로 읽어 내는 데서 볼 수 있다. 즉 '어머니-아이'의 구도는 '팔루스-어머니-아이'의 구도가 근본 구도라는 것이다. 여기에 근거하여 라캉은 수평적 정체화에도 깊은 관심을 보인다. 그래서 주체의 환상이나 욕망 같은 데 관심을 기울이고, 아버지에게서 벗어나고자 몸부림친다. 그러니까 라캉은 정체화 이론을 통해 '예속'된 주체가 '해방'되는 주체로 되는 단계를 설명하고 있다. 해석학적인 관점에서 정신분석에 관심을 가진 폴 리쾨르도 프로이트처럼 수직적 정체화에 관심을 보이지만, 수평적 정체화에는 소홀하다고 볼 수 있다.

이렇게 프로이트가 정체화에 대해 제시한 용어와 개념을 받아들이는 라캉은 어느 정도 프로이트와 거리를 두기 위해 다른 형식을 제시한다. 그는 앞서 필자가 제시한 프로이트의 1921년 텍스트에 근거하여 정체화를 설명해 가는데, 유사한 이미지와의 관계에서 시작되는 첫 번째 장르의 정체화, 유사성의 상징화에 따른 두 번째 장르의 정체화, 욕망에 관한 세 번째 장르의 정체화가 바로 그것이다.

3. 정체화의 구조

물론 라캉이 1921년의 프로이트 텍스트를 분석하면서 정체화 이론을 세운 것이 아니다. 라캉식 정체화 이론은 이미 라캉의 박사논문(1932)과 「거울 단계에 관한 글」(1936, 1949)에서 발견된다. 신기하게도 라캉이 전개한 정체화는 프로이트식 정체화에서 볼 때 첫 번째 장르의 정체화에 해당한다. 라캉은 처음부터 프로이트식 정체화에서 두 번째 장르나 세 번째 장르에 해당하는 환자의 사례를 가지고 연구 활동을 시작하지 않았다. 이것이 우연인지 필연인지는 몰라도 라캉이 정체화 이론을 세워 가는 데 아주 중요한 일이라 생각된다.

첫 번째 장르의 정체화 구조는 거울 단계 이론에 따른 거울에 비친 자기 이미지와 자아 개념에 근거한다. 프로이트가 이런 것을 액면 그대로 제시는 하지 않았다고 해도 근본적인 토대는 프로이트적이라 볼 수 있다. 두 번째 장르의 정체화는 프로이트의 주석가로서 라캉을 보여 준다. 이 기간에 거울 단계 이론은 프로이트의 텍스트에 근거하여 개선되고, 프로이트의 본문에 토대를 둔 라캉식 사유가 전개되는데, 라캉이 고안한 '도식 L'은 프로이트의 정체화 구조를 이미 담고 있다. '도식 L'은 말言語이라는 것을 통해 상징 체계로 들어가는 아이를 소개한다.

서양에서는 줄곧 언어와 실재의 관계를 거론해 왔는데, 플라톤의 『크리톤』에서부터 야콥슨의 『일반 언어학 이론』(1963)에 이르는 긴 역사 속에서 언어와 실재는 단절discontinuité, 합치adéquation, 유비analogie라는 관계로 설명됐다. 여기서 주목할 것은 언어와 실재의 단절을 제시하는 첫 번째 것과 그들의 연속을 가정하는 두 번째 것, 그리고 첫 번째 것과 두 번째 것을 결합하는 세 번째 관계인데, 이것은 '언어가 실재다'와 '언어는 실재가 아니다'를 결합한다. 이 방법은 비교, 유사, 직유, 닮음 등 다양한 용어로 불리며, 은유와 직유 등의 방식으로 더 발전된다. 이런 맥락에서 라캉도 세미나 10의 주제이자 제목인 '불안'에서 '언어는 실재가 아닌 것이 아니다'를 불안과 연결하여 '불안에는 대상이 없는 것이 아니다'를 제시한다. 이것은 프로이트가 '불안에는 대상이 없다'고 말하는 것을 수정한 것이다.

라캉은 세미나 9를 시작하면서 자신이 정한 주제 '정체화'가 참 좋은 제목이지만, 결코 쉬운 주제는 아니라고 운을 뗀다. 그 이유는 정체화가 주체와 타자라는 것 사이의 작용이기 때문인데, 주체가 타자에게 정체화된다고 말할 때, 주체가 무엇이고 타자가 무엇인지를 먼저 알아야 한다. 그래서 라캉은 타자를 'autre'와

'Autre', 즉 소문자 a로 표기되는 'autre(소타자)'와 대문자 A로 표기되는 'Autre(대타자)'로 구분한다. 이러한 구분은 이미 오래 전부터 작업해 온 거울 단계 이론에서 비롯된다. 앞서 다룬 것을 간단하게 말하자면, 거울 단계 이론이란, 거울상의 이미지와 현실의 이미지가 다르다는 것이다. 이것을 깨닫지 못하고 혼동하던 상태(망상증, 상상계)에서 이것을 깨닫고 차이를 인식하게 됨(상징계에 진입)으로 주체는 등장한다. 그래서 '거울 단계'에서 시작되는 라캉식 정체화의 첫 장르는 망상증에 사로잡힌 인간의 모습을 보여 준다. 여기에서 벗어나 자유로워지는 주체를 두 번째 장르의 정체화가 보여 준다. 그러니까 첫 장르의 정체화는 인간이라면 한 번은 건너야 하는 것, 다시 말해 플라톤이 『국가론』에서 제시한 망각(레테)의 강에 해당한다고 볼 수 있다. 이것을 통과해야만 가시적 세계로 들어가게 된다.

4. 첫 번째 장르의 정체화

라캉은 1931년에 의학박사 논문으로 인정받은 『인성과의 관계 속에서 망상증적 정신병에 대하여』를 1932년에 출판한다. 여기서 그는 자신이 '에메Aimée'라 명명한 서른여덟 살 여인의 사례를 분석한다.

'에메'는 극장에 공연하러 온 유명한 여배우를 죽이려다 투옥되었고, 생탄병원l'hopital de Saint Anne에서 일 년 반 동안 라캉의 치료를 받는다. '에메'는 과대망상과 박해망상(피해망상)을 갖고 있었다. 직업이 있음에도 대학에 가기 위해 세 번 시도하고, 두 권의 소설을 썼지만 출판 계획은 좌절되었다. 과부인 에메의 언니가 결혼 8개월부터 신혼집에서 동거하는데, 라캉은 박해의 근원을 에메의 언니에 둔다. 언니는 아이들과 남편에게 에메의 위치에서 행동하는 등 에메의 일에 간섭한다. 하지만 아내이자 어머니 자격을 가진 에메는 오히려 언니에게 아이들과 남편을 내어 주며 저항하지 않는다. 라캉은 언니에 대한 양가감정적인 행위를 '무언의 다툼'이라고 부른다.

박해망상은 박해의 원형태에 양파 껍질처럼 표상이 이중, 삼중의 형태로 겹겹이 쌓여 형성된다. 에메에게 겹겹이 쌓인 표상들은 박해망상의 형태인데, 여류 문인, 여배우, 유명 여인 등 자유와 사회 권력을 즐기는 여인들의 상징들이 그것이다. 그러니까 에메를 지배하는 건 자신의 '인성'이 아니라, 그보다 우위에서 그녀를 지배하는 '망상증'이라는 자기 처벌 메커니즘이다. 에메의 '인성'과 '망상증'이라는 자기 처벌 메커니즘의 갈등은 '거울 속의

나'와 '사회적 나'의 혼선에서 유래하고, 리비도의 퇴행에 의한 것으로 볼 수 있다. 앞서 보았듯이, 프로이트식 세 번째 정체화 형식은 리비도와 관계가 없는데, 이렇게 라캉이 분석한 '에메' 사례는 첫 번째와 두 번째의 정체화 형식보다도 세 번째의 정체화 형식을 전면에 보여 준다.

앞서 슈레버 사례에서 보았듯이, 망상 구조는 동성에 대한 사랑에서 기인하는데, 결국 그 동성은 자기 자신이 된다. 이것이 우울증에 따른 자살의 메커니즘이다. 그래서 라캉은 망상 구조의 논리를 단계별로 다음과 같이 기술했다.

> '그(환자)는 그(동성애적 대상)를 사랑한다. 그러나 그는 그를 사랑하지 않고 그를 미워한다. 그가 사랑하는 것은 그녀(반대 성)이다. 그녀는 그(환자가 사랑했던 동성애적 대상)를 사랑한다. 그러므로 그는 그도 사랑하지 않고 그녀도 사랑하지 않고 아무도 사랑하지 않는다.'

결국 그가 사랑하는 것은 '그 자신'이다. 망상증에서 '그 자신'은, 방금 설명했듯이, 겹겹이 쌓인 표상들, 박해망상의 형태가 된다. '그 자신'은 자신의 밖에 있는데, 이는 리비도의 퇴행을 보여 주는 전형이다. 우리는 이것을 '에메'의 경우에 적용할 수 있다.

> '에메는 언니를 사랑한다. 그러나 에메는 언니를 사랑하지 않고 언니를 미워한다. 에메가 사랑하는 것은 에메의 남편이다. 에메의 남편은 언니를 사랑한다. 그러므로 에메는 언니도 사랑하지 않고 남편도 사랑하지 않고 아무도 사랑하지 않는다.'

에메의 망상증에서 겹겹이 쌓인 표상들이나 박해망상의 형태는 여류 문인, 여배우, 유명 여인 등 자유와 사회 권력을 즐기는 여인의 상징에 해당한다. 이 형태는 리비도가 퇴행하여 리비도가 작용하지 않는 정체화이다. 실제로 에메와 유명 여배우 간에는 아무런 관계가 없다. 즉 서로 알고 지내는 관계가 아니라는 것이다. 그러나 에메는 그 여배우가 자신을 박해한다고 망상하는 것이다.

라캉은 이런 내용을 〈그림 24〉의 도표로 제시한다.

A는 성취된 퇴행을 나타내는 나르시스적 고착점을 나타낸다. A′는 증상적 억압의 원인으로서의 동성애적 대상들, 가령 박해자의 원형으로서의 에메의 언니, 고위층 사람들, 유명한 여배우들, 그리고 여류문인들 등 자아의 이상형을 상징한다. 나르시스적 첫 고착은 매우 강력하다. 자기처벌 망상은 초자아 또는 자아 이상

그림 24 ¦ 망상증의 사랑

A A는 A′와 B를 사랑한다	E A는 A′와 B를 사랑하지 않는다
I A′는 A를 사랑하지 않는다	O ⟨A′는 A를 사랑하지 않는다⟩의 A는 A′를 사랑하지 않는다

A: 환자(에메) A′: 동성애적 대상 B: A의 반대 성(에메의 남편)

의 발생학적 단계에서 인성의 진화가 멈춤으로 인해 결정된다.

라캉은 의식에 드러나는 것을 지칭하기 위해 '무의식적'이라는 단어의 사용보단 '상상적 양태mode imaginaire'를 사용한다. 일반적으로 우리는 광기가 현실 세계와 허상 세계의 무질서를 아는 데서 비롯된다고 생각하지만, 라캉은 이와 반대로 생각한다. 즉 광기는 현실과 허상을 이중화하는 무질서를 모르는 데서 생긴다고 확신한다. 상상적 현실과 실제적 현실의 불일치는 정체화의 첫 장르에서 이상과 현실의 허상적 일치를 통해 해결된다. 가장 순수한 심적 현상을 상징하는 상상적 정체화는 자기와 닮은 영상, 이마고에 근거하여 시작된다. 이마고는 자아가 형성되는 초기에 이루어진 것으로 주체가 소외됨을 보여 준다. 왜냐하면 주체는 타자 안에서 정체화되는 동시에 고난을 겪게 되기 때문이다. 광기의 근본 구조는 거울 단계 이론의 구조와 비슷하다. 왜냐하면 이 발전 단계에서 원자아는 본질적으로 그 이마고에 고립되기 때문이다.

이런 현상은 시각 기능이 우선해서 발달하고 팔다리 등 몸의 동력 기능은 발달하면서 그 이후에 나타난다. 이것이 일반적인 동물들과 비교할 때 인간의 다른 점이다. 인간에게서 시각과 몸 동력 기능의 불일치는 상상적 매듭을 만든다. 출생에서 육 개월까지의 시기에 형성되는 이 매듭에서 자살 성향이 아이의 몸에 각인된다. 프로이트가 '양가감정'이라 불렀던 이 매듭은 이상과 현실의 허상적 일치로 해결되는데, 불완전한 해결은 나르시스적 자살 공격성으로 이어진다. 라캉은 양가감정을 박애라는 이름으로 행해지는 공격적 해결이라고 말하기도 하고, 나르시스적 매듭이라고 말하기도 한다. 강박신경증에서 이 매듭은 공격적 의도를 변장-이동시키고 부정-분리하는 양가의 성향으로 인해 끊기가 매우 어렵다.

라캉이 말하는 정체화의 첫 장르는 프로이트의 됨의 정체화에 근거한다. 왜냐하면 우울증 환자가 근본적으로 나르시시즘의 메커니즘을 따르듯이, 망상증 환자는 나르시스적 고착점에 기반을 두기 때문이다. 망상증 환자의 대상에 대한 사랑은 자아 자신에 대한 사랑이다. 그가 나르시스적 대상을 사랑하면 할수록 그는 그 대체 대상을 미워한다. 그는 그 매듭점에서 멈추고, 고정되고, 그리고 감금된다. 라캉은 거울 단계 이론으로 이것을 설명한다. 거울 영상을 구성하는 '최초의 형태'는 자신의 몸 현실에서 얻은 것들, 시각과 몸 동력 기관의 부조화에서 바라본 것들, 이렇게 부자유스런 몸에 비친 외부의 몸 등이다. 라캉은 거울 영상이 가시계로 들어가는 입구라고 말한다. 이 거울 영상은 시각과 동력 기관의 불일치로 인해 주체가 갖게 되는 것이다. 이렇게 주체는 오해된 몸, 왜곡된 몸, 자기 위주로 이해한 몸 등의 이마고를 가진다. 이런 것이 첫 번째 장르의 정체화에 토대가 된다는 것은 곧 인간의 출발점이 오인의 구조에 서 있다는 것이다. 이런 점에서 망상증을 주제로 다룬 박사 논문과 1936년과 1949년 등에 발표한 거울 단계 이론은 정체화의 첫 분류를 이해하는 데 주요한 내용을 담고 있다.

5. 두 번째 장르의 정체화

데카르트의 코기토로서의 주체는 '나는 생각한다 그리므로 나는 존재한다'에 잘 표현되어 있다. 라캉은 이 문구의 참의미를 밝히기 위해 '나는 생각한다'에서의 '나'와 '나는 존재한다'에서 '나'가 동일한 '나'가 아니라고 규정한다. 그래서 데카르트식 명제를 바꾸어 다음과 같이 말한다.

> '(내가 존재하지 않는 거기에서) 나는 생각한다. 그러므로 (내가 생각하지 않는 그곳에) 나는 존재한다.'

라캉은 '내가 존재하지 않는 거기에서 나는 생각한다'는 문장과 '내가 생각하지 않는 그곳에 나는 존재한다'는 문장을 단절이면서 연속으로 이해한다. 상상적 국면에서 도망치는 후자는 은유적 축에, 후자를 포함하지 않는 전자는 환유적 축에 관계된다고 볼 수 있는데, 이는 '나는 타인이다je est un autre'라는 랭보의 시구가 보여 주듯이, '나는 나를 벗어나는 타자이다'라는 의미이다. 아래에서 보겠지만 이 문장은 기표의 이중기입의 관점에서 이해할 수 있다.

라캉은 은유적 축을 열기 위해, 어머니가 자리를 비운 사이 혼자서 실패를 가지고 노는 손자를 관찰한 프로이트의 견해를 끌어들인다. 손자 에른스트는 프로이트의 네 번째 아이이자 두 번째 딸인 조피 할버슈타트의 맏아들이다. 조피가 프로이트 근처에 살았기에 프로이트는 에른스트를 자주 볼 수 있었다. 에른스트는 후에 프로이트 가문의 남자 후손 중 유일하게 정신분석가가 되었다.

에른스트는 어느 날 '오-오'라고 말하면서 놀고 있었다. 끈이 달린 물체를 던지고 다시 당기면서 그렇게 중얼거렸다. 아직 어린아이라 발음이 정확하지 않기에 보통 사람이라면 그냥 지나쳤을 일인데, 프로이트는 아이가 그 물건을 던지면서 내뱉는 말과 당기면서 내뱉는 말을 추정하여 그 발음을 복원하는데, 그것이 '포르-다Fort-Da'이다. 독일어로 'Fort'는 '앞으로', 'Da'는 '여기로'에 해당하는 부사이다. 프로이트가 생각할 때 손자는 어머니가 외출한 틈에 생기는 불안과 무료함을 스스로 달래기 위해 놀이를 하고 있다고 생각했다. 내던지는 물건은 돌려보내야 하는 대상이고, 도로 당겨서 가져오는 물건은 취해야 하는 대상을 표상한다고 보았다. 결국 프로이트는 가혹한 해석을 이끌어 낸다. 돌려보내는 대상을 아이의 아버지로, 당겨서 가져오는 대상을 아이의 어머니로 규정했다. 당시 아이의 아버지는 전쟁에 나가 있었는데, 프로이트는 그래서인지 아이는 아버지가 자기에게 필요 없고, 어머니만 있으면 된다는 생각을 하고 있었다고 추측한다.

즉 아이는 아버지는 가서 다시 오지 말고, 가 버린 어머니는 다시 여기, 자기에게로 오라고 말하고 있다는 것이다. 이것은 프로이트의 해석이다. 하지만 필자가 볼 때 아버지가 돌아오지 않기를 바라는 것은 어쩌면 프로이트만의 생각일 수 있다고 본다. 왜냐하면 프로이트는 첫째 딸 마틸데가 결혼할 때도 몹시 서운해 했는데, 둘째 딸의 경우에는 더 심했다고 한다. 특히 프로이트는 조피가 자신의 애제자인 산드로 페렌치와 결혼하기를 바랐지만, 조피는 함부르크에서 이름난 사진 기사이며 초상화 화가인 막스 할버슈타트Max Halberstadt와 결혼한다. 그래서 페렌치는 이러한 프로이트를 두고 '조피 콤플렉스'에 빠졌다고 표현했다고 한다. 1920년 조피가 독감으로 죽은 지 삼 년 뒤 조피의 아들 하이네르레가 급성 결핵으로 죽는다. 그 후로 프로이트는 더 이상 손자들을 사랑하지 않았으며 더 이상 인생을 즐기지 않고 무관심하게 되었다고 한다.

라캉은 이 실패 놀이에서 'a=a'라는 방정식을 도입한다. 이 방정식은 주체의 경험 안에 기입된 '함께 있는 어머니'와 '부재중인 어머니' 간의 의미적 다름을 상징한다. 이것은 앞서 수차례 다룬 기표의 이중 기입, 의미의 이중 기입이다. 라캉은 탁구공을 예로 들면서, '탁구공은 탁구공입니다'라고 말한다. 탁구공이 사라지고 나타나고, 다시 사라지고 다시 나타난다. 이렇게 반복되는 과정은 기표의 이중 기입을 발생시킨다. 앞서 『세미나 3』에서 기표의 이중 기입을 살펴보았듯이, 환유의 축과 은유의 축이 만나는 지점은 의식과 무의식이 겹치는 지점이고, 이를 뫼비우스의 띠로 설명하였다. '탁구공은 탁구공입니다'에서 전자의 기표는 환유의 축에도 속하고 은유의 축에도 속하며, 후자의 기표도 환유의 축에도 속하고 은유의 축에도 속한다. 이렇게 동일한 기표 두 개는 환유의 축과 은유의 축에 이중으로 기입되는데, 그렇다고 동일한 의미를 드러내지는 않는다. 예를 들어 '전쟁은 전쟁이다', '어머니는 어머니다'라고 말할 때 전자의 기표, 즉 주어로서의 기표는 사전에 나타나는 용어의 뜻에 감금당하지 않는다. 반면 후자의 기표, 보어로서의 기표는 사전에 나타나는 용어의 뜻에 어느 정도 감금당하기도 하지만 반드시 그런 것은 아니고, 주어로서 전자가 경험한 것을 담는다.

라캉이 세미나 9에서 도입하는 예를 소개하면 'Forgeon est forgeon'이다. 즉 대문자 'Forgeon'은 사람 이름의 고유명사이고, 소문자 'forgeon'는 대장장이라는 직업 일반명사이다. 우리 말로 하면 '석수 씨石手氏는 석수石手다'라는 말과 비슷하다. 'Forgeon est forgeon'이라는 방정식 'a=a'는 동어 반복이 아니다. 이 문장의 발음이 '포흐저홍 에 포흐저홍'인데, 이때 주어와 보어의 발음이 같다고 해서 동일어로 생각해서는 안 된다는 것이다. 방정식 'a=a'는 다름, 차이를 드러낸다. 이런 면에서 라캉은 자르는 것은 기표이고, 실재 안에서 다름을 야기하는 것도 기표라고 말한다.

라캉이 이런 것을 통해 보이고자 하는 것은 기표의 이중 기입 문제이다. 이중 기입이란, 의식과 무의식이 구분되는 것이 아니라 서로 교차하고 엮여 있다는 것이다. 이는 프로이트가 제2차 위상 때 주장한 것에 근거한다고 볼 수 있다. 즉 '이드-자아-초자아'는 '모든 것이 무의식이다'라는 것에 근거한다. 프로이트는 제1차 위상 때만 해도 '무의식-전의식-의식'으로 구분하였다. 즉 무의식과 의식은 분리되고 전의식에 의해 매개되는 것이라고 보았다. 그러나 제2차 위상 때는 '모든 것이 무의식에서 비롯된다'고 말한다. 이 말에 근거하여 라캉은 세미나 11에서 '언어처럼 조직된 무의식', '언어처럼 짜인 무의식'이라고 정리한다. 이 말은 『세미나 3』에서 '의식과 무의식에 이중 기입된 기표'라는 말을 달리 표현한 것과도 같다. 여기서 언어처럼 짜인다는 것은 환유와 은유에 의해 짜인다는 뜻이다. (이 말은 세미나 17에 가서는 '하나의 기표는 다른 기표에 연결된 주체를 표상한다'로 이어진다.) 이 문장은 기의에 대한 기표의 우월을 보여 줄 뿐 아니라, '의식과 무의식에 이

중 기입된 기표'가 모두 무의식에서 비롯된다는 프로이트의 주장을 한층 섬세하게 보여 준다. 무엇보다 이 문장은 두 번째 장르의 정체화 논리의 근거가 되기도 한다.

어쨌든 '의식과 무의식에 이중 기입된 기표'는 매듭이다. 사실 정신분석의 임무가 무엇인가 하는 질문은 프로이트 이후 제기되었다. 즉 이 매듭이 엮이는 과정을 푸는 것이 정신분석 기술이냐, 이 매듭을 푸는 것이 정신분석 기술이냐는 질문이 거듭 제기되었다. 가령 프로이트의 제자 한 명이 동성애 환자를 치료했는데, 그 환자는 자신이 누구인지 알았지만 자신의 신분을 바꾸지는 않았다. 그래서 치료를 담당한 의사가 프로이트에게 자신이 치료를 성공한 것인지 실패한 것인지 질문했다. 이때 프로이트는 말했다. 정신분석의 임무는 환자를 변화시키는 데 있는 것이 아니라고 말했다. 이처럼 매듭이 묶이는 과정을 풀어내는 것이 정신분석이라면, 정신분석은 묶인 매듭을 푸는 데는 관심이 없는가? 물론 그렇지는 않다. 정신분석은 치료의 영역이다. 그렇기에 묶인 매듭을 푸는 데 어떤 치료 분야보다도 더 열정적이다. 그래서 정신분석은 매듭이 묶이는 것과 매듭을 푸는 것 모두에 관심을 둔다. 여기서 매듭을 잘라 버리면 매듭의 성격은 미궁에 빠진다. 그래서 매듭을 끊지 않고 푸는 기술을 발전시키는 것이 바로 정신분석이 추구하는 목표이다. 물론 이 매듭이 애초부터 생기지 않도록 교육에 강조점을 두는 안나 프로이트식 목표도 있다. 즉 치료에 앞서 예방에 강조점을 두는 것이다.

이 기술을 진전시키기 위해 언어학적인 도구도 사용된다. 정체화는 정신분석 기술의 일환인데, 주체의 역사를 구조적으로 접근하는 거시적인 기술로 이해할 수 있다. 정체화를 통해 알 수 있는 것은 유아기 때의 일이 계속해서 반복된다는 것이다. 여기서 반복은 동어반복이 아니라 차이와 다름의 반복이고, 그 성격은 인위적인 것이 아니라 자동적인 것이다. 인생 초기에 경험된 것은 '유일무이한 특징Trait unaire, Einziger Zug'이 되어 주체에 남게 된다. 이는 기표의 본질적인 특징이기도 하기에 기표의 주체는 '유일무이한 특징'을 가진다. 그렇기에 기표의 주체, 무의식의 주체는 '유일무이한 특징'을 갖고 출현한다. 라캉은 이 주제를 설명하면서 유클리드의 저서 『요소들*Eléments*』 제7장에 나오는 'Monas', 'Epos' 등을 소개하고, 버트런드 러셀의 전체 이론과 알랭 가디너의 소리의 차이 이론을 검토한다. 그렇지만 라캉은 언어학자들이 자신처럼 소리의 차이 등을 말한다고 해도 '그것이 말한다ça parle' 또는 '그 속에 있는 주체le sujet là-dedans' 등을 정의하지는 못한다고 말한다. 그래서 언어학 저편의 영역을 향하여 '고유명사는 무엇일까?'

라는 문제를 설정한다. 정신분석에서 주체는 고유명사 또는 '유일무이한 특징'인 어떠한 '배터리 전체'를 가정한다. 존재 각각은 하나에 하나가 존재함을 말한다. 이 존재들 각각이 하나가 되도록 하는 것은 통일성이라는 매개에 의해서다. 하나는 또 다른 하나로 주체를 거듭나게 한다. 'a=a' 방정식은 기표의 유일무이한 특성에 의해 'a는 a가 아닌 것이 아니다'라고 풀이될 수 있다.

라캉은 정체화 과정을 기표의 특성을 통해 설명해 가면서 '기표의 실존과 그 결과들을 제외한 어떤 것도 주체에 대한 철학적 전통 관념을 지지할 수 없다'고 말한다. 그러니까 기표의 특성에 근거한 정체화 과정이야말로 주체화의 과정을 잘 보여 준다고 말하고 있다. 반면 코기토는 주체를 상징적 국면으로 인도하는 것이 아니라, 상상적 국면으로 이끈다고 말한다. 즉 코기토가 '나는 '누구'인가?'에 질문의 초점이 있다면, 라캉은 '나의 진정한 진리는 '어디'에 있는가?'라고 질문한다. 이렇게 정신분석이 '나는 '어디'에 존재하고 있는가?'의 문제를 제기하는 이유도 진정한 진리가 정신분석적 무의식의 경험에서 유래하기 때문이다. 앞서 『세미나 8』에서 '소크라테스식 주체의 아토피아', '소크라테스식 욕망의 아토피아'라고 언급했는데, 소크라테스에 의해 처음으로 발설된 '아토피아atopia'는 탈핵화된 주체, 탈중심의 주체 자리이다. 라캉은 이 지점에서 욕망의 핵심을 보았고, 욕망의 핵을 건드리고 있다. 또한 라캉은 플라톤의 『향연』이 인간이 글을 사용한 이래, 인간이 남긴 기록물에서 처음으로 주체의 탈핵, 욕망의 탈중심을 말한 곳이라고 말한다.

라캉에 따르면, 코기토의 '나는 생각한다'에서 '생각'은 생각하는 사람의 사고가 아니다. 하지만 정신분석 영역에서, 사고는 사색자의 사고이고, 이 사고는 사색자로부터 흘러나온다. 이 사고의 발원지는 무의식이다. 그런데 전통적 주체 철학에 따르면, 사고는 의식에서 시작된다고 본다. 그렇기에 라캉은 '나는 생각한다'라는 명제를 순수한 상상적 국면에 포함하기를 주저하지 않는다. 코기토는 데카르트 철학의 진정한 지지점이지만, 주체가 상상적 국면에 사로잡혀 있다는 것을 보여 줄 뿐이라고 데카르트의 철학을 위치시킨다. 라캉은 데카르트의 코기토에서 기표의 실존과 그 결과인 주체 개념을 찾지 못한다고 말한다. 오히려 코기토는 순수한 상상적 세계에서 주체를 다루는 것일 뿐이라고 말한다. 달리 말하면, 코기토는 은유축과 의미론에 국한되어 있다는 것이다. 이를 벗어나려면 코기토를 통시축과 공시축, 환유축과 기호학에 위치시켜 이중 기입되는 기표로 전환해야 한다. 그래서 라캉은 코기토가 당면한 철학적 선입견의 한계에서 다시 출발한다. 라캉의 세미나 9에서 데카르트의 철학이 중요한 이유는 철학 자체가 가진 사유가 라캉이 궁극적으로 지향하는 것과 같기 때문이 아니다. 오히려 데카르트의 철학은 라캉의 사유가 시작되는 지점에 위치한다. 즉 상상적인 국면에 있는 것이다. 그러니까 주체 철학은 의식과 자아에 근거한다. 반면 정신분석에서 말하는 주체는 무의식과 탈자아에 근거한다. 그래서 우리가 '주체'라고 말할 때 혼동이 생긴다. 라캉의 사유가 탈코기토, 탈주체 철학이라는 구도를 견지하는 게 중요하다. 라캉은 의식과 무의식에 이중 기입된 기표 또는 언어처럼 구조화된 무의식은 한계를 초월하고, 한계의 저편으로 가는 입구라고 말한다. 이런 논의는 불안을 주제로 다룬 『세미나 10』을 지나, 『세미나 11』에 가서 더 구체화된다.

6. 세 번째 장르의 정체화

이제 라캉의 정체화 마지막 장르에 이르렀다. 우리는 상상적 도면 구조에서 정체화의 첫 번째 종류를, 그리고 이중 기입되는 기표의 범위에서 두 번째 종류의 정체화를 설명했다. 라캉은 세 번째 종류의 정체화를 전개하면서 자아가 상징계를 향해 열리면서 동시에 닫힌다고 말한다. 이런 속성을 설명하기 위해 라캉은 오일러Euler의 원, 거꾸로 된 아라비아 숫자 팔(접힌 8), 크로스-캡 등을 도입한다. '6. 세 번째 장르의 정체화'는 필자가 작년에 출판한 『자크 라캉과 성서 해석』의 제3부 제14장에서 가져온 것이다. 스피노자의 『윤리학』과 라캉의 박사논문을 연결하여 설명한 내용 이전까지가 그러하다. 그러나 〈그림 32〉 부분의 설명을 수정했다.

라캉은 1962년 3월 7일 세미나에서 2차원의 원면圓面을 이용하여 3차원의 원입체圓立體를 만드는 과정을 보이면서 자신의 의도를 풀어 간다. 여기서 잠시 머리를 식힐 겸, 종이 위에 그린 원으로 도넛 모양의 원입체를 만들려면 어떻게 해야 할지 잠시 생각해 보면 좋을 것이다.

그림 25 ¦ 2차원의 원면

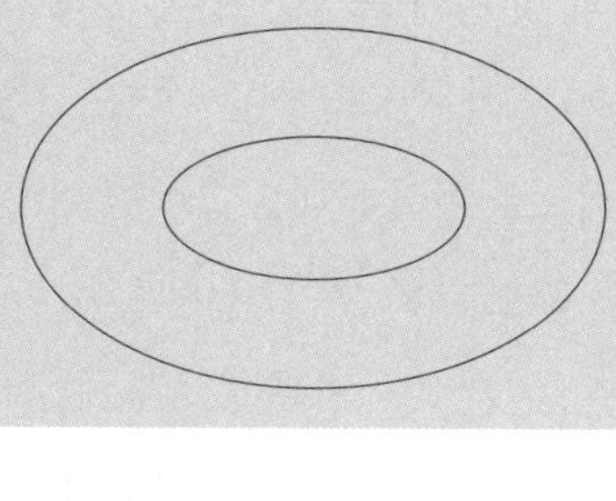

그림 26 ¦ 3차원의 원입체: 속이 꽉 찬 원

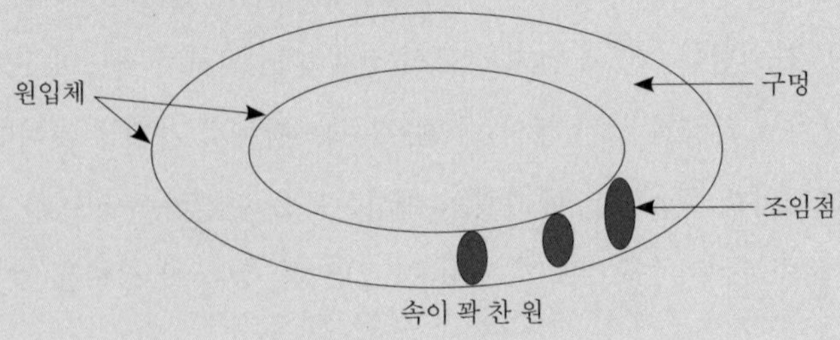

라캉에 따르면, 이 원의 재질이 부드러운 고무일 경우, 공기를 넣어 팽팽하게 하면 '훌라후프'와 같은 원입체를 만들 수 있다고 말한다. 라캉은 이 원입체를 이용하여 두 가지 특성을 설명한다. 첫 번째 특성은 훌라후프에 끈을 묶은 후 조일 때 나타나고, 두 번째 특성은 훌라후프 내부의 공간에서 회전이 발생할 때 생긴다.

이 원입체의 첫 번째 특성을 보자. 훌라후프에 끈을 묶어 조이면 훌라후프가 점차 오그라들어서 더는 조일 수 없는 지점에 이른다. 이런 식으로 여러 군데를 조이면 다수의 조임점을 얻을 수 있다. 라캉은 끈으로 꽉 조인 이 원을 '속이 꽉 찬 원, 충만한 원'이라 하고, 이 조임점을 '원둘레의 두께, 원입체의 두께'라 부른다. 이 원입체의 두께는 '한 점'의 두께이기에 측정할 수 없을 정도로 아주, 매우, 엄청나게 얇다. 이때 '한 점'이란, 구멍이 완전히 막힌 점이다. 그런 면에서 '속이 꽉 찬 원, 충만한 원'이다. 이 원은 상상적인 관계에서, 그리고 요구의 구조에서 이해되며, '의식에 기입되는 기표'의 닫힌 구조를 보여 준다.

라캉이 이렇게 원입체를 만들어 설명하는 것은, 앞서 보았듯이, '의식과 무의식에 이중 기입되는 기표' 중에서 의식에 기입되는 기표를 설명하기 위해서이다. 이중 기입되는 기표의 성격이 비록 의식에 기입되는 것이라고 해도, 뫼비우스 띠의 성격처럼 결국에는 무의식에 기입되는 기표와 반드시 연결된다. 하지만 '요구의 구조'의 테두리에서만 볼 때 '의식에 기입되는 기표'는 '무의식에 기입되는 기표'를 고려하지 않는다. 그래서 '의식에 기입되는 기표'와 '무의식에 기입되는 기표' 사이에는 언제나 부조화가 있고, 이상과 현실의 허상적 일치처럼 불일치의 일치만 있다.

이 원입체의 두 번째 특성을 보면, 훌라후프 내부의 공간에는 어떠한 칸막이도 없고, 장애물도 없기에 계속해서 회전할 수 있다. 라캉은 원입체의 표면에 닿지 않는 공간의 원을 '속이 빈 원'이라고 지칭한다. 어떤 물체가 이 원 안에서 회전하기 시작하면, 원입체 표면에도 닿지 않고, 앞서 본 '속이 꽉 찬 원'의 조임점의 두께에도 닿지 않고 계속해서 회전할 수 있다. 이는 곧 반복의 자

그림 27 ¦ 3차원의 원입체: 속이 텅 빈 원

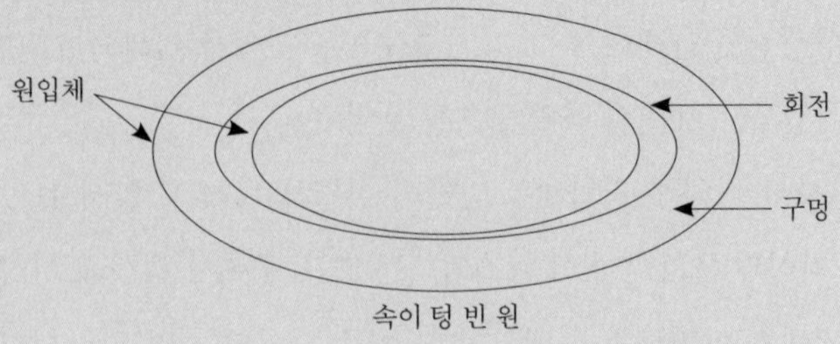

동성을 의미한다. 회전하는 모습을 관찰할 수는 있지만, 그 흔적은 즉시 소멸한다. 라캉은 이 모델을 이용하여 '욕망의 구조'를 설명한다. '속이 텅 빈 원'은 욕망을 부추기는 원천이다. 이는 주체의 무의식에 관계된다. '도식 L'에서 보면 'S-A축'에 해당한다. 왜냐하면 이 모델은 대타자Autre에서 유래하는 무의식의 주체, 기표의 결과로만 존재하는 주체를 보여 주기 때문이다. 여기서 기표는 '유일무이한 특성'을 거듭하여, 자동으로 반복한다. 구멍 난 구조로서 욕망의 구조는 '속이 텅 빈 원'이 보여 주듯 유일무이한 특성을 지닌 기표의 자동성을 보여 준다.

라캉은 앞서 살펴본 『세미나 7』에서 욕망을 포기하지 않는 주체를 '생명이냐 봇짐이냐'라는 예로써 설명한 바 있다. 이렇듯 주체는 자아의 요구와 대타자의 욕망 사이에서 진퇴양난의 상황에 놓여 있다. 이것을 보여 주는 것이 바로 원 입체의 두 가지 특성이다. '요구의 구조'에서 조임점은 두께가 거의 없어 보이지만 '욕망의 구조'에서 볼 때 이 '한 점'은 조이기 전의 구멍의 흔적이나 성격을 갖고 있다. '속이 꽉 찬 원'은 '막혔고/막혀 있는 것처럼' 보이지만, '속이 텅 빈 원'이 개입하면서 '막혔던/막혀 있는 것 같은' 그 원에는 구멍이 생겨 구멍으로 회전할 수 있게 된다. 이 회전은 수학 기호 '-1'로 표시되며, 이는 무의식을 지칭한다.

이렇게 되면 요구의 구조와 욕망의 구조를 동시에 고려해 볼 수 있게 된다. 즉 '속이 꽉 찬 원'과 '속이 텅 빈 원'이 교차하는 지점을 발견하게 된다. 라캉은 그 교차점을 '한 점으로 모이는 네 개의 꼭짓점'이라 부른다. (이 점은 세미나 14의 주제인 '환상의 방정식'을 통해 상세하게 설명될 것이다.) 이 점을 설명하기 위해 라캉은 오일러의 다이어그램diagramme d'Euler을 도입한다. 오일러의 다이어그램이란, 전체집합과 부분집합의 관계를 설명하는 것인데 합집합, 교집합, 여집합으로 표시된다. 라캉의 방식으로 말하자면, 속이 꽉 찬 원과 속이 텅 빈 원 간의 관계를 합, 교 그리고 대칭적 다름으로 설명하는 것이다. 여기서 주의할 점은 보통 우리가 알고 있는 세 번째 가능성인 여집합인데, 라캉은 여집합을 거론하지 않

그림 28
합의 관계

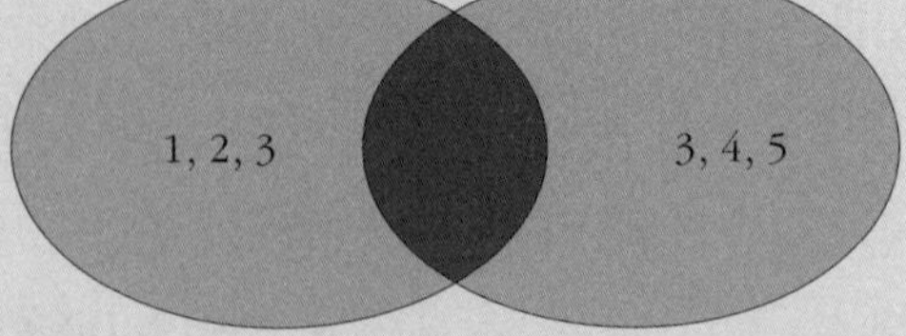

고 대칭적 다름이라는 것을 말한다.

우선, 합의 작동은 구조적으로 덧셈(+)과 유사하며 '또는(∪)', 'ou … ou'('ou'는 영어 'or'에 해당하는, 프랑스어로 '또는'이다)으로 표현된다. 가령 '1, 2, 3'을 갖는 원과 '3, 4, 5'을 갖는 원의 합의 교차 영역은 '1, 2, 3, 3, 4, 5'임을 알 수 있다.

이어서 교의 작동은 곱셈(×)과 유사하며 '그리고(∩)'로 표현된다. 가령 '1, 2, 3'을 갖는 원과 '3, 4, 5'을 갖는 원의 교의 교차 영역은 '3'임을 알 수 있다.

마지막으로 대칭적 다름의 작동은 두 원의 합의 관계에서 교의 관계를 뺀 영역이다. 이 영역을 직사각형에 넣어 여집합 등으로 설명하여 오일러의 다이어그램을 완성한 이가 벤Venn인데, 이를 벤 다이어그램이라고 불린다.

그림 29
교의 관계

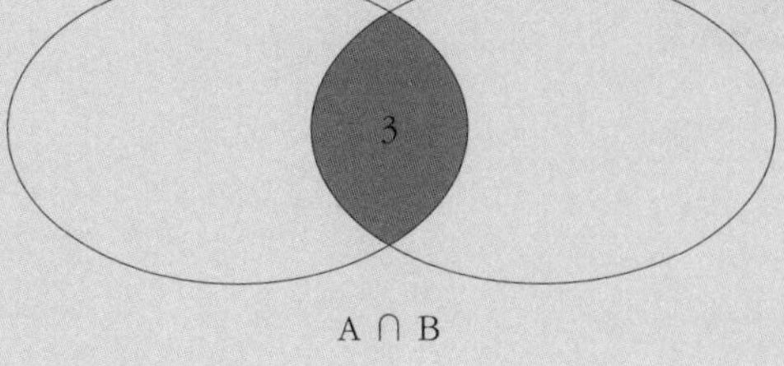

그림 30
대칭적 다름의 관계

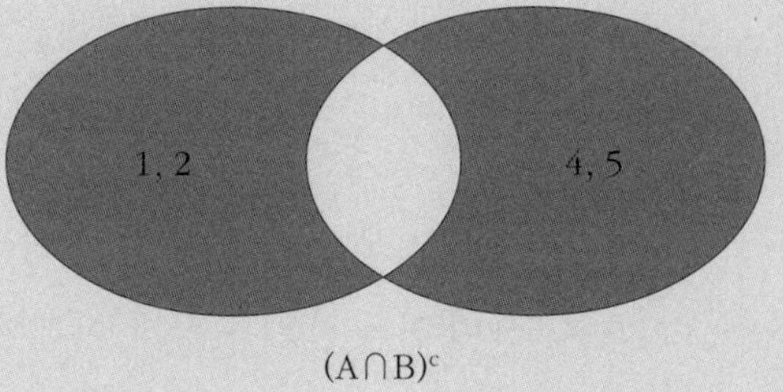

이렇게 세 가지 방식의 교차 영역을 제시한 오일러의 다이어그램을 설명한 후, 라캉은 자신의 재미있는 상상을 청중들에게 말한다. 즉 오일러가 이렇게 세 영역을 말하였던 것과는 달리 라캉은 원 안에 또 하나의 원을 가질 가능성을 〈그림 31〉처럼 제시하고 '나의 거꾸로 된 팔Mon huit inversé'이라고 부른다.

그림 31
거꾸로 된 팔

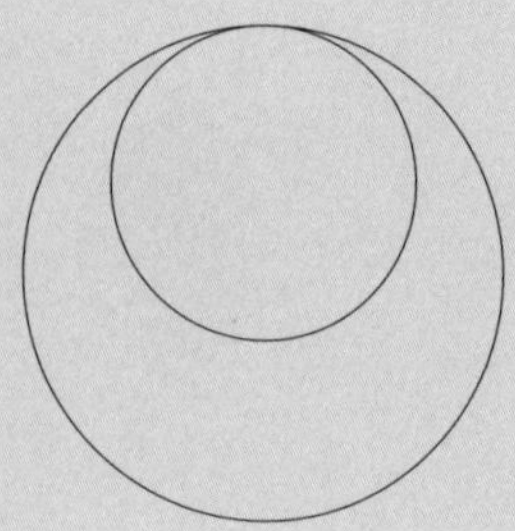

'거꾸로 된 팔(8)'이라는 말 자체가 난해하기에 의미를 파악하기가 쉽지 않다. 어쩌면 변형된 8, 반으로 접은 8로도 부를 수 있을 것이다. '거꾸로 된 팔'을 좀 풀어서 설명하기 위해, '8'자를 생각해 보자. '8'자를 쓸 때 보통 오른쪽 위에서부터 시작하여 시계 반대방향으로 획을 그으며 위의 원은 좀 작게, 아래의 원은 크게 그리지만, 사람에 따라서는 위의 원을 아래 원보다 더 크게 쓰는 등 8자를 쓰는 방식엔 각기 차이가 있을 것이다. 라캉의 설명에서는 위의 동그라미는 작고, 아래의 동그라미는 크다고 가정한다.

위의 동그라미를 아래의 동그라미 안으로 넣어 보자. 그러면 위의 동그라미(8자 위의 작은 원)는 아래의 동그라미(8자 아래의 큰 원) 안에 들어가 위의 〈그림 31〉처럼 된다. 이것은 금방 이해되지 않을 수도 있다. 필자도 처음 'Mon huit inversé'이라는 단어를 접했을 때가 기억난다. 숫자 8도 아니고, 숫자 8의 문자인 'huit(팔)'를 썼기에 더욱 난해했다. 한참 후에 이 말의 뜻을 이해하고는 참으로 기뻤다. 하지만 그것이 의미하는 바가 무엇인지를 알기까지는 좀 더 당황스러운 시간을 보내야만 했다. 어찌 보면 뫼비우스의 띠처럼 보이는 이 그림은 뫼비우스의 띠가 설명하지 못하는 것을 설명한다. 뫼비우스의 띠가 뒤틀린 하나의 원이라면, 라캉의 '거꾸로 된 팔'은 두 개의 원이다. 각 원은 몸과 정신을 지칭한다고 볼 수 있다. 라캉은 뫼비우스의 띠를 이용하여 몸과 정신을 연결했던 적이 있었는데, 이제부터는 자신의 '거꾸로 된 팔(8)'을 이용하여 몸과 정신의 연결을 설명한다. 결론적으로 말하자면 몸과 정신이 분열되어 있다거나 불일치한다는 전제가 깔려 있다. 이것은 '거꾸로 된 팔'이 보여 주는 특성이다. 이는 프로이트가 말한 자아 분열과도 연관된다. (자아 분열에 대해서는 아래에서 따로 설명할 것이다.) 여기서 중요한 것은 위의 동그라미(8자의 위의 작은 원)가 갖는 의미인데, '작은 원은 큰 원에 포함되지 않는다'는 의미를 지닌다. 작은 원이 중요한 의미를 지닌다는 측면에서 안으로 들어간 8 자의 작은 원을 '거꾸로 된 8'로 명명한 것이라 볼 수 있다. 〈그림 32〉에서 진한 색으로 처리한 작은 원(E^1)이 바로 그것이다. 그러니까 라캉이 '내부의 8', '내부의 동그라미'라고 표

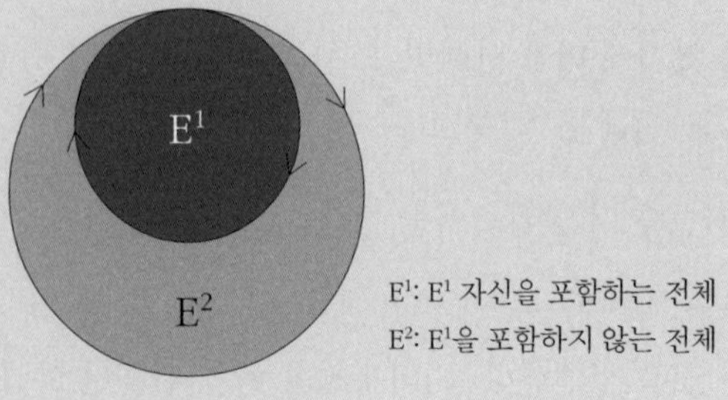

그림 32
내부의 8

현하는 작은 원이 바로 '거꾸로 된 8'인 것이다. 이 원은 '또는 … 또는'의 합의 작동에도 기여하지 않고, '그리고'의 교의 작동에도 기여하지 않고, 외부의 동그라미도 반영하지 않는다. 이것은 방금 살펴본 '대칭적 다름'에 해당한다. 이것이 보여 주고자 하는 것은 바로 자아 분열, 주체 분열이다.

〈그림 32〉에서 보듯이, 내부의 동그라미 자신을 포함하는 전체(E^1)와 내부의 동그라미 자신을 포함하지 않는 전체(E^2)가 있는데, 밖의 동그라미(E^2)는 어떠한 시도를 한다 해도 안의 동그라미(E^1)를 함몰시키거나 합병시킬 수 없다. 밖의 동그라미가 안의 동그라미를 병합시키지는 못한다고 해도 외부의 동그라미 선은 내부의 동그라미 선에 연장된다. 이렇게 라캉의 '거꾸로 된 8'을 따라가 보면, 뫼비우스의 띠를 따라갈 때처럼, 계속해서 회전하게 된

다. 그러나 라캉의 것이 뫼비우스의 것과 다른 점은 내부의 원이 외부의 원에 포함되지 않음을 나타낸다는 것이다. 여기서 내부의 원은 하나의 구멍이 되는데, 이것은 결여, 분열 등을 보여 준다. 뫼비우스의 띠가 영속되는 회전을 말하지만, 결여를 말하지 못하는 것과는 달리, 라캉의 '거꾸로 된 8'은 결여를 나타내어 보여 준다. E^2에서 배제된 E^1은 언제나 구멍 상태로 존재한다. 여기에 라캉 사유의 본질적인 측면이 존재한다. 라캉은 E^2과 E^1의 교차점을 '비지점非地點', '경계Limite'라 하고, 이 경계를 '다름의 자동성'이라고 부른다. 앞서 보았듯이 '다름'이나 '차이'는 기표에 관한 것이다. 즉 의식과 무의식에 이중 기입되는 기표에 관한 것이다. 이렇게 라캉의 '거꾸로 된 8'은 기표의 이중 기입을 설명하는 동시에, 팔루스로 메우고자 해도 메워지지 않는 '오브제 *a*'를 보여 준다. 이 점은 세미나 10에서 더 부연될 것이다.

〈그림 33〉에서 보듯이 '경계'는 E^2과 E^1가 만나는 지점이다. 이 지점의 본성은 E^1이 비어 있다는 것, 즉 E^1이 E^2로부터 소외되어 있다는 것이다. 그래서 라캉은 이 경계를 '자신을 취하고, 자신에게 정체화되지만, 자기 자신은 전체(E^2)로부터 소외되는 것'이라고 말한다. 이 경계는 열리는 순간 닫히고, 잘리는 순간 봉합된다. E^2과 E^1 사이에는 E^1이 가진 구멍으로 인하여 완전한 일치, 합

그림 33
다름의 자동성

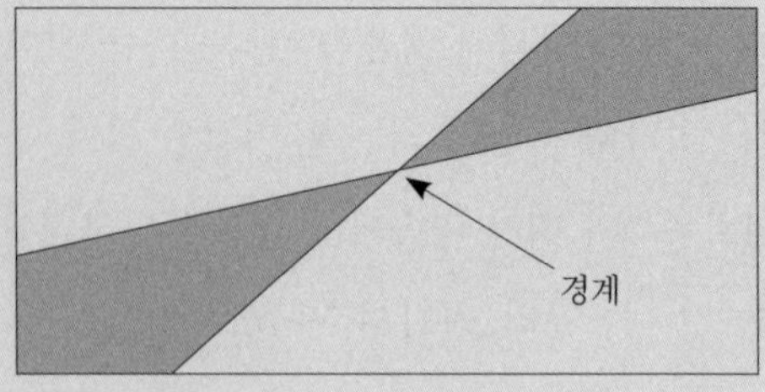

한 만남은 이루어질 수 없다. 그래서 라캉에 관한 입문을 저술한 조엘 도르는 이 경계점을 '선 밖의 점'이라는 역설적 문구로 표현한다. 점點은 0차원이고, 0차원의 점이 모여서 1차원의 선線이 되는데, 1차원의 선 밖에 점이 존재할 가능성은 없다. 1차원의 선 밖에 점이 있다면, 그것은 선 안의 점, 선 위의 점도 아니다. 그래서 '선 밖의 점'은 불가능성을 표현한 것으로 볼 수 있다. 라캉은 이 경계를 크로스-캡Cross-cap 또는 마름모Poinçon를 이용하여 설명한다. 마름모꼴 ◇ 은 ∧, ∨, 〈, 〉 또는 △, ▽, ◁, ▷를 결합하여 얻을 수 있는 모양이다. 여기서 각 기호는 의식과 무의식, 주체와 대타자, 요구와 욕망 등을 지시한다. 앞서 계속해서 보았듯이, 주체(S)는 대타자(A)로부터 오는, 사라지는 시니피앙의 결과이기에, 주체는 '선 밖의 점'에 자신의 흔적을 남기지 않고 지나가지만, 그

그림 34

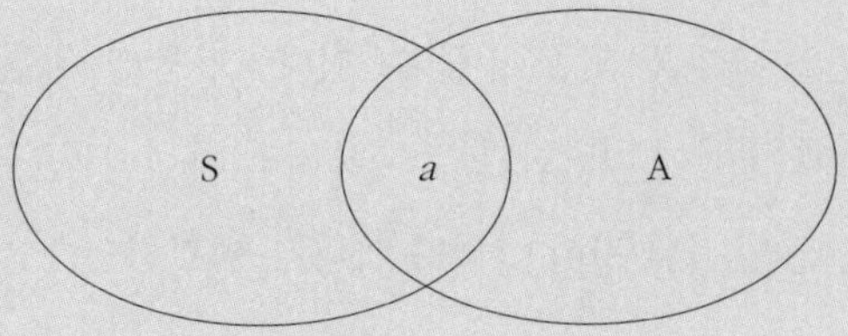

지나간 자취는 없어지지 않는다. 즉 주체와 대타자 사이에는 '오브제 *a*'인 *a*가 남는다. 이 *a*는 바로 '선 밖의 점'에 있다. 라캉은 이를 〈그림 34〉으로 표현했다. 여기서 *a*가 거하는 지점은 앞서 본 진한 색으로 처리한 작은 원(E[1])인 '거꾸로 된 8'의 지점이다.

라캉은 앞서 본 『세미나 4』에서 프로이트가 제시한 세 개의 임상 사례를 통해 주체의 환상적 형태를 전개한 바 있다. 환상에 관련되는 것이 바로 주체와 *a*의 관계이다. 프로이트의 논문 「성도착의 기원에 대한 공헌, 매 맞는 아이」(1919), 「여성 동성애자의 심적 기원에 대하여」(1920), 「히스테리에 대한 분석 단편(도라)」(1905)을 통해 라캉은 *a*의 흔적을 발견한다. '환상'은 『세미나 14』에서 특별히 독립된 주제로 다뤄지게 된다.

위에서 언급한 '자아 분열'에 대해 좀 더 부연해 보자. 뫼비우스의 띠가 뒤틀린 하나의 원이기에 몸과 정신의 분열을 잘 설명하지 못한다면, 라캉의 '거꾸로 된 팔'은 두 개의 원이기에 몸과 정신의 분열 관계를 잘 보여 줄 수 있다. '거꾸로 된 팔'의 두 원은 각각 몸과 정신에 해당한다. 스피노자는 자신의 『윤리학』에서 몸과 정신은 단절된 것이 아니라 하나로 연결되었다고 말한다. 소년 시절부터 스피노자의 책과 친했던 라캉도 몸과 정신이 결합하였다는 것을 설명하기 위해 처음에는 뫼비우스의 띠를 사용했지만, 『세미나 9』에서는 '거꾸로 된 8'을 제시한다. 이때 두 원은 2차원面에서 3차원立體으로, 3차원에서 4차원超立體으로 전진한다. 두 원이 만나는 지점은 기표와 기의가 만나는 점이고, 욕망과 요구가 교차하는 점이다. 하지만 이 둘이 만나는 지점에는 항상 구멍이 존재한다. 이 구멍은 결핍의 원인, 부재의 원인이 된다. 그래서 이 구멍은 분열의 증거가 된다. 프로이트는 임상을 통해 이 구멍을 메우는 방식을 설명했는데, 라캉은 팔루스라는 용어를 사용하여 프로이트의 사유를 더 명확하게 하였다. 즉 팔루스는 이 구멍을 메우는 대상이다. 그러나 이 구멍은 메울 수 없고, 계속해서 구멍이 존재하게 된다. 그래서 라캉은 이것을 '오브제 *a*'로 표현했다. 직물은 씨실과 날실의 수많은 교차로 이루어지는 만큼 수많은 구멍을 갖고 있고, 그 구멍만큼 욕망의 대상을 갖게 된다. 하지만 그 구멍을 다 메울 수는 없다.

이렇게 메울 수 없는 구멍이 있다는 것은 자아가 분열되어 있음을 보여 준다. 자아의 분열은 심리 장치가 심급들로 구분(분열)되는 것뿐 아니라, 심급 자체가 각각 분열된다는 것을 의미한다. 심급이란, 법정 용어인데 1심 재판에서 패하면 2심, 3심까지 갈 수 있는 제도이다. 원래 판결은 단번에 해야 온전할 수 있다. 그렇지만 세 번의 판결을 해야 된다는 것은 판결에 오류가 있다는 것을 전제한다. 그러니까 판결에 균열이 간 것을 의미한다. 프로이트는 이런 법정 판결 과정을 정신이 분열되어 있다는 것을 설명하는 데 사용했다. 그래서 정신분석에서는 각 위상의 요소를 심급이라고 표현한다. 즉 프로이트는 심급을 재판의 3심처럼 세 요소로 구분하였고 이는 세 개로 분열됨을 의미하고, 각 요소 또한 분열되었다고 말한다. 즉 프로이트는 제1차 위상에서 심리 장치를 '무의식-전의식-의식'으로 구분했다. 이것이 심급 장치의 분열이다. 무의식 자체도 분열되어 있고, 전의식 자체도 분열되어 있고, 의식 자체도 분열되어 있다는 것이다. 이는 전인적인 타락을 말하는 신학과도 일맥 통한다. 영, 혼, 육이 모두 망가졌다는 것이다. 프로이트는 나중에 심리 장치의 분열을 다른 식으로 표현하는데, '자아-초자아-이드'라는 제2차 위상이 그것이다. 이렇게 프로이트는 심리 장치의 분열을 설명하는 방식을 바꾸면서 분열된 모습을 정교하게 하려고 노력했다. '자아-초자아-이드' 각각도 그렇게 분열되어 있다. 분열되었다는 것은 완전히 망가졌다는 것을 의미하지 않는다. 분열되어 있지만 어느 정도 작동한다. 그래서 그것이 형성되는 과정과 작동하는 기제를 설명하고자 노력했다. 그 결과 분열된 상황에서도 심리 장치의 보편성이 있음을 보였다. 여기까지가 작년에 출판된 필자의 책에서 가져온 것이다.

라캉도 정신이 분열되었다는 의견을 계승한다. 그는 정신을 상상계-상징계-실재계로 나눈다. 거울 단계 때는 상상계에 머물면서 이 심급을 설명했고, 도식 L에서는 상징계에 머물면서 언어의 축인 환유와 은유를 설명했고, 나중에는 실재계의 심급을 강조하면서 부정의 신학 쪽으로 관점을 돌린다. 그러나 그는 한 걸음 더 나아가 주체 상호 간에도 분열과 불일치가 있다고 말한다. 라캉은 1932년 발표한 박사 논문에서 비정상인과 정상인의 정서의 다름과 불일치 문제를 다루었다. 박사 논문 서두에 라캉은 스피노자의 『윤리학Ethique』 제3부 명제 57의 라틴어 원문을 명기하고 있다.

"Quilibet unius cujusque individui affectus ab affectu alterius tantum discrepat, quantum essentia unius ab essentia alterius differt."

그리고 논문을 끝마치면서 다시 이 명제로 돌아와 이 명제를 번역하고, 이에 대해 자신의 의견을 제시한다. 당시 이 문구의 번역은 샤를 아퓐Charles Appuhn의 것이 통용되었는데, 라캉은 스피노자가 'discrepat'와 'differt'를 구분하고 있다는 점을 강조하면서 다음과 같이 번역한다.

"한 개인의 본질이 다른 사람의 본질과 다르면 다를수록 한 개인의 임의의 정서는 다른 사람의 정서와 더 커다란 불일치를 보인다."

한 사람의 본질과 다른 한 사람의 본질이 '다르다'면, 그 한 사람의 정서와 다른 한 사람의 정서는 그 다름보다도 더 '불일치한다'는 것이다. 즉 사람마다 정서의 높낮이 폭이 너무나 다르다는 것이다. 이미 아리스토텔레스가 『니코마코스 윤리학』에서 다양한 정서의 높낮이를 소개한 바 있다. 아리스토텔레스가 정서의 중간치를 중용이라 말하고, 이를 유지하는 것이 행복이라고 말했다면, 라캉은 정서의 보편적 평균치를 주장하지 않았다. 오히려 라캉은 정상인이나 비정상인 모두 각기 다른 정서의 수치를 갖고 있다고 주장한다. 정서의 수치가 어느 정도가 되어야 정상이며, 어느 정도가 되어야 비정상인지를 가늠할 수 없다는 것이다. 이렇게 보편화되지 않는 정서의 수치는 자아의 분열을 보여 줄 뿐이다. 여기서 라캉은 '자아의 분열'이라는 프로이트의 개념 안으로 접근한다. 즉 인간의 근본 구조에 다가선다. 프로이트가 인간 본질의 분열에서 사회적인 존재로서 인간의 불일치로 나갔다면, 라캉은 그와는 반대 방식으로 나간다. 접근 방식은 달랐지만, 이들이 추구한 것은 동일하다고 볼 수 있다. 라캉은 스피노자를 매개로 프로이트에 접근한 것이다. 스피노자는 라캉에게 프로이트를 들어 올리는 지렛대 점과도 같다. 스피노자가 말하듯이 사람들의 본질이 다른 만큼 사람들의 정서 또한 다르다. 이런 스피노자의 설명은 비정상인과 정상인을 구분하지 않는다. 다름과 불일치는 비정상인만 그런 것이 아니라, 정상인이라 불리는 사람도 그렇다는 것이다. 당시만 해도 비정상인만 '다름, 불일치, 분열'의 존재로 설명되었던 것을 스피노자의 사유를 계승한 라캉이 수정하게 된다. 정상인도 그런 존재라는 것이다. 이 말은 자신이 처한 사회적 환경에 따라 사람의 정서가 다르게 형성된다는 것을 의미한다. 그래서 무의식은 '사람 안'에 있는 것이 아니라 '사람 밖'에 있다는 것이다. 이런 의미에서 '언어처럼 짜인 무의식'이라는 말이 나오는데, 한 사람의 정서를 형성하는 것은 유전이나 기질이 아니라, 그를 둘러싼 성장 구조라는 것이다. 여기서 '사람 밖'이란 인간을 둘러싼 모든 구조를 말한다. '거꾸로 된 팔'은 이런 인간의 분열된 모습뿐 아니라, 인간과 인간 간의 불일치 모습을 보여 주는 라캉의 천재적인 작품이라고 볼 수 있다.

9장
『세미나 10』 읽기

세미나 10(1962~63년)

불안*L'angoisse*

1. 『세미나 10』에 대한 소개

프로이트는 1923년의 단편 「오이디푸스 콤플렉스의 소멸」 마지막 부분에서 오토 랑크Otto Rank가 『출생에 따르는 심한 충격』에서 '소년의 오이디푸스 콤플렉스가 거세 불안 사건으로 소멸된다'고 내린 결론을 어떻게 이해할지 고민하면서, 그의 연구를 비판할지 또는 찬사를 보낼지 아직은 잘 모르겠다는 의견을 제시한 바 있다. 이때만 해도 프로이트는 억압 때문에 불안이 생긴다고 믿었었다. 그러니까 억압이 먼저 있고 불안은 나중이라는 것이다. 그러나 3년이 지난 후 1926년에 출판된 『억압, 증상 그리고 불안』에서는 거세 불안 때문에 억압이 생긴다고 수정한다. 즉 이제는 불안이 먼저고, 억압이 나중이라는 것이다. 프로이트는 "억압을 낳는 것이 불안이지, 내가 예전에 말했듯이 불안을 낳는 것이 억압이 아니다"라고 말한다. 이는 일흔이 넘은 프로이트가 단행한 수정이다. 프로이트는 1920년대에 들어 제2차 위상을 말하는 등 대주조大鑄造를 시행했다.

1926년의 책에서 프로이트는 출생의 상처로 생기는 상황 불안(자동적인 불안)과 어머니의 부재로 인해 생기는 상황 불안(신호로서의 불안)을 구분한다. 출산 전에는 아이가 부재를 느낄 수 있는 대상이 존재하지 않지만, 출산 과정에서 아이가 불안을 느끼게 된 것이다. 아이는 왜 출산 과정에서 불안을 느끼는가? 어머니의 뱃속에서 아이는 어느 정도 안정이 보장된 환경에서 생활한다. 그러나 아이가 어머니의 뱃속에서 나오면서부터 환경은 안정적이지 않게 된다. 20세기 초반의 유럽, 특히 오스트리아 빈의 의료 상황은 그렇게 좋지는 않았다. 독감이 유행하면 많은 이가 목숨을 잃었다. 프로이트의 네 번째 아이이자 두 번째 딸인 조피도 독감으로 죽었고, 그녀의 아들도 몇 년 후에 결핵으로 죽었다. 이런 상황에서 출산이라는 것은 위험이 뒤따르는 일이었다. 물론 임신 자체도 그리 안정적인 상태는 아니었다.

이렇게 생의 초기에 불안을 겪게 된 아이는 성장하는 가운데 반복되는 경험을 통해 계속해서 불안 상황에 직면하게 된다. 그러면서 아이는 일시적인 부재와 영원한 상실을 구분할 수 있게 되며, 이 상황에서 유발되는 불안을 겪게 된다. 아이는 일상에서 얻어야 하는 만족을 누려야 되지만, 그것을 얻지 못하는 상황이 반복되면 이를 메울 만한 다른 대상을 요구하게 된다. 아이에게 이 대상은 주로 어머니인데, 이는 반복된 만족 경험을 통해 얻은 것이다. 그런데 어머니라는 대상이 부재하거나 이 대상을 상실할 경우, 아이가 반응을 보이는데 그것이 바로 불안이다. 그래서 프로이트는 '불안은 위험 상황에 대한 반응인데, 자아가 그 상황을 벗어나기 위해 무엇을 만들거나 그 속으로 도피한다면, 주체는 그 상황에서 피할 수 있다'고 말한다. 이 말을 다시 풀어써 보면, 자아가 만든 그 무엇은 '불안'이고, 자아가 도피하는 곳도 '불안'이며, 바로 이 불안 안으로 주체가 도피한다는 것이다.

가령 거세의 상황에서는 거세 불안으로 도피한다. 거세 불안은 점차 사회 불안과 도덕 불안으로 변형되고 초자아를 만든다. 자아 속에 내투된 아버지 또는 부모의 권위는 초자아의 핵심을 형성하게 된다. 그래서 프로이트는 '초자아는 아이에게 매우 소중한 실질적인 관계의 잔류'라고 말한다. 그러니까 불안이 초자아를 만들고 초자아는 불안을 억압한다. 소년에게 어머니와 근친상간 금기는 무의식적인 것이 된다. 또한 금기는 —욕망의 완전한 만족에 대한 금기를 상징하는— 초자아와 다른 것이 아니다. 결국 초자아는 '오이디푸스 콤플렉스의 잔류이고, 오이디푸스 콤플렉스의 청산 이후에만 설립된다.' 이 모든 것의 배후에는 거세불안이 자리하고, 초자아가 등장한 이후에는 억압이 진행된다.

라캉은 세미나 10(불안) 첫 번째 강의에서 1926년의 프로이트 저서에 근거하여 〈그림 35〉과 같은 도식을 제시한다.

이 도식에는 수평축(Difficulté, Symptôme, Sujet)과 수직축(Mvt, mouvement)이 있는데, 수평축에는 금기-장애-당황, 동요-증상-×, 근심-×-불안 등 세 개의 층이 나타나고, 수직축에는 금기-동요-근심, 장애-증상-×, 궁지-×-불안 등 세 개의 층이 나타난다.

그림 35

Mvt ↓ / →	Difficulté ↓	Symptôme ↓	Sujet ↓
	Inhibition 금기	Empêchement 장애	Embarras 당황
	Emotion 동요	Symptôme 증상	×
	Emoi 근심	×	Angoisse 불안

근심l'émoi은 가장 강도 깊은 망연자실se troubler함, 혼미한 끝에 힘을 상실함chute de puissance을 뜻한다. 당황Embarras은 막대를 덧입은 $\mathcal{S}$, 무의식의 주체, 다다를 수 있는 고난의 극치를 말한다. 불안은 동요l'émotion가 아니라 정동l'affect이라고 말한다. 즉 정동이란, 억압된 것이 아니고 뒤죽박죽된 것, 되는대로 가는 것, 전치되고 도치되고 은유화된 것이다. 라캉은 ×로 표시한 두 칸에 무슨 단어를 넣어야 할지 청중들에게 수수께끼를 내고는 이것이야말로 불안을 다루는 데 있어서 가장 큰 관심거리라고 말한다. 세미나 10을 진행하면서 정동과 기표의 관계를 설명하고, 정동 이론Théorie des affects을 만들 것이라고 말한다.

2. 불안, 타자의 욕망

이 주제는 새로운 것이 아니다. 라캉은 이미 플라톤의 『향연』을 분석한 『세미나 8』에서 '사랑의 은유'를 말한바 있다. 알키비아데스가 소크라테스에게서 자신의 아갈마를 보기 원했지만, 소크라테스는 자신이 그것을 갖고 있지 않다고 말한다. 라캉은 이러한 알키비아데스의 모습을 두고 '욕망하는 대타자의 욕망désir d'un désirant qui est l'Autre에 사로잡혔다'라고 말한다. 불안을 주제로 강연하는 라캉은 1962년 11월 21일 강의에서 "타자의 욕망"을 불안의 원인이라고 정의한다. 이 불안은 키르케고르 또는 토마스 아퀴나스의 것과는 같지 않다. 헤겔이 말하는 '타자의 욕망'은 주체의 소환에 응답하는 의식적 타자의 욕망이다. 반대로, 라캉이 말하는 타자의 욕망은 욕망의 매개인 '이미지를 통해 발생하는 욕망'을 뜻한다. 무의식의 주체는 대타자의 욕망과 관계를 맺는다. 이 말의 뜻은 사람이 갖는 욕망이 바로 대타자가 갖는 욕망이라는 것이다. 욕망의 주체는 대타자이지, '나'가 아니라는 것이다.

다음의 〈그림 36〉은 1962년 11월 21일 세미나 10의 초반부에 라캉이 제시한 것인데, 여기에는 몇 개의 수학소mathème와 중앙 구분선만 명기되어 있다. 라캉의 설명에 따라 이 도식의 구조를 완성해 나가 보자. 이 도식은 '중앙구분선'에 의해 둘로 '구분'되

그림 36 불안 변증법

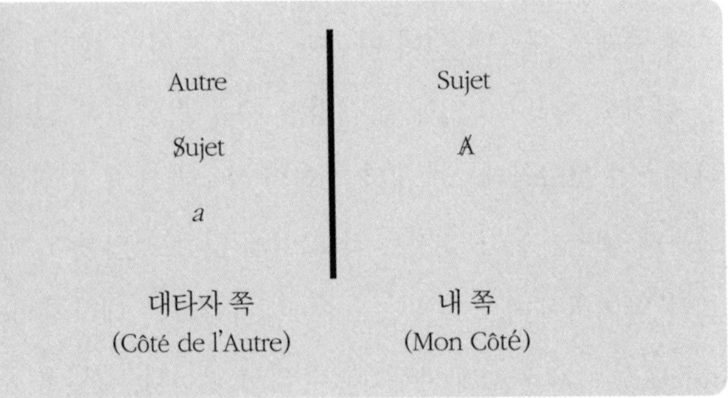

는데, 필자는 이를 '수직양쪽구조'라고 부르고자 한다. '수직양쪽구조'의 왼쪽은 대타자 쪽, 오른쪽은 내 쪽이다. 또한 이 그림에서 나오진 않고 있지만, 수평선을 그릴 수 있을 것이다. 이 그림에 2개의 수평선을 추가하면 3층 구조로 '분리'되는데, 필자는 이를 '수평삼층구조'라 부르고자 한다. '수평삼층구조'의 위층은 상상계, 중간층은 상징계, 아래층은 실재계이다. 또한 위층은 향유의 장, 중간층은 불안의 장, 아래층은 욕망의 장이다. 또한 위층은 근친상간과 절대쾌, 중간층은 법, 아래층은 욕망이 핵심 주제어이다. 그럼 불안 변증법의 도식을 보자. 이 도식에 대해 언급하고 넘어갈 것이 있다. 1962년 11월 21일 세미나 10의 강의에서 제시된 이 도식은 '중간층'의 순서가 '$\cancel{S}$ujet | $\cancel{A}$'처럼 되어 있다. 이는 위층의 순서가 'Autre | Sujet'로 되어 있는 것과 비교해 볼 때 순서가 바뀌어 있다. 즉 위층은 'Autre | Sujet'이고, 중간층은 '$\cancel{S}$ujet | $\cancel{A}$'이다. 그런데 1967년 3월 1일 세미나 14의 강의에서는 그 순서가 바뀌어 있다. 즉 위층은 'Autre | Sujet'이고, 중간층은 '$\cancel{A}$ | $\cancel{S}$ujet'이다.

우선 수직양쪽구조를 보자. 라캉은 '대타자 쪽'에는 'Autre', '$\cancel{S}$ujet'와 *a*, 그 맞은 편의 '내 쪽'에는 'Sujet', '$\cancel{A}$'를 명기한다. '대타자 쪽'의 '$\cancel{S}$ujet'와 '*a*'는 '환상 방정식 '$\cancel{S}\diamond a$'로 표현될 수 있다. '대타

자 쪽'은 '내 쪽'의 욕망을 떠받치는 역할, 즉 '타자의 욕망' 역할을 한다. 그래서 '내 쪽' 맞은편에 위치한다. '내 쪽'의 'A̸'는 내가 도달할 수 없는 'Autre(대타자)'이기에, 빗금 그어진 'A̸'가 된다. 즉 무의식처럼 구성되는 —무의식적인 것에 의해 구성되는— 기표로 구성되기에 사물 자체로는 만날 수 없다는 것을 의미한다. 이는 'S̸ujet'와 'A̸' 간의 불가능성을 보여 준다.

이번에는 수평삼층구조를 보자. 〈그림 36〉을 편의상 아래의 〈그림 37〉과 같이 고쳐 보았다.

그림 37 불안 변증법

위층: 상상계	Autre	Sujet
중간층: 상징계	S̸ujet	A̸
아래층: 실재계	*a*	

라캉은 1962년 12월 5일 강의에서 설명하길 이 도식에서 '위층'은 '대타자'와의 관계에 의해 —이 대타자에 의존하여— '주체'가 몫이 된다고 말한다. 여기서 주체는 아직 빗금 그어진 주체가 아니고, 대타자 또한 그렇다. 이는 상상계에 해당한다. '중간층'의 '빗금 그어진 주체'(S̸ujet)는 대타자 안에서 기표의 '유일무이한 특징'에 의해 흔적이 남게 된다. '기표의 장소'인 '대타자' 앞의 주체

는 빗금 그어진 주체($\not{S}$ujet)로 나타난다. 이 주체에게 대타자는 직접 경험되지 않고 기표를 통해서만 접촉된다. 그 결과 대타자는 빗금 그어진 것($\not{A}$)으로 이해된다. 이는 상징계에 해당한다. '아래층'은 나눗셈의 '나머지'에 해당하는 오브제 *a*다. *a*는 욕망의 대상이지만, 욕망의 원인이기도 하다. 그래서 라캉은 '불안은 욕망의 신호'라고 말한다. 이것은 실재계에 해당한다.

다시 말해, '위층'의 키워드는 '대타자의 향유la jouissance de l'Autre'이다. 빗금 그어지지 않은 '상상계'의 'Autre', 'Sujet'이다. '중간층'은 '대타자의 요구la demande de l'Autre'이다. 빗금 그어진 '상징계'의 '$\not{S}$ujet'와 '$\not{A}$'이다. '아래층'은 '대타자의 욕망le désir de l'Autre'이다. '필요besoin, need'에서 '요구demande'를 빼고 남은 '욕망désir'으로서 '실재계'의 *a*이다(1962년 12월 5일).

불안 변증법을 나눗셈 형식으로 표현해 보자. 가령 '13'(Autre)을 '2'(Signifiant)로 나누면 '6이란 몫'($\not{S}$ujet)과 '1이란 나머지'(*a*)가 생긴다.(1962년 11월 21일, 1962년 12월 5일)

그림 38

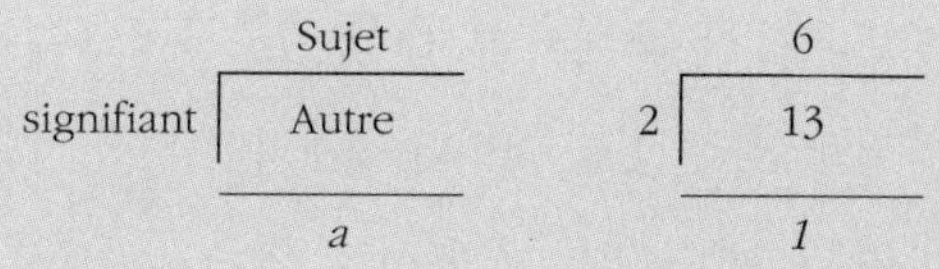

라캉이 간단하게 제시한 불안 변증법 도식은 중앙구분선과 3층 분리선에 의해 구분되고 분리된다. 우선 '중앙구분선'은 가운데 수직 굵은 선, '구분의 막대barre de division'이다. '대타자 쪽Côté de l'Autre'과 '내 쪽mon Côté'을 가르는 막대이다. 타자와 나, 주관과 객관을 가르는 선이다. 이 막대는 마치 큰 고기를 빠져나가지 못하게 하는 촘촘한 그물과도 같은 것이다. 즉 '언어처럼 구조화된 무의식'인 대타자Autre의 침투를 막아 내는, 충실한 바리케이트 기능을 수행하는 것이다. 이 경계선은 불안을 막는 역할을 한다. 대타자 쪽에 있는 욕망의 대상이자 욕망의 원인인 *a*가 내 쪽을 겨냥하지만, 이 경계선으로 인하여 침투하지 못한다. 그럼에도 *a*가 내 쪽으로 욕망의 신호(욕망의 대상+욕망의 원인)를 보내기 때문에 불안감이 생기게 된다.

그리고 '3층 분리선'은 가운데 있는 2개의 수평선, '분리의 막대barre de séparation'이다. '상상계Imaginaire'와 '상징계Symbolique'와 '실재계Réel'를 분리하는 선이다. 즉 상상계에서 상징계로, 상징계에서 실재계로의 논리적 이행을 분리하는 선이다. 이 선은 앞서 〈그림 9〉 '대상관계의 세 짝'에서 본 '대상—무' 사이의 수평선에 해당한다고 가정해 볼 수 있을 것이다. 2개의 수평선 가운데 '윗부분의 수평선'은 자아충동(욕동)에서 성적 충동(욕동)으로의 이행, 자아

리비도에서 대상 리비도로의 이행, 절대쾌에서 거세로의 이행, 쾌-불쾌원리에서 현실원리로의 이행, 은유에서 환유로의 이행 등을 보여 준다. '아랫부분의 수평선'은 상징에서 환상으로의 이행, 대상에서 오브제 *a*로의 이행, 요구에서 욕망으로의 이행, 법에서 자유의 이행, 거세에서 욕망으로의 이행 등을 보여 준다.

라캉은 1963년 1월 16일과 23일 강연에서 프로이트가 제시한 19세의 동성애자 딸과 도라의 사례를 이용하여 동성애의 메커니즘을 설명하는 가운데 행동화Acting out와 행위로의 이행le passage à l'acte을 설명한다. 이때 그는 11월 21일 강의에서 그렸던 〈그림 36〉을 다시 다룬다.

19세의 동성애자 딸은 아버지의 아기를 갖기 원한다. 이때 아기란 팔루스로서의 아기, 부재한 오브제 *a*로서의 아기를 의미한다. 그래서 딸은 자신이 갖지 못한 팔루스 안에 자신의 위치를 확보하고, 그것을 확보하게 된 것을 보이기 위해 '그 여인'(그것을 갖지 못한 여인, 딸의 동성애 파트너)에게 준다. 딸은 그 여인에 대하여 팔루스를 가진 한 남자로서 역할을 하며, 그녀를 위해 자신을 희생할 수 있는 기사처럼 행동한다. 그래서 딸은 그 여인과 길거리에서 동행할 때도 팔짱을 끼고 다정한 연인처럼 행동한다. 그 여인이 일하는 곳이 딸의 아버지 일터와 가까이 있는데도 그런 행동을 서슴지 않고 한다. 어느 날 딸과 그 여인은 아버지와 마주치게 된다. 라캉은 바로 이 단계가 '행동화'라고 말한다. '행동화' 단계는 딸의 말에 귀 기울이지 않는 아버지에게 전해 줄 메시지를 행동으로 보이는 것이다. 즉 딸 자신이 아버지의 아기인 팔루스를 갖고자 원한다. 하지만 아버지가 듣지 않기 때문에 딸 자신이 팔루스를 가진 자가 되어 아버지에게 보일 목적으로 그 여인에게 접근하는 것을 '행동화'에 옮기는 것이다.

그런데 '딸-그 연인'과 길에서 마주친 아버지는 딸을 노려본다. 그러자 딸은 철길 아래로 몸을 던져 자살을 시도한다. 라캉은 이것을 '행위로의 이행'이라고 말한다. 이것은 아버지에게 보이기 위해 그 여인과 산책하는 '행동화'의 수위를 넘어, 딸의 무의식적 욕망을 표현한 행위이다. 이 행위는 가장된 것이거나 돌발적인 것이 아니라, 아버지의 욕망 앞에 직면한 딸이 통제할 수 없는 '불안'에 사로잡혔기 때문이다.

'행동화'와 '행위로의 이행'은 불안에 저항하는 최후의 수단이다. '행동화' 단계에서 무엇인가를 하는 주체는 어떤 장면, 어떤 무대 속에 머물러 있지만, '행위로의 이행' 단계에서 주체는 이 장면과 무대에서 벗어나 탈출을 감행한다. '행동화'가 대타자에게 보내는 상징적인 신호라면, '행위로의 이행'은 대타자로부터 도망하여 실재로 가는 것을 말한다. 즉 '행위로의 이행'은 상징적인 것으로부터 탈출하여 실재로 귀의하는 것이다. '행위로의 이행'은 실재와의 만남에서 생긴 충격, 쇼크이다(Choc de réel). '행위로의 이행'은 아버지의 욕망이라는 실재와 대면하면서 생긴 불안 때문에 발생한 것이다.

'불안 변증법' 도식은 간단하게 보이지만 매우 복잡하다. 거미줄이 어떤 순서로 짜여 얽혀 있는지 알아내 하나하나 풀어야 하는 것과도 같이 매우 난해하게 얽혀 있다. '불안 변증법' 도식은 수평과 수직을 함께 고려해 가며 풀어야 한다. 지금까지는 '불안 변증법' 도식을 분해하여 설명했는데, 이제는 통합적인 측면에서 이 도식을 완성해 보자. 여기서 우리는 이중적 경계 짓기를 찾을

그림 39 불안 변증법

위층: 상상계	Autre	Sujet	: 근친상간/절대쾌향유의 장
중간층: 상징계	S̸ujet	A̸	: 법 불안의 장
아래층: 실재계	*a*		: 욕망 욕망의 장
	대타자 쪽 (Côté de l'Autre)	내 쪽 (Mon Côté)	

그림 40 ¦ 불안 변증법의 수직양쪽구조

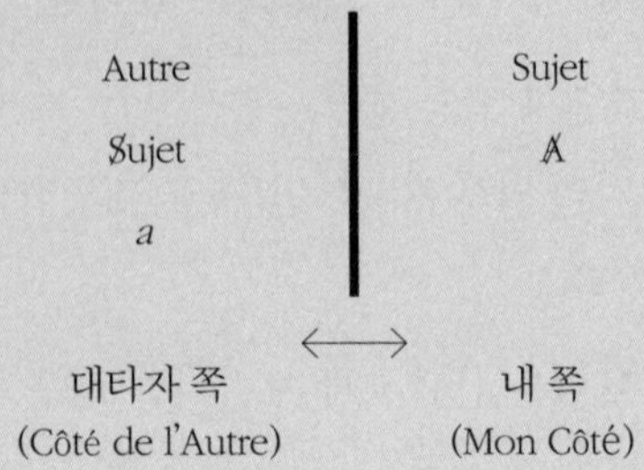

수 있는데, 그 하나는 '수직양쪽구조'에 따른 경계 짓기(중앙선)이고, 또 하나는 '수평삼층구조'에 따른 경계 짓기(수평선)이다. 이를 정리하여 도식으로 표시하면 〈그림 40〉과 같다.

3. 불안 변증법의 수직양쪽구조와 수학소

이제 불안 변증법을 상세하게 살펴보자. 우선 '대타자 쪽Côté de l'Autre'의 수학소를 보면, 빗금 그어지지 않은 '대타자Autre'와 '환상 방정식' 공식인 '$◇a'가 있다. 여기서 유의할 점은 환상 방정식이 '내 쪽Mon Côté'에 관한 것이 아니라 '대타자 쪽'에 관한 것이라는 점이다. 그리고 '내 쪽'의 수학소를 보면, 빗금 그어지지 않은 '주체Sujet'와 빗금 그어진 '대타자(Ⱥ)'가 있다. 빗금 그어지지 않은, 온전하다고 여겨지는 '나' 조차도 도달할 수 없는, 그래서 존재 여부를 알 수 없는 것이 '대타자(Ⱥ)'이다. 여기서 유의할 점은 단순히 나 홀로만의 '내 쪽'이 아니라, 이미 '대타자 쪽'에 맞서고 있는 상태의 '내 쪽'이라는 것이다.

우선 수직양쪽구조의 수학소를 살펴보자. 아래 도식은 수직적인 가름선만을 남겨 둔 '불안 변증법' 또는 '대타자 쪽과 내 쪽의 변증법'이다. 수평 가름선을 제거한다는 것은 'Autre-$ujet-*a*' 간의 대면 및 'Sujet-Ⱥ' 간의 대면을 의미한다.

대타자 쪽의 수학소 '$', '◇', *a*는 1896년 당시 프로이트의 근본적인 생각, 즉 '유혹이론'을 포기하게 한 '반복automaton'을 설명하는 것이다. '반복'을 가동하는 것은 '실재계'인데, 프로이트는 이 지점에서 '오이디푸스 콤플렉스'와 '무의식'을 착안하게 된다. '$'는 프로이트의 원리에서 일관되게 나타나는 주체의 분리를 나타낸다. '주체는 무의식적 기능에 의해 구성된다'는 의미에서 횡적 빗금 그어진 '$'가 된다. *a*는 논리적 관계 안에서 그 지위가 결정되는 환상의 논리의 한 대상이다. 라캉의 '도식 L'에서 오른쪽 위에 있는 a는 상상계의 i'(a)를 의미하지만, 환상의 축($-*a*)에 있는 *a*는 다른 지위를 가진다. 여기서는 '*a*'는 오브제 *a*의 기능을 한다. '◇'

역할 안에서 '$'와 a는 '$'로부터 고립될 수 있는 a를 '$'에 결합한다. '◇'는 '$'와 a 간의 관계를 '보다 작게' 또는 '보다 크게', '포함' 또는 '삭제', '포괄 관계' 또는 '반리 관계' 등으로 나타내는 기호이다. '◇'의 가운데 부분은 소파점point de capiton, 뫼비우스의 띠band de moëbius, 거꾸로 된 8 등으로 표기될 수 있는데, 이 모든 기호는 경계와 탈경계에 관계된다. '환상의 논리'에서 마름모 ◇는 〈, 〉, ∨, ∧의 결합체인 '◇'를 나타낸다. 기표는 태초에 없던 주체 자체를 낳는다. 〈그림 21〉에서 보았던 것처럼 라캉은 1962년 11월 21일 강의에서 태초에 '1'(Das Ein)은 없고 대상으로부터 소외된 형태로서 주체($)가 나타난다고 말한다. 여기서 라캉은 선악과라는 대상과의 관계에서 소외된 첫 부부의 상황을 묘사하는 듯하다. 첫 부부에게 선악과나무는 일종의 팔루스였다. 선악과나무는 첫 부부가 지닌 결핍을 채워 줄 대상으로서 팔루스였다. 선악과나무는 죽음이라는 문제의 실마리를 갖고 있었다. 첫 부부는 선악과나무의 열매를 먹으면 죽게 된다는 일종의 신탁을 받은 것이다. 그래서 선악과나무로 대치된 죽음이라는 상황 앞에서 불안했을 것이다. 그런데 뱀이 말하길 그 열매를 먹어도 결코 죽지 않고 오히려 하나님처럼 되어 선악을 알게 되며, 하나님이 이런 모든 사실을 알고 있다고 말한다. 즉 죽지도 않고 모든 것을 아는 존재,

'1'(Das Ein)이 된다는 것이다. 그래서 점차 선악과나무는 욕망을 일으키는 대상이자 욕망의 원인이 된다. 첫 부부에게 선악과나무는 죽게도 하고 살게도 하고, 하나님처럼 되게도 하는 다중적인 의미를 가진 기표, 중층결정된surdéterminé 기표가 된다. 이런 상황에서 하와는 의미의 고정점을 찾지 못한다. 은유의 축이 제시하는 여러 겹의 의미 때문에 혼돈 상태에 빠진다. 이런 상태는 첫 부부가 동물들의 이름을 지어 줄 때도 당면했던 것일 수 있다. 하지만 첫 부부는 함께 이 상황을 넘겼을 것이다. 그런데 죽음과 영생의 문제 앞에서 의미의 고정점을 정하기란 쉽지 않았던 듯하다. 하와 혼자서 이 상황을 감내했는지, 아담과 함께 고민했는지는 알 수 없으나 결국 뱀이 했던 말에 의미의 고정점을 찍고는 그 열매를 먹는다. 그러자 눈이 밝아져 벗은 자신의 모습을 보게 되어 치마를 입게 되고, 하나님이 자신을 찾자 숨게 된다. 이렇게 뱀과 첫 부부의 관계에는 선악과나무라는 팔루스가 있었다. 이 팔루스는 죽지 않으려는 인간의 욕망, 죽음 때문에 불안해 하는 인간의 욕망, 결핍 때문에 소외당한 인간의 문제를 보여 준다.

결국 '+'는 상징계와 실재계를 넘나드는 '◇+◇=◇'처럼 표시되고, 이런 과정에서 소외된 주체는 *a*로 그 모습을 드러낸다. 주체화는 상징계와 실재계를 넘나들면서 욕망의 주체로 드러난다.

'$\$ \diamond a$'로 표기되는 '환상의 방정식'은 경계를 벗어나는 모습을 잘 보여 준다고 볼 수 있다. 이 과정은 불안에 의해 작동이 된다. 불안은 상상계에서 상징계로 들어오면서 작동되기 시작하고, 환상 가운데서 소외, 거세 등의 과정에서도 작용한다.

이번에는 내 쪽의 수학소인 'Sujet', 'A̸', 'S(A̸)'에 대해 알아보자. A의 실추(A̸)가 의미하는 것은 무엇인가? A가 있느냐 없느냐를 선택할 수는 없다. 텅 빈 낱말이 없다는 말은, 말에 의해 구성된 '진리의 장소가 없다'는 것을 가정한다. 한 걸음 나아가도록 하기 위한 열쇠로서 'S(A̸)'라는 형식을 첨가하는데, 이것은 환상의 논리에서 아주 중요한 요소가 된다.

분석할 때마다 경험하는 것은 근본적인 무엇이 사랑의 문자라고 불리는 수학소 'S(A̸)' 이면에 작동한다는 것이다. '대타자가 없다' 또는 '대타자를 표현할 기표가 없다'는 것을 보여 주는 이 기호 '(S(A/))'는 '자기를 방어'할 때 나타나는 무엇을 보여 준다. 라캉은 '대타자가 존재하지 않는다'는 것을 철학적 전통과 무신론을 주장하는 사람들을 통해 밝힌다. 라캉에 따르면 'S(A̸)'는 종교적인 것으로든 무신론적인 것으로든 ―현대 정신이 표명하는 것과는 달리― 아주 중요한 의미가 있다고 한다. 이 A 뒤에 있는 것은 어떤 것도 작동하지 않는 ―A의 비-존재를 확신하는― 그런 것이 아니라고 말한다. 여기에는 다른 것이 문제시되는데, 라캉은 날인된 'Ⱥ'가 무엇을 말하는 것인지 질문하면서 철학자들이 말하는 신에 대해 검토한다. 결론적으로 라캉은 파스칼과 데카르트가 말하는 신으로서의 대타자는 날인되지 않은 대타자의 반향인 신, 즉 그들이 말하는 신이 본질적으로 날인되지 않는 신이라고 말한다. 이 대타자는 신神의 존재 증명에서 볼 때 인간의 손길을 통해 어떤 날인(흠집 내기)도 가하지 않은 완전한 신을 의미하는 것이다. 이것은 십자가에서 조롱받으며 죽은 신과는 전혀 다른 신이다. 우리는 날인된 대타자인 'S(Ⱥ)'가 '부정의 신학'을, 'S(A)'는 '긍정의 신학'을 말한다고 이해한다. 'S(Ⱥ)'는 인간의 기호 체계로 설명되지 않는 것이고, 'S(A)'는 상징적 질서에서 설명되는 것이다. 하지만 'S(Ⱥ)'가 불가지론을 의미하는 것은 아니다. 상상계에서는 날인되지 않은 대타자를 거론하지만, 상징계에서는 날인된 대타자를 거론한다. 이런 면에서 파스칼과 데카르트에 따른 신은 상상계의 국면에 있다는 것이 라캉의 견해이다.

정신분석 경험을 통해 주체Sujet는 모성적 존재와의 충만함으로부터 거세되는 과정($\cancel{S}$ujet)을 거친다. 이 거세 과정이 보여 주는 것은 '주체'가 거세될 뿐 아니라, '대타자도 거세된다'는 것을 보여 준다. 진실의 영역으로서 대타자는 날인(/)되었다. '불안 변증법'

도식에서 'Sujet' 아래에 'A̸'가 있는 것은 바로 그런 의미이다. 거세된 대타자, 부재한 대타자의 자리로 인하여 현대 철학은 그 자리, 이 지점을 무엇인가로 메우고자 작업한다. 하지만 이 자리는 닮은 것으로 채울 수 있는 자리도 아니고, '빨려듦verliebtheit'의 자리라고 생각될 수 있는 지점도 아니다. 이 자리는 코기토Cogito를 다시 읽으면서, 방향이 전환된 독서의 절점에서 발견될 수 있고, 정의 내려질 수 있다고 라캉은 말한다.

라캉은 거세된 대타자, 부재한 대타자의 관점에서 '사랑의 담론'을 아래와 같이 전개한다.

> "Si tu n'es pas, je meurs."
>
> 네가 없다면, 나는 죽어 버릴 거야
>
> ⇓
>
> "Tu n'es rien que ce que je suis." ⇒ "Tu n'es que ce rien que je suis."
>
> 너는 내가 존재하는 '무rien, 無, 空'일 뿐이다.
>
> (1967년 1월 25일 강의)

즉 이 문장은 '너도 무'이고, '나도 무'라는 것을 의미한다. 또한

'무는 너의 소외이고 나의 소외이다'라는 것을 의미한다. 그래서 너와 나의 소외는 '공집합'이 된다.

이번에는 수학소 '*a*', 'Cogito ergo ES'에 대해 알아보자.

라캉은 세미나 11의 1월 29일 자 강의 '3. 확실성의 주체에 관하여'에서 데카르트를 언급하고 있다. 그는 데카르트의 '코기토'를 오일러의 집합 개념과 연결해서 '환상의 논리', '소외', '부정'의 개념을 구성해 간다. 세미나 9, 세미나 11, 그리고 세미나 14에서도 코기토가 거론된다. 『세미나 14』에서 라캉은 코기토를 아래와 같이 해석한다.

> "내가 생각하지 않는 곳에 나는 존재하지 않는다où je ne pense pas **ou** je ne suis pas"
>
> (1966년 12월 14일 강의, 1966년 12월 21일 강의, 1967년 1월 11일 강의)

라캉에 의하면, 여기서 'ou'(or, 또는)는 '교집합', '합집합', '교집합과 합집합' 등으로 읽어서는 안 되고, '소외'의 경우처럼 읽어야 하며, 이를 부를 때는 '오메가Ω'라고 해야 한다고 한다. 즉 'ou'는 '소외'에서처럼 'ne – pas'(not), '여집합'(부정, la négation)의 의미로 읽어야 한다는 것이다. 그래서 'A와 B의 교집합'에 대한 '여집합'

은 'A와 B의 교집합'의 '부정la négation', '여집합'과 동일하다. 이를 다시 풀면, '교집합의 부정'은 'A 부정과 B 부정의 합집합'이 된다.

$$(A \cap B)^c = A^c \cup B^c$$

* 여기서 기호 c 는 '부정. 부인' 또는 '논리적 모순'을 의미한다.

이 집합 기호가 보여 주는 것은 '공집합'이 존재한다는 것이다. '언표의 주체'와 '언술의 주체'로 나눌 때, '언술의 주체'는 공집합의 가능성 위에 근거하고, 공집합은 '언술의 주체'를 표상한다는 것이다. 여기서 '공집합l'ensemble vide'이 무엇을 의미하는지는 1967년 1월 11일 강의에서 다음과 같이 말한다.

"이 대상의 위치는 매우 본질적이어서, 코기토의 핵심이기에, 그 대상의 위치는, 어떤 요소도 포함하지 않는 것으로서, '나는 존재한다'의 '나'가 있는 곳에서, 존재하는 나를 구성하는, 공집합처럼 정의될 수 있는 경계를 구성한다. Que la dimention de cet autre qui est si essentielle, qu'on peut dire, qu'elle est au nerf du Cogito, et que c'est elle qui constitue proprement la limite de ce qui peut se définir et s'assurer au mieux, comme l'ensemble vide que constitue le : je suis, dans cette référence, où je, en tant que je suis, se constituer de ceci : de ne contenir aucun élément."

'나의 부재Ne suis pas'가 의미하는 것은 이 집합의 '구성 요소가 없는 것이 아니다Ne suis pas signifie qu'il n'y a pas d'élément de cet ensemble'(1967년 1월 11일)는 것을 뜻한다. 공집합의 요소는 요소가 없다는 것이 요소이다. '부재'한다고 해서 전혀 없는 것이 아니라, '내가 부재'하는 그곳에 '잉여', '차액', '*a*'가 남게 된다는 것이다. 코기토의 핵심

그림 41

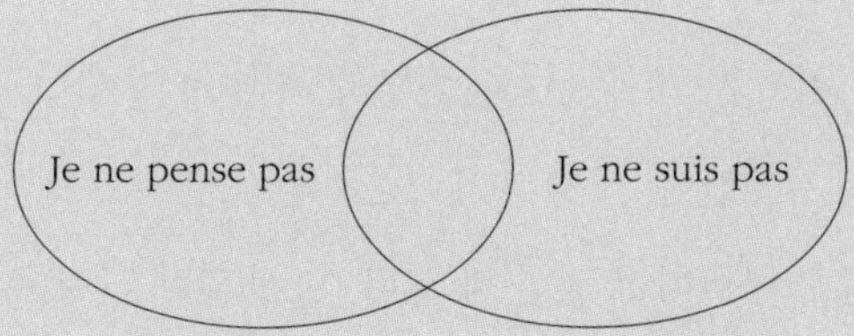

그림 42

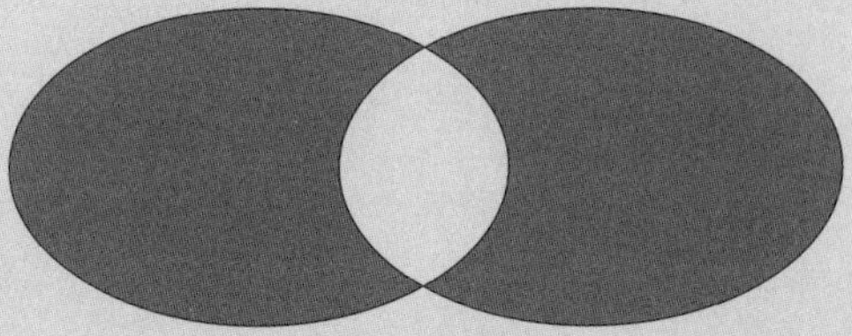

공집합 $(A \cap B)^c = A^c \cup B^c$(1967년 1월 11일 강의)

인 대상은 오브제 *a*를 창출케 한다. 이를 그림으로 표현하면 '공집합의 자리'는 〈그림 41〉, 〈그림 42〉와 같이 표현되고, 그 자리에 오브제 *a*가 등장한다.

'소외Aliénation'는 '소타자autre' 안에서 표상되고 획득된 것이 아니다. 그것은 본질적으로 '대타자'에 대한 '거부'에 근거한다. 이 '대타자'란 존재를 의문할 때 오고, 이 의문을 중심으로 코키토의 한계는 드러나게 되고 탈경계가 생성된다.

'나는 존재한다. 그러므로 신은 존재한다Le sum ergo deus est'는 '나는 생각한다. 그러므로 나는 존재한다cogito ergo sum'의 연장이다. 그러나 라캉은 데카르트가 읽듯이 이 문장을 읽어서는 안 된다고 거듭 강조한다. 라캉은 세미나 9에서 코기토에서 유래하는 모든 것을 거부한다고 말한 바 있다. 다시 말해 라캉은 코기토에서 '나Je'의 현존을 부인하고 '나'의 부재를 말한다. 그래서 '내가 현존한다sum'는 말 다음의 '그러므로ergo'는 '나'의 현존이 아니라 '나의 부재pas Je'를 의미한다고 말한다. 그래서 라캉은 이 자리를 '그것le ça의 자리'라고 부른다. '그것'은 '나의 부재'인 모든 것, 즉 문법적 구조의 '모든 나머지들', '나의 부재 자리' 곧 '공집합의 자리'이다. '그것'의 본질은 '나'가 아닌 것이다. '그것'은 영어의 비인칭대명사 'It'과 독일어의 중성대명사 'ES'로 대체될 수 있는 기표이다.

그림 43

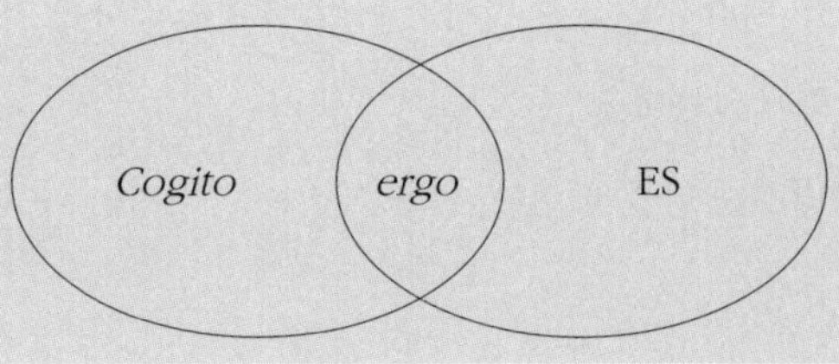

공집합 ES(1967년 1월 11일 강의)

환상의 언표 안에서 '나'는 'ES'로 변형되어 표기된다. 이것은 '내가 사고하지 않는je ne pense pas' 곳에 '내가 존재한다je suis'와 '내가 존재하지 않는je ne suis pas' 곳에서 '내가 사고한다je pense'를 만족할 수 있는 공통요소, 'ES'를 보여 준다. 이 'ES'는 내가 생각할 때 나타나지 않는 것이고, 내가 있는 곳에서 사고하지 않는 것이다. 그래서 'ES'가 나타나는 자리는 '날인된 대타자(Ⱥ)'에서이다. 집합론으로 표현한 공집합을 '코기토'로 표현하면 〈그림 43〉과 같다.

프로이트가 제시한 유명한 사례 '한 아이가 맞고 있다Un enfant est battu'는 'Je'가 제외된 환상의 문법적 구조를 잘 보여 준다. 프로이트가 「매 맞는 아이, 성욕 도착의 원인 연구에 기고한 논문」(1919)에서 말하는 환상의 삼단 구조는 이러하다.

1. '아버지는 나를 때리지 않는다. 아버지는 어떤 아이를 때린다.

나를 때리지 않는 아버지는 나만 사랑하고 다른 아이들은 사랑하지 않는다.'

2. '아버지는 나를 때린다, 나를 때리는 아버지는 나를 사랑하지 않는다.'
3. '나는 매 맞는 아이를 구경하고 있다'이다.

세 번째 환상인 '한 아이가 매 맞고 있다'는 환상이 이루어지기까지 앞의 두 단계를 거치는데, 두 번째 단계는 기억되지 않고 단지 가정될 뿐이라고 한다. 여기서 죄책감이 개입된다고 말한다. 죄책감은 곧 불안으로 이어진다. 여기서 'Je'는 이 환상 구조에서 제외된다. 즉 'Je'는 소외되고 억압된 것이다. 이것은 논리의 모순 contradictoire, '공집합의 논리'인데, 그래서 매 맞는 것은 아픈 것이지만, 매 맞는 환상에는 즐거움이 개입되어 있다고 프로이트는 말한다. 여기서 사도 마조히즘이 설명된다.

4. 불안 변증법의 수평삼층구조와 수학소

아래 도식은 '정신의 3층' 또는 '정신의 3위'를 표기한 것인데, '윗부분의 수평선'과 '아랫부분의 수평선'을 중심으로 상상계, 상

그림 44 | 불안 변증법의 수평삼층구조

위층: 상상계	Autre	Sujet	근친상간-향유, 절대쾌
가운데층: 상징계 ↕	$\cancel{S}$ujet	$\cancel{A}$	불안 메커니즘 작동 시기 -죄책감, 거세
아래층: 실재계	*a*		욕망의 장-실재와 증상
	대타자 쪽 (Côté de l'Autre)	내 쪽 (Mon Côté)	

징계, 실재계로 나누어진다.

우선 위층의 구조를 살펴보자. 위층의 키워드는 상상계와 근친상간-향유, 절대쾌이다.

프로이트가 말하는 오이디푸스 콤플렉스의 2자 관계인 '어머니와 아기'의 관계는 근친상간을 추구한다. 그러나 3자인 '어머니-아기-아버지'의 관계로 변하면서 이 관계는 깨어진다. 그러나 라캉은 '순수한 2자 관계'가 성립하지 않는다는 것을 알게 된다. 왜냐하면 이미 이 상태에도 제3요소가 개입되는데, 라캉은 이를 '-φ' 즉 '상상적 팔루스un phallus imaginaire'라고 말한다. 이 상태를 '어머니+아기+-φ=1'로 표시할 수 있는데, 여기서 '1'을 '절대

쾌'라 부른다. 라캉은 1936년 이후, 거울 도식으로 이 구조를 설명한다.

이어서 중간층의 구조를 살펴보자. 중간층의 키워드는 상징계와 불안 메커니즘 작동 시기-죄책감, 거세이다. 프로이트는 1923년 논문 「오이디푸스 콤플렉스의 소멸」에서 '분리로 인해 불안'이 생기고, 이 불안은 오이디푸스 콤플렉스의 내재화 때 잠재기에 들어간다고 말한 바 있다. 그러나 오토 랑크의 『출산에 따르는 심한 충격』이란 글을 전하고는 '분리로 인한 불안' 명제를 재고하겠다고 밝힌다. 그 후 1926년 『억압, 증상 그리고 불안』에서 '불안에 따른 분리'라는 뒤집어진 명제를 들고 나타난다. 우리는 애초에 '불안'이 있었다면 왜 불안이 '위층'에 명기되지 않고 '중간층'에 명기되는 것인가 질문할 수 있다. 서두에서 밝혔듯이 정신분석에 따른 시간은 역사적이거나 은유적인 것이 아니라, 동시대적이고 환유적이며 '논리적인 것'이다. '상상계'에 속하는 'Autre-Sujet'는 '충만'의 상황이기에 '불안'이 개입될 여지가 없다. 그러나 '분리'되면서 '불안'이 생기게 되고, 이에 '거세'가 진행되면서 '거세 불안'이 나타나게 된다. 이것이 '분리-불안-거세=거세 불안'의 정신분석적 순서가 된다. 1967년 1월 11일 강의에 따르면 여기서 '나'는 소외된다. 제2단계에서는 주체의 소외, 내가 빠진 사고 형태가 발생한다. '상상계'에서의 '충만'에서 '상징계'의 '절단'으로 이어지는 가운데 '나'는 빠지게 되고, 내가 빠진 사고思考는 '환상의 3단계'로 남겨진다고 볼 수 있다. 프로이트는 1919년 논문 「매 맞는 아이, 성욕도착의 원인연구에 기고한 논문」에서 이런 내용을 기술했는데, 이를 간단하게 정리하면 다음과 같다.

제1단계: 아버지는 나를 때리지 않는다.[paradis]
제2단계: 아버지는 나를 때린다.[ex-paradise]
제3단계: 아버지는 한 아이를 때린다.
[paradise nouvel or paradise fantasmé]

여기서 눈여겨볼 것은 '제2단계'인데, '제1단계'로부터의 '분리'가 이루어지면서 '불안'이 생성되고, 이어서 '거세'가 이루어지면서 '죄책감'이 생성된다. 그 결과 유쾌하지 않은 이 시기의 기억은 잠재된다. 즉 잠재는 잔여물을 남기게 되는데 *a*로 배설된다. 그 배설물이 거세 불안에 따라 나타난다. 거세 불안에 따라 나타나는 것은 증상이 된다(1967년 6월 21일 강의).

마지막으로 아래층의 구조를 살펴보자. 아래층의 키워드는 욕망의 장-실재계와 증상이다. 잠재되면서 배설된 *a*는 욕망을 불러일으킨다. 절단으로 형성된 주체(S̸ujet)는 절단면에서 내보내는 차액인 오브제 *a*를 배설한다. 즉 오브제 *a*의 본질은 절단된 주체가 배설한 차액이다. 이 오브제 *a*는 대타자와 근본적인 관계를 갖지만, 빗금 그어진 대타자와 마주하게 된다. 즉 'Autre-Sujet'의 관계를 맺지 못하기에 'S̸ujet-A̸utre'의 관계를 맺게 된다. 여기서 발생하는 만남은 빗나간 만남이다. 실상 'Autre-Sujet' 간에 실제적인 만남이 이루어진 것도 없지만, 'S̸ujet-A̸utre'의 만남 또한 실제적인 만남이 아니다. 단지 욕망에 따른 만남이다. 이는 프로이트가 말한 '정신병리학'에 따른 행동, 꿈에서 말하는 행동과 같다고 볼 수 있다.

근본적으로 다시 질문해 보자. 차액(나머지)이 생기는 이유는 무엇인가? 그것은 빗금이 안 그어진 주체(Sujet)가 충동(욕동)에 떠밀리기 때문이다. 근본적인 충동은 죽음의 충동, 근친상간적 애정충동이다. 이것은 환상 방정식의 제1단계이다. 그러나 원억압이 생기면서 제2단계의 환상 방정식이 작동된다. 이는 언어의 구조적 특성 때문에 발생한다. 기호($S = \frac{S}{s}$)로 구성되는 언어는 '주체'가 '대타자'를 그대로 마주하지 못하게 한다. 즉 진실에 대한 진실을 말하기가 불완전하고 불가능함을 뜻한다. 그래서 'S̸ujet'와 'A̸utre'가 대면하게 한다(1967년 1월 18일 강의). 이는 상징계에 따른 만남이다.

위층부터 중간층을 거쳐 아래층에 이르는 과정을 다시 정리해 보자. 심적 장치의 제1차 과정은 비분리를 균열시키는 법이 작용하는 과정이고, 상상적 기능으로 절대쾌를 추구하게 하는 쾌-불쾌의 법칙이 작용하는 과정이다. 사물의 표상이기에 결코 의식화되지 못한다. 단지 응축condensation, 전치déplacement라는 장치를 통해 언어의 표상으로 가능하게 된다. 이 장치는 자아충동에서 성적 충동으로 이행하는 과정에서 하나의 단절·잘림을 만드는데 여기서 '나머지·차액·오브제 *a*'가 나타난다.

심적 장치의 제2차 과정은 '원억압' 때문에 나타나는 억압된 기표들의 형성물로 구성된다. 절대쾌의 균열로 획득된 것이며, 우회 방법으로 얻게 된 것이다. 이는 언어의 표상으로 나타난다. '무의식의 형성물', '정신병리적 생산물'이 만들어지는 이 단계에는 '현실의 원리'가 작동된다. '원억압'은 언어적 인간, 은유적 기표와 환유적 기표로서의 주체를 표상하고, '물la chose'과의 관계에서 박탈을 드러내고 오브제 *a*를 드러낸다(1962년 11월 28일 강의).

'행동화'(욕망, 쾌락의 범주)는 대타자에게 건네는 상징적 메시지로서 상징계 범주에 속한다. 반면 '행위로의 이행'은 대타자로부터 실재계 차원으로 도주하는 충동(욕동)과 향유의 범주에 속한다. 즉 상징적 그물망(대타자)으로부터 탈출하기, 즉 탈경계를 의미한다. 이는 사회적 연대의 해체이고, 주체의 해체이다. 곧 해체된 주체가 순수한 대상이 되고자 하는 것이다. '행위로의 이행'은 소외 작용 안에서 허락된 것이다. '행동화'에서 '행위로의 이행'으로의 '반복'은 라캉이 말하는 '이중 고리' 또는 '거꾸로 된 8'이라는 위상학으로 설명된다. '행위l'acte'는 주체의 토대이자 '반복'의 다른 이름이며, '유일한 특성'의 반복이다. 이 행위는 또한 뫼비우스 띠에서 반복되어 만들어지는 것이다. 행위 자체는 기표의 '이중 고리 그 자체'이기도 하다. '행위'는 주체의 건설 행위이고, 주체는 참다운 행위로부터 단절로 인해 다르게 움직이고, 그 구조는 수정된다. '성적 행위'는 무엇인가가 반복되는 기표로 나타난다. 성적 행위가 반복되는 것은 바로 오이디푸스적 무대에서 반복되던 장면이 반복되는 것이다(1967년 2월 15일 강의).

라캉은 위층과 아래층의 A를 *a*와의 관계에서 연결한다. 〈그림 21〉에서 보았듯이 우선 제1차 나르시시즘에서 아이의 0zero, besoin, need(필요)과 어머니의 '1un'(요구)은 연관된다. 어머니의 '1Autre'은 아이에게 *a*(가령 유방)를 제공함으로 파편화되고 잘리고 날인된 '대타자(Ⱥ)'가 된다. 그러므로 여기서 '부성적 은유métaphore paternelle'는 근원적인 것이고, 0에서 1로 이행하는 주체의 단절 통로, 행위의 통로가 된다. 모성적 만남 안에서 '부성적 은유'와 '어머니의 유방'이라는 이중 회귀에 의한 일 회기가 성립된다. 이 이중 회귀는 어머니와 아이 각각의 양극적 충동이 도치되면서 일 회기가 되는 과정에서 닫히게 된다. 이렇게 만들어진 것은 주체의 근원적 다름, 여성의 생산géniteur과 족보에서 남성의 생산engendré 간의 다름이다. 구조로서의 주체는 0과 1 사이에서 끊임없이 포착된다. 즉 아이의 행위로의 이행과 어머니의 행동화, 아이의 필요와 어머니의 요구, 0과 1 등 두 축 간의 반복 과정은 정체화identification와 주체화sujetivation 과정이다(1967년 3월 15일 강의).

이 시점에서 충동Trieb, Pulsion(욕동)과 향유를 비교해 보자. 프로이트는 '충동'을 '자기성애적 충동'과 '성충동'으로 구분한다. '자기성애적 충동'은 바로 '근친상간적 충동'을 나타낸다. 이 '근친상간적 충동'은 '자기애'이고, '죽음의 충동'이고, 배고픔이나 목마름에 대한 호소이다. 이때는 리비도가 발생하지 않는다. 주체가 '쾌락의 법칙'을 위반토록 하는 것이 바로 '자기성애적 충동'이다. 반면 '성충동'은 '자아 리비도'와 '대상 리비도'로 구분된다. 리비도가 발생하면서 대상에 닿아 관계를 맺는 단계다. 내부로 과도한 흥분의 양이 퇴행하는 리비도가 문제되지만(자아 리비도, 1차 나르시시즘), 또한 내부에서 외부로 투사하게 되고 대상과 관계를 맺는다

(대상 리비도, 2차 나르시시즘).

이와는 달리 '욕망désir'은 '충동'의 대립 지점에 위치한다. 태반으로부터 박탈되면서 '자기성애적 충동'이 발생하며 이때 결여가 생긴다. 이 결여는 '물la chose'을 중심으로 충동의 원천이 된다. 오브제 *a*는 이 구멍을 메우기 위해 도래하는 것이다. 그러나 그 틈은 메워지지 않는다. '자기성애적 충동'은 배고픔이나 목마름인 '필요'를 요구하는 것이다. '성충동'에서 '자아 리비도'는 이 필요를 요구하면서 자기애적 리비도를 방출한다. 그리고 자기애와 어머니의 필요 충족 행위는 부족함이 없는 충만한 상태를 아이에게 제공한다. 이때 아이는 어머니와의 분리를 피하기 위해 어머니와의 온전한 상태였던 자궁 속의 조건을 그리워한다. 이것이 '근친상간적인 향유'이다. 또한 이것은 '쾌-불쾌의 법칙'을 작동시키는 '제1차 심적 과정'이다. 다시 말해 '제1차 심적 과정'이란, 부족한 사랑을 100% 채울 수 있는 '쾌락 원리'를 실행시킨다. 이 원리는 '근친상간적 향유'와 '100% 절대 쾌락 추구'라는 것을 지향한다. 라캉은 이를 "성만 있고 성행위는 없다"고 말한다(1967년 4월 12일 강의).

그러나 '제2차 심적 과정'이 이러한 충만 상태를 분리하는 '상징적인 법'으로 나타나서 '어머니-아이', 또는 '물-주체' 간의 거리를 벌려 놓는다. 즉 '제2차 심적 과정'은 근친상간적 향유를 금기하고 어머니와 아이를 '분리'시킨다. '성충동'에서 '대상 리비도'(대상에 닿는 리비도)는 'Autre-Sujet' 간의 분리를 이끌어 낸다. 그러나 이러한 분리는 필요와 요구, 또는 생물학적 요구 충족과 사랑의 제공이라는 것 사이의 불일치, 차액으로 인해 '욕망'을 일으키는 원천이 된다. 즉 제1차 심적 과정에서 완전히 방출되지 않은 리비도와 무의식 메커니즘(응축, 이동)의 방해로 우회의 길을 선택한 리비도가 다른 길을 통해 '부분 쾌락'만을 추구한다. 앞서 말한 '대상 리비도'가 작동한다. 이것이 '현실의 원리' 즉 '제2차 심적 과정'이다(1967년 5월 30일 강의).

5. 메움의 대상인 팔루스와 욕망의 원인인 오브제 *a*

프로이트는 『꿈의 해석』에서 공간으로서의 무의식 개념을 말하는데, 이때 무의식이란, '다른 무대eine anderer Schauplatz'를 뜻한다. 여기서 무대란, 창조할 때의 세상, 역사의 한 마당, 우주론에 관련된 것이 아니라고 말한다. 정신분석이 다루는 무대는 욕망의 대상, 대타자와 거울의 관계에서 이해되는 대상의 활동 무대이다. 거울 단계에서 거울에 리비도를 방출하지만, 거울을 통과하지 못하고 '*a*'가 남게 된다. 이렇게 *a*가 그물에 걸려서 투과되지 못하는 건 거세 때문인데, 라캉은 이를 '-φ'로 표기한다. '-φ'는 보이지도 않고, 감각되지도 않고, 나타나지도 않고, 그리고 영상적인 것에 속하지도 않는데, *a*가 거울을 통과하려고 할 때 통과하지 못하도록 제지한다. 거울 또는 거울 영상이라는 거물에 걸린 *a*는 독특한 성격을 가진다. 사람이 *a*에 다가가면 *a*는 물러나고, *a*와 밀접한 관계를 맺으려하면 속게 된다. 왜냐하면 *a*는 욕망을 일으키는 원인, 욕망의 시작 지점Initium이기 때문이다. 라캉은 불안을 욕망과의 관계에서 이해한다. 즉 불안은 결핍의 자리에 나타나는 모든 것에 관계된다. 불안은 으스스하고 기괴한 것unheimlichkeit에 관계된다. 이 단어에서 'heim'은 인간의 집을 의미하는데, 인간은 자기의 집을 이미지 저편에 있는 대타자에 위치한

그림 45

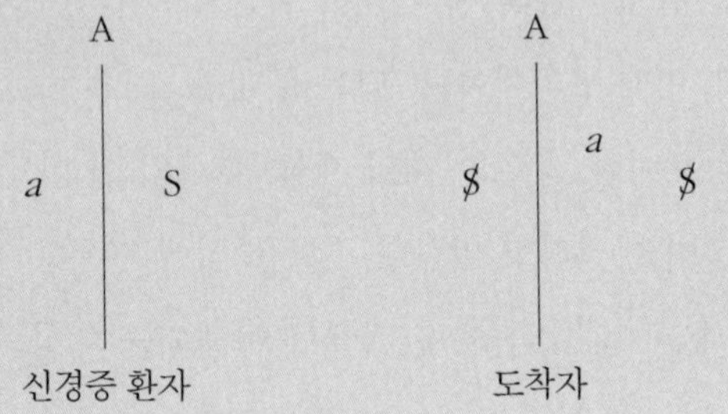

한 점에서 발견한다. 이 자리는 자기의 집에 살지 않는 우리 존재의 부재를 드러낸다. *a*는 주체(S)의 맞은편에 있는데, 주체는 그것을 볼 수 없다. 그 이유는 날인되지 않은 대타자 A 때문이다. 아래와 같이 라캉이 제시한 〈그림 45〉에서 보면 대타자 A는 거울의 반사와 비투과 기능을 한다(1962년 11월 21일 강의).

라캉은 프로이트의 『꿈의 해석』 4장에 나오는 '정육점의 아름다운 아내가 꾼 꿈'을 예로 들어 '*a*'를 설명한다. 캐비아(철갑상어 알로 만든 음식)를 좋아하는 아내는 평소 남편 때문에 식사량에 민감하다. 어느 날 밤에 꾼 꿈에서 그녀는 말라깽이 친구를 식사 초대할까 고민하다 초대를 포기한다. 왜냐하면 그 친구가 캐비아를 먹고 보기 좋게 '살이 찐다'면 남편이 그 친구를 좋아하게 될 것이라는 염려 때문이었다. 또한 친구는 캐비아를 빵에 발라 먹고 싶어 했지만, 남편에게 어리광을 부리며 캐비아를 사 주지 말라고 '애교'를 부린다. 라캉은 이 꿈에서 "정육점의 아름다운 아내가 관심을 두는 것은 오직 그녀가 원하는 '아주 사소한 것'을 남편이 욕망하게 하는 것이다"(1962년 12월 5일)라고 말한다. 아내는 남편의 관심을 끌기 위해 '사소한 것petit rien'을 이용한다. 남편의 마음을 끌기 위한 '사소한 것'이 바로 *a*이다. 이것은 하나의 '미끼l'appât'이다. 캐비아는 남편의 사랑을 독차지하기 위한 미끼로서 기능한다. 여기서 캐비아는 요리학적인 측면에서 정의 내려지는 것이 아니라 정신분석적인 측면에서 이해되는 것이다. 이 원리는 히스테리 환자를 포함하는 모든 신경증 환자에게 적용된다. 즉 환상의 방정식($\$ \diamond a$)에서 작용하는 a는 신경증 환자가 타인을 취하는 미끼이다. 라캉은 정신분석이 무의식의 영역에 위치하는 오브제 a에 빚지고 있다고 말한다(1962년 12월 5일 강의).

우리는 오브제 a를 육안으로 볼 수 없다. 그래서 라캉은 오브제 a를 두 눈과 구별되는 '제로지점, 영점, 제3의 눈, 매력의 시선'이라고 부른다(1963년 5월 15일 강의). 제3의 눈은 대타자의 단계에 있기에 육안의 눈으로는 볼 수가 없다. 라캉은 어머니와 아기의 관계로 오브제 a의 본성을 설명한다. 아이는 아이 중심으로 세상을 이해한다. 그래서 아이는 어머니의 신체가 자신에게서 떨어져 나간 것이라고 본다. 자신이 빨고 있는 젖꼭지도 자신에게서 분리된 것이라고 본다. 이런 면에서 젖꼭지는 오브제 a이다. 자신에게서 떨어져 나간 대상은 자신에게 부재하게 되고 자신에게 부재한 것을 가진 어머니의 신체는 아이에게 욕망을 일으킨다(1963년 5월 15일 강의). 라캉은 이런 의미에서 오브제 a를 욕망의 대상이자, 욕망의 원인이라고 말한다. 라캉은 『세미나 7』에서부터 도입한 오브제 a를 『세미나 10』에서도 언급하고 『세미나 11』

에 가서는 철학적 전통 안에서도 거론한다.

불안은 부재를 겨냥한다. 자신에게 부재한 것을 겨냥한다. 자신에게 부재한 것을 가진 어머니를 겨냥한다. 그래서 불안점은 어머니에게 있다. 아이가 어머니가 부재할 때 불안을 느낀다면 그것은 자신에게 부재한 것을 가진 어머니에 대한 불안, 어머니의 젖꼭지에 대한 불안이다. 만약 그 젖꼭지를 동생이나 다른 이가 물고 있다면 젖이 고갈될까 봐 불안해 한다. 젖의 마름에 대한 불안이다. a는 아이의 기관으로부터 분리된 대상이기에 불안점은 대타자에게 있다. 불안점은 어머니의 육체에 있다. 부재로서의 불안은 거세 불안이다. 불안과 욕망은 동시에 일어나지만 혼동되지는 않는다.

6. 욕망과 법

'욕망과 법'의 관계는 전통 철학에서 제기된 질문인데, 프로이트도 여기에 답하고 있다. 그래서 라캉은 불안 여섯 번째 세미나에서 '욕망과 법'의 관계를 다룬다.

예전부터 미궁이나 곤궁에 빠진 인간은 신에게 이런 질문을 한다.

Che vuoi?

이탈리아어인 '케 부오이?'는 '나에게 무엇을 원하십니까?'라는 말이다. 프랑스어로는 'Que me veux-tu? 인데, 이것은 오이디푸스 신화 등에서 신탁을 받는 인간이 신에게 던지는 질문이다. 즉 '내가 어찌하면 좋습니까?'라는 뜻이다.

욕망과 법은 대립명제이다. 즉 주체가 욕망하면 법은 그것을 막는다. 그래서 법은 욕망하는 주체에게 장애물이 된다. 상징계에 있는 주체여야 욕망하는데, 욕망하는 인간은 상징계에 있기 때문에 반드시 법의 길에 들어서게 된다. 프로이트가 관찰한 결과에 따르면 법의 기원과 아버지의 모호하고도 잡히지 않는 욕망은 이어져 있다. 프로이트는 이걸 착안했다.

인간은 불안해 하지만 불안을 주는 대상을 알지 못한다. 설령 그 대상이 종종 나타나더라도 알아차리지 못한다. 심지어 왜 거기에 나타나는지도 알지 못한다. 이 대상은 그 안에 공포를 감싸고 있다. 마치 한스가 말馬이 두려워 길거리에 나가지 못했지만, 그 말이 거세자인 아버지를 대리한다는 것을 몰랐던 것처럼, 정작 겉으로 보이는 불안의 대상은 불안을 담고 있을 뿐 불안을 주는 근원은 아니다. 그 근원은 우리의 접근을 막는다. 우리가 그 근원에 접근하고자 하면 불안이 생긴다. 불안은 실재에 다가가는 우리에게 보내는 경고이다. 불안은 우리에게 실재에 접근하는 것을 허용하지 않는다고 보내는 신호이다. 이렇게 근원으로서의 대상에 '다가감과 차단함'을 표시하는 것이 바로 '욕망과 법'이다. 욕망은 다가감이고, 법은 차단함이다. '욕망과 법'은 이상적 자아로서의 아버지와 거세자로서의 아버지에 접근하는 우리에게 허용과 금지의 차단기 역할을 한다.

라캉은 거세와 1963년 3월 6일 세미나에서 불안의 관계를 설명한다. 불안은 억압 대상과 금기 대상을 향유Jouissance하려 할 때 나타나는 신호이자, 오르가즘의 신호라고 말한다. 성관계 때 절정에 오른 성기는 박탈되는 것 같은 느낌을 받는다. 이 절정의 상태가 불안의 상태인데, 이 시점에서 사정한다. 이것이 태생 동물이 태반에서 분리될 때 느끼는 느낌이라고 라캉은 이 분야의 전문가의 말을 빌려서 말한다. 그러니까 불안은 오브제 *a*가 분리되어 부재하게 됨으로 생기는 것이다. 불안은 그러므로 욕망의 대상이 아니라 욕망의 원인으로서 오브제 *a* 앞의 불안, 어머니의 젖꼭지 앞의 불안이다. 라캉은 『세미나 10』 초기에 오브제 *a*가 다가올 때 불안을 느낀다고 했는데, 나중에는 오브제 *a*가 부재할 때 불안을 느낀다고 말한다. 이를 좀 더 발전시켜 표현하자면, 『세미나 10』 초반에는 '대타자의 욕망'으로 표현하다가, 나중에는 '대타자의 욕망의 부재'라고 말한다. 라캉은 환상의 방정식을 무의식의 주체와 오브제 *a*의 관계로 이해하여, 대상의 있음과 대상의 부재 간의 상관성을 설명한다. 라캉은 그것을 '상호관계적 구멍'이라고 묘사한다. 이렇게 불안의 대상이 있느냐 없느냐의 문제를 고민하는 라캉은 있다고 단정하지도 않고, 없다고 단정하지도 않고, '불안을 일으키는 대상이 없는 것이 아니다'라고 말한다. 즉 'pas … sans'라는 문구를 사용하여 표현한다. 불안을 일으키는 오브제 *a*는 불안과 상관적이다.

불안에 관해서 프로이트와 라캉은 조금 다른 견해를 보인다. 가령, 프로이트가 불안이 '무엇'과의 관계에서 신호 기능을 한다고 가르친다면, 라캉은 불안이 '주체'와의 관계에서 신호 기능을 하며, 특히 이 관계에 있어서 '어떤 순간'의 신호라고 범위를 좁힌다. 또한 프로이트는 불안에는 '대상이 없는 것'이라고 말하지만, 라캉은 여기에 수정을 가하여 '불안에는 대상이 없는 것이 아니다l'angoisse n'est pas sans objet'라고 주장한다. 라캉은 이런 형식을 통해 불안과 대상을 긴밀하게 엮는다. 불안을 일으키는 대상이 있다고 생각하지만, 그 대상이 무엇인지 모르기 때문에 이런 표현을 하는 것이다. 모른다거나 보지 못했다고 해서, 없다고 말하지 못한다는 의미이다. 왜냐하면 정신분석을 행하는 상황에서 이 대상은 모습을 드러내기도 하기 때문이다.

라캉은 'pas … sans' 문구를 주체와 팔루스의 관계에서도 사용한다. 가령, 주체는 팔루스를 '갖지 않는 것이 아니다.n'est pas sans avoir'라고 할 때, 주체가 팔루스라는 대상을 알고 있다거나 모른다거나 함을 표현하는 것이 아니라는 것이다. 팔루스는 상상의 단계에도 나타나지 않는 무엇이고, 거울상의 이미지에서도 나타나지 않는 쪼개지고 절단된 것이다. 팔루스는 오브제 *a*가 부재한 자리에 나타나서 '대상 아닌 대상이 된다'고 1963년 1월 16일 강의에서 말한다. 가령 어머니의 젖꼭지가 부재할 때 아이가 손가락을 빠는 경우이다. 일종의 이유離乳 대상으로서 팔루스라고 볼 수 있을 것이다.

여기서 우리는 오브제 *a*와 팔루스의 관계를 알아볼 필요가 있다. 라캉은 오브제 *a*를 '욕망의 대상'이라기보다 엄밀하게 말해 '욕망의 원인'이라고 수정한다. 오브제 *a*가 욕망을 일으키는 특정한 대상이었을 때는 욕망을 일으키는 원인을 찾는 노력을 하지 않고 욕망의 대상과 욕망의 원인의 동일한 것으로 취급했다. 가령 어머니의 젖꼭지가 욕망의 대상이었을 때는 욕망의 원인 또한 어머니의 젖꼭지라고 생각한 것이다. 이는 임상적으로 볼 때 아주 간편한 방식이었다. 그런데 오브제 *a*를 욕망을 일으키는 원인으로 설정하면 욕망의 대상으로서 오브제 *a*는 다른 것으로 대체가 가능해지고, 욕망의 원인은 끊임없이 유보된다. 가령 어머니의 젖꼭지는 욕망의 대상이고, 이것이 아이의 손가락, 아이가 좋아하는 인형 등으로 대체가 된다. 그러나 욕망의 원인에 대해서는 소급하여, 그리고 사후적으로 계속해서 찾게 된다. 여기서 대체 대상이 생성되는데, 이것이 바로 팔루스와 연결된다. 그러니까 끊임없이 팔루스를 발생시키는 근원이 바로 오브제 *a*가 되는 것이다. 오브제 *a*는 팔루스를 포괄하는 용어라고 볼 수 있다.

오브제 *a*의 기능은 욕망과 향유가 결합할 때 발생하는 분리와 이에 따른 부재를 표시하고, 팔루스의 결여를 알린다. 결여의 신호를 받은 주체는 또 다른 팔루스를 취하게 된다. 팔루스는 결핍을 메우는 대상이지만, 결핍을 결코 메울 수 없는 대상이다. 팔루스라는 용어는 페니스라는 용어와 혼동되었고, 그 결과 프로이트는 남근 중심적이고 가부장적인 정신분석가라는 비난을 듣게 되었다. 그래서 라캉은 팔루스가 의미하는 바를 포함하면서도 욕망과 불안, 상징계와 실재계를 가로지르는 것을 표현하기 위해 오브제 *a*를 사용한다. 지금까지는 욕망의 대상으로만 다루어 왔던 오브제 *a*를 『세미나 10』에서는 욕망의 원인, 대타자에 있는 불안점이라고 표현하는 것이다. 『세미나 8』에서 플라톤의 『향연』을 분석하면서 발견한 아갈마에서 착안한 오브제 *a*는 이제 욕망의 정신분석과 실재계로의 정신분석을 표방하는 라캉에게 주요한 장치가 된다.

자크 라캉의 세미나 서지

'라캉의 세미나 서지'는 도르Joël Dor가 쓴 『자크 라캉 작품의 참고문헌 *Bibliographie des travaux de Jacques Lacan*』(Paris, InterÉditions, 1983), 루디네스코Elisabeth Roudinesco가 쓴 『자크 라캉, 삶과 사유체계의 역사*Jacques Lacan. Esquisse d'une vie, histoire d'un système de pensé*』(Paris, Fayard, 1993), 루디네스코Elisabeth Roudinesco와 플롱Michel Plon이 공저한 『정신분석대사전*Dictionnaire de la psychanalyse*』(Paris, Librairie Arthème Fayard, 1997, 2002) 그리고 크루첸Henry Krutzen이 쓴 『자크 라캉의 세미나 1952-1980: 색인*Jacques Lacan Séminaire 1952-1980: Index référentiel Broché*』(Paris, Economica, 2000, 2009)에 근거하여 작성했다.

『세미나 -1』(1951년)

- 늑대 인간(*L'Homme aux loups*).
- Version Jacques Lacan.
- 장소: 실비아 바타이의 집(Sylvia Bataille, 3. rue de Lille).

『세미나 0』(1952년)

– 쥐 인간(*L'Homme aux rats*).

– Version Jacques Lacan.

– 장소는 실비아 바타이의 집(Sylvia Bataille, 3. rue de Lille).

『세미나 1』(1953~1954년)

– 프로이트가 정신분석 기술에 대하여 쓴 글들(*Les écrits techniques de Freud*).

– Sténographie: version Jacques Lacan(J.L).

– Etablissemen: Jacques-Alain Miller. Paris, Seuil, 1975.

– 총 23회 강연.

– 강연일과 내용.

53년 11월 18일(수요일)	세미나를 열면서
54년 1월 13일	프로이트의 기술에 관한 글 주석하기
1월 20일	저항에 관한 토론, O. Mannoni와 D.Anzieu의 발표
1월 27일	저항과 방어
2월 3일	자아와 타자
2월 10일	프로이트의 Verneinung에 관한 토론, J.Hyppolite의 발표
2월 17일	담화분석과 자아분석, Mlle Gelinier 발표
2월 24일	상상적인 위상
3월 10일	늑대! 늑대!, Rosine Lefort 발표
3월 17일	나르시시즘에 관하여
3월 24일	두 나르시시즘

3월 31일	자아 이상과 이상적 자아, S.Leclaire 발표
4월 7일	발생학, F.Perrier 발표
5월 5일	욕망의 동요
5월 12일	리비도의 증감
5월 19일	억압의 핵심
5월 26일	Balint에 대한 개입, W.Granoff 발표
6월 2일	대상관계, 상호주관적 관계
6월 9일	상징적 질서
6월 16일	말의 창조적 기능, W.Granoff 발표
6월 23일	의미법에 관하여, R.P.L. Beirnaert 발표
6월 30일	진리는 착각에서 나온다
7월 7일	분석 개념

『세미나 2』(1954~1955년)

- 프로이트의 이론과 정신분석의 기술에 있어서 자아(*Le moi dans la théorie de Freud et dans la technique de la psychanalyse*).
- Version Jacques Lacan.
- Etablissement: Paris, Seuil, 1978.
- Corrections: Gabriel Bergounioux(G.B).
- 총 24회 강연.
- 강연일과 내용.

54년 11월 17일(수요일) 심리학과 메타심리학

11월 24일	지식, 진리, 견해, J.B.Pontalis 발표
12월 1일	상징계
12월 8일	의식현상에 대한 유물론적 정의
12월 15일	균형과 지속
55년 1월 12일	프로이트, 헤겔, 기계
1월 19일	회로
1월 26일	『초고』 입문, D.Anzieu 발표
2월 2일	필적유희
2월 9일	『초고』에서 『꿈의 해석』까지
2월 16일	검열은 저항이 아니다. M.Valabrega 발표
3월 2일	퇴행 방해
3월 9일	이르마의 주사 맞는 꿈 1부
3월 16일	이르마의 주사 맞는 꿈 2부
3월 23일	홀 또는 짝? 상호주체성 저편
3월 30일	휴강
4월 26일	도둑맞은 편지
5월 12일	가르치는 자에게 질문
5월 19일	욕망, 삶, 죽음
5월 25일	대타자에 관하여
6월 1일	객관적 분석
6월 8일	Sosie
6월 15일	말은 어디에? 언어는 어디에?

6월 22일　　정신분석과 인공지능 또는 언어의 분절에 관하여

6월 29일　　A.m.a.S

『세미나 3』(1955~1956년)

– 정신병(*Les Psychoses*).

– Version J. L.

– Notes de Jean Laplanche(J.La).

– Etablissement: J.-A. M, Paris, Seuil, 1981.

– Corrections(교정본): G.B. Marcel Czermak, Le discours psychanalytique, 2 juin 1983.

– 총 26회 강연.

– 강연일과 내용.

55년 11월 16일(수요일) 정신병 문제 개관

11월 23일　　정신착란의 의미

11월 30일　　대타자와 정신병

12월 7일　　정육점에 다녀왔어요

12월 14일　　세미나에 미포함됨

12월 21일　　실수하지 않는 신과 실수하는 자에 관하여

56년 1월 11일　　정신병 현상과 그 메커니즘

1월 18일　　상상적 붕괴

1월 25일　　상징적 국면

2월 1일　　비-의미와 신의 구조에 대하여

2월 8일	실재 안의 기표와 아우성의 기적에 대하여
2월 15일	최초의 시니피앙의 거부에 대하여
3월 14일	히스테리 문제1
3월 21일	히스테리 문제2, 여자란 무엇인가?
4월 11일	시니피앙은 그런 의미가 아니다.
4월 18일	최초의 기표와 하나의 부재에 대하여
4월 25일	정신병의 간사들
5월 2일	은유와 환유1
5월 9일	은유와 환유2
5월 16일	Jean Delay의 강연, 세기 속의 프로이트
5월 31일	부름, 암시
6월 6일	소파점
6월 13일	너는 나를 따를 자이다
6월 20일	큰 길과 시니피앙
6월 27일	너 이다
7월 4일	팔루스와 대기

『세미나 4』(1956~1957년)

– 대상관계와 프로이트의 구조들(*La relation d'objet et les structures freudiennes*).

– Version J.L.

– Notes de J.La, de Paul Lemoine(P.L).

– Etablissement: J.-A. M, Paris, Seuil, 1994.

– 총 24회 강연.

– 강연일과 내용.

56년 11월 21일(수요일)		11월 28일	12월 5일	12월 12일
12월 19일	57년 1월 9일	1월 16일	1월 23일	1월 30일
2월 6일	2월 27일	3월 6일	3월 13일	3월 20일
3월 27일	4월 3일	4월 10일	5월 8일	5월 15일
5월 22일	6월 5일	6월 19일	6월 26일	7월 3일

『세미나 5』(1957~1958년)

– 무의식의 형성물(*Les formations de l'inconscient*).

– Notes de J.La, de P.L.

– 1958년 3월 5일 강연은 Magazine litteraire(313집, 1993년 9월호)에 발표됨.

– Etablissement: Paris, Seuil, 1998.

– 총 27회 강연.

– 강연일과 내용.

57년 11월 6일(수요일)		11월 13일	11월 20일	11월 27일
12월 4일	12월 11일	12월 18일	58년 1월 15일	
1월 22일	1월 29일	2월 5일	2월 12일	3월 5일
3월 12일	3월 19일	3월 26일	4월 16일	4월 23일
4월 30일	5월 7일	5월 14일	5월 21일	6월 4일
6월 11일	6월 18일	6월 25일	7월 2일	

『세미나 6』(1958-1959년)

– 욕망과 그 해석(*Le désir et son interprétation*).

– Etablissement: Paris, Edition de la Martinière, 2013.

– 총 27회 강연.

– 강연일과 내용.

58년 11월 12일(수요일)		11월 19일	11월 26일	12월 3일
12월 10일	12월 17일	59년 1월 7일	1월 14일	1월 21일
1월 28일	2월 4일	2월 11일		

3월 4일	Hamlet - Cannevas 1(출판됨)
3월 11일	Hamlet - Cannevas 2(출판됨)
3월 18일	Hamlet - 어머니의 욕망(출판됨)
4월 8일	Hamlet - 대타자의 대타자는 없다(출판됨)
4월 15일	Hamlet - L'objet Ophélie(출판됨)
4월 22일	Hamlet - 욕망과 애도(출판됨)
4월 29일	Hamlet - Phalophanie(출판됨)

5월 13일	5월 20일	5월 27일	6월 3일	6월 10일
6월 17일	6월 24일	7월 1일		

『세미나 7』(1959~1960년)

– 정신분석의 윤리(*L'éthique de la psychanalyse*).

– Version J.L.

– Transcription: Moustapha Safouan.

– Etablissement: J.-A.M., Paris, Seuil, 1986.

– 총 27회 강연.

– 강연일과 내용.

59년 11월 18일(수요일)		11월 25일		
12월 2일	J.B. Pontalis			
12월 9일	12월 16일	12월 23일	60년 1월 13일	
1월 20일	1월 27일	2월 3일	2월 10일	
3월 2일	P. Kaufmann 발표			
3월 9일	Hubert 발표			
3월 16일	3월 23일	3월 30일		
4월 27일	P. Kaufmann 발표			
5월 4일	5월 11일	5월 18일	5월 25일	6월 1일
6월 8일				
6월 15일	P. Kaufmann 발표			
6월 22	6월 29일	7월 6일		

『세미나 8』(1960~1961년)

– 전이(*Le transfert*).

– Vertion J.L.

– Notes de J.La, de P.L.

– Enregistrement: Jean Oury(J.O).

– Sténographie: version Laborde.

- Etablissement: J.-A.M., Paris, Seuil, 1991.
- 총 27회 강연.
- 강연일과 내용.

60년 11월 15일(화요일)		11월 22일	11월 29일	12월 6일
12월 13일	12월 20일	61년 1월 10일	1월 17일	1월 24일
2월 21일	2월 28일	3월 7일	3월 14일	3월 21일
3월 28일	4월 4일	4월 11일		
5월 2일	P.Aulagnier 발표			
5월 9일	5월 16일	5월 23일	5월 30일	6월 6일
6월 13일	6월 20일	6월 27일		

세미나 9(1961~1962년)

- 정체화(*L'identification*).
- 미출판.
- Version J.L.
- Sténographie: version Moniques Chollet(M.C).
- Sténotypie.
- 총 27회 강연.
- 강연일과 내용.

61년 11월 16일(목요일)		11월 23일	11월 30일	12월 7일
12월 14일	12월 21일	62년 1월 11일		1월 18일
1월 25일	2월 1일	2월 8일	3월 1일	3월 8일

3월 15일　　3월 22일

- 불확실한 날짜에 5번 강연 -

5월 17일　　5월 24일　　5월 31일　　6월 7일　　7월 14일

7월 21일　　7월 28일

『세미나 10』(1962~1963년)

– 불안(*L'angoisse*).

– Version J.L.

– Enregistrement: Solange Faladé(S.F.).

– Etablissement: J.-A.M., Paris, Seuil, 2004.

– 총 24회 강연.

– 강연일과 내용.

62년 11월 14일(수요일)　　11월 21일　　11월 28일　　12월 5일

12월 19일　　63년 1월 9일　　1월 16일　　1월 23일　　1월 30일

2월 20일　　W.Granoff et F.Perrier 발표

2월 27일　　P.Aulagnier et W.Granoff

3월 6일　　3월 13일　　3월 20일　　3월 27일　　4월 8일

4월 15일　　4월 22일　　4월 29일　　6월 5일　　6월 12일

6월 19일　　6월 26일　　7월 3일

『세미나 11』(1964년)

– 정신분석의 네 가지 근본 개념(*Les quatre concepts fondamentaux de la psy-*

chanalyse).

- Version J.L.
- Enregistrement, sténotypie EFP; sténotypiste: Madame Pierakos.
- Etablissement: J.-A.Miller, Paris, Seuil, 1973, 1992(개정판). (맹정현-이수련 번역으로 도서출판 새물결에서 2008년 출간됨).
- Avec postface de J.L., Points/Seuil, 1990.
- 총 20회 강연.
- 강연일과 내용.

64년 1월 15일(수요일)	파문
1월 22일	프로이트의 무의식과 우리의 것
1월 29일	확실성의 주체
2월 5일	기표의 그물망
2월 12일	Tuché, Automaton
2월 19일	응시와 시선의 분열
2월 26일	변체
3월 4일	선과 빛
3월 11일	테이블이란?
4월 15일	분석자의 위치
4월 22일	분석과 진리 또는 무의식의 닫힘
4월 29일	시니피앙의 행렬 속에서 성
5월 6일	욕동의 분해
5월 13일	부분 욕동과 그 회전

5월 20일　De l'amour à la libido

5월 27일　주체와 대타자1, aliénation

6월 3일　주체와 대타자2, aphanisis

6월 10일　안다고 가정된 주체, 첫 이원론, 선

6월 17일　De l'interprétation au transfert

6월 24일　En toi plus que toi

세미나 12(1964~1965년)

– 정신분석의 주요한 문제들(*Problèmes cruciaux pour la psychanalyse*).

– 미출판.

– 총 23회 강연.

– 강연일과 내용.

64년 12월 2일(수요일)　12월 9일　12월 16일

65년 1월 6일　1월 13일　1월 20일

1월 27일　S.Leclaire

2월 3일

2월 24일　J.A.Miller

3월 3일　3월 10일　3월 17일

3월 24일(강연 없음. 간단한 토론)　4월 7일

4월 28일(강연 없음)　5월 5일　5월 12일　5월 19일

5월 26일(강연 없음)　6월 2일　6월 9일　6월 16일

6월 23(강연 없음)

세미나 13(1965~1966년)

– 정신분석의 대상(*L'objet de la psychanalyse*).

– 미출판.

– 총 20회 강연.

– 강연일과 내용.

65년 12월 1일(수요일)		La science et la vérité		
12월 8일	12월 15일			
12월 21일	A.Green 발표, 라캉이론에서 오브제 *a*의 개념, 출판됨 in Cahiers pour l'analyse, Paris, Seuil, 1966 n°3, 15.37			
66년 1월 5일	1월 12일	2월 2일	2월 9일	3월 23일
3월 30일	4월 20일			
4월 27일	M.Drazien			
5월4일	5월11일			
5월18일	A.Green과 X.Audouard의 중재			
5월25일	6월1일	6월8일	6월1일	
6월22일	M.Montrelay			

세미나 14(1966~1967년)

– 환상의 논리(*La logique du fantasme*).

– 미출판.

– Version J.L, Laborde, Patrice Fava(P.F).

– Sténotypie EFP: S.F.

– Notes de Jenny Aubry(J.A).

– 총 24회 강연.

– 강연일과 내용.

66년 11월 16일(수요일) 11월 23일 11월 31일 12월 7일

12월 14일 12월 21일 67년 1월 11일 1월 18일 1월 25일

2월 1일 R.Jakobson 발표

2월 15일 2월 22일 3월 1일 3월 8일

3월 15일 A.Green 발표

4월 12일 4월 19일 4월 26일 5월 10일 5월 24일

5월 31일 6월 7일 6월 14일 6월 21일

세미나 15(1967~1968년)

– 정신분석적 행위(*L'acte psychanalytique*).

– 미출판.

– 총 17회 강연.

– 강연일과 내용.

67년 11월 15일(수요일) 11월 22일 11월 29일 12월 6일

1월 31일 Ch.Melman 발표, 라캉 결석

2월 7일 2월 21일 2월 28일 3월 6일 3월 13일

3월 20일 3월 27일(강연 없음) 5월 8일(강연 없고 자유토론)

5월 15일(강연 없고 자유토론)

『세미나 16』(1968~1969년)

– 대타자에서 소타자로(*D'un Autre à l'autre*).

– Etablissement: J.-A.Miller, Paris, Seuil, 2006.

– 총 25회 강연.

– 강연일과 내용.

68년 11월 13일(수요일)		11월 20일	11월 27일	12월 4일
12월 11일	69년 1월 8일	1월 15일	1월 22일	1월 29일
2월 5일	2월 12일	2월 26일	3월 5일	3월 12일
3월 19일	3월 26일	4월 23일	4월 30일	5월 7일
5월 14일	5월 21일	6월 4일	6월 11일	6월 18일
6월 25일				

『세미나 17』(1969~1970년)

– 정신분석의 이면(*L'envers de la psychanalyse*).

– Enregistrement: P.V.

– Sténotypie.

– Version Laborde, Patrick Guyomard(P.G), Lucien Kohn, M.C.

– 1969년 12월 3일 강연은 Magazine litteraire(121집, 1977년 2월호)에 발표됨.

– Etablissement: J.-A.M, Paris, Seuil, 1991.

– 총 16회 강연.

– 강연일과 내용.

69년 11월 26일(수요일)

12월 3일	뱅센느에서 즉흥 강연1, 대학의 담화에 관하여			
12월 10일	12월 17일	70년 1월 14일		1월 21일
2월 11일	2월 18일	3월 11일	3월 18일	4월 8일
4월 15일	A.Caquot 발표			
5월 20일				
6월 3일	뱅센느에서 즉흥 강연2, 가치의 통일에 관하여			
6월 10일	6월 17일			

『세미나 18』(1971년)

- (구조상) 유사물이 아닐 담론에 대하여(*D'un discours qui ne serait pas du semblant*).
- Etablissement: J.-A.M, Paris, Seuil, 2006.
- 총 10회 강연.
- 강연일과 내용.

71년 1월 13일(수요일)	1월 20일	2월 10일	2월 17일
3월 10일	3월 17일		
5월 12일	Lituraterre		
5월 19일	6월 9일	6월 10일	

『세미나 19』(1971~1972년)

- 혹은 더 나쁘거나(… ou pire).
- Etablissement: J.-A.M, Paris, Seuil, 2011.

–총 19회 강연.

–강연일과 내용.

71년 11월 4일(목요일) 12월 1(수요일) 12월 8일

12월 15일 72년 1월 6일(목요일) 1월 12일(수요일)

1월 19일 2월 3일(목요일) 2월 9일(수요일)

3.2일(목요일) 3월 8일(수요일) 3월 15일

4월 19일 5월 4일(목요일) 5월 10일(수요일)

5월 17일 6월 1일(목요일)

6월 14일(수요일) F.Recanati 발표, Scilicet(1973.4. pp.56-63)에 발표됨

6월 21일

『세미나 20』(1972~1973년)

–앙코르(*Encore*).

–Sténotypie.

–Enregistrement: P.V.

–Version M.C.

–Etablissement: J.-A.M, Paris, Seuil, 1975.

–총 13회 강연.

–강연일과 내용.

72년 11월 21일(화요일) 향락에 대하여

12월 12일 첫 강연 보충, La bêtise, F.Recanati 발표

12월 19일 야콥슨에게

73년 1월 9일	手文의 기능
1월 16일	사랑과 기표
2월 13일	아리스토텔레스와 프로이트, 다른 만족
2월 20일	Dieu et la jouissance L/ Femme
3월 13일	사랑의 문자
3월 20일	출판된 『세미나 20』에서 누락됨
4월 10일	지식과 진리, 출판된 『세미나 20』에서 누락된 F.Recanati와 J.C.Milner 발표
5월 8일	바로크에 대하여
5월 15일	둥근 끈
6월 26일	le rat dans le labyrinthe

세미나 21(1973~1974년)

– 속지 않는 자들이 헤맨다(*Les non-dupes-errent*).

– 미출판.

– 총 15회 강연.

– 강연일과 내용.

73년 11월 13일(화요일)		11월 20일	12월 11일	12월 18일
74년 1월 8일		1월 15일	2월 12일	2월 19일
3월 12일	3월 19일	4월 9일	4월 23일	5월 14일
5월 21일	6월 11일			

『세미나 22』(1974~1975년)

- 에흐지(*R.S.I.*).
- Ornicar?에 출판됨.
- 총 12회 강연.
- 강연일과 내용.

74년 11월 19일(화요일)	Ornicar?의 「*R.S.I*」에 없음
12월 10일	R.S.I.
12월 17일	R.S.I.
1월 14일	R.S.I.
1월 21일	R.S.I.
2월 11일	R.S.I.
2월 18일	R.S.I.
3월 11일	팔루스의 파뗌
3월 18일	상상계에 있다
4월 8일	성 관련 없음을 개정하다
4월 15일	실재의 구멍, 상징계의 구멍
5월 13일	영혼의 상태는 없다

『세미나 23』(1975~1976년)

- 증환(*Le sinthome*).
- Ornicar??(2005년)에 출판됨.
- Etablissement: J.-A.M, Paris, Seuil, 2005.

-총 11회 강연.

-강연일과 내용.

75년 11월 18일(화요일)　sinthome과 아버지, Ornicar? 9호, Analytica(1977.4.pp.3-15)에 있음

12월 9일　상징과 sinthome

12월 16일　나의 문제의식

76년 1월 13일　첫 진리

1월 20일　J.Aubert에게 감사, J.Aubert 발표

2월 10일　진실 감추기

2월 17일　강요된 말

3월 9일　Ornicar?에 없음

3월 16일　실재의 끝

4월 13일　실재는 법이 없다

5월 11일　Joyce의 에고

『세미나 24』(1976~1977년)

-*L'insu que sait de l'une-bévue s'aile à mourre.*

-Ornicar?에 출판됨.

-총 12회 강연.

-강연일과 내용.

76년 11월 16일(화요일)　정체화와 torique 시스템

12월 14일　torique 시스템과 반-정신분석

12월 21일	A.Didier-Weil 발표, Scilicet(1976. 6. pp.329-336)
77년 1월 11일	기표의 결과
1월 18일	실재는 상상계를 연장한다
2월 8일	A.Didier-Weil 발표, Ornicar??에 없음
2월 15일	Ornicar??에 없음
3월 8일	Nomina non sunt consequentia rerum
3월 15일	새로운 기표를 향해 – 1)정신분석적 사기
4월 19일	새로운 기표를 향해 – 2)증상의 진리
5월 10일	새로운 기표를 향해 – 3)포착하기 불가능한 것
5월 17일	새로운 기표를 향해 – 4)새로운 기표

『세미나 25』(1977~1978년)

- 종결의 순간(*Le moment de conclure*).
- 첫 강의는 출판, 나머지는 미출판.
- 총 12회 강연.
- 강연일과 내용.

77년 11월 15일(화요일)		수다떨기, 출판됨		
12월 13일	12월 20일	78년 1월 10일	1월 17일	1월 17일
2월 21일	3월 14일	3월 21일	4월 11일	4월 18일
5월 9일				

세미나 26(1978~1979년)

- 위상기하학과 시간(*La topologie et le temps*).
- 미출판.
- 총 9회 강연.
- 강연일과 내용.

78년 11월 21일(화요일) 12월 12일 79년 1월 9일 1월 16일

2월 20일 J.Mouchonnat 중재

3월 13일 3.20일

5월 8일 A.Didier-Weil 발표

5월 15일 J.D.Nasio와 J.M.Vappereau 발표

『세미나 27』(1979~1980년)

- 와해(*Dissolution*).
- 그의 첫 강연은 파리프로이트학교(E.F.P)를 해산시키는 것이었다.
- 총 6회 강연.
- 강연일과 내용.

80년 1월 5일(화요일) 해산 통첩

1월 15일 다른 결핍

3월 11일 학생 신분에 대하여

3월 18일 A씨

5월 15일 빛

6월 10일 오해

7월 12일-15일 Caracas의 세미나

Jacques
LACAN

[세창명저산책]

세창명저산책은 현대 지성과 사상을 형성한 명저를 우리 지식인들의 손으로 풀어 쓴 해설서입니다.

001 들뢰즈의 『니체와 철학』 읽기 · 박찬국
002 칸트의 『판단력비판』 읽기 · 김광명
003 칸트의 『순수이성비판』 읽기 · 서정욱
004 에리히 프롬의 『소유냐 존재냐』 읽기 · 박찬국
005 랑시에르의 『무지한 스승』 읽기 · 주형일
006 『한비자』 읽기 · 황준연
007 칼 바르트의 『교회 교의학』 읽기 · 최종호
008 『논어』 읽기 · 박삼수
009 이오네스코의 『대머리 여가수』 읽기 · 김찬자
010 『만엽집』 읽기 · 강용자
011 미셸 푸코의 『안전, 영토, 인구』 읽기 · 강미라
012 애덤 스미스의 『국부론』 읽기 · 이근식
013 하이데거의 『존재와 시간』 읽기 · 박찬국
014 정약용의 『목민심서』 읽기 · 김봉남
015 이율곡의 『격몽요결』 읽기 · 이동인
016 『맹자』 읽기 · 김세환
017 쇼펜하우어의 『의지와 표상으로서의 세계』 읽기 · 김 진
018 『묵자』 읽기 · 박문현
019 토마스 아퀴나스의 『신학대전』 읽기 · 양명수
020 하이데거의 『형이상학이란 무엇인가』 읽기 · 김종엽
021 원효의 『금강삼매경론』 읽기 · 박태원
022 칸트의 『도덕형이상학 정초』 읽기 · 박찬구
023 왕양명의 『전습록』 읽기 · 김세정
024 『금강경』 · 『반야심경』 읽기 · 최기표
025 아우구스티누스의 『고백록』 읽기 · 문시영
026 네그리 · 하트의 『제국』 · 『다중』 · 『공통체』 읽기 · 윤수종
027 루쉰의 『아큐정전』 읽기 · 고점복
028 칼 포퍼의 『열린사회와 그 적들』 읽기 · 이한구
029 헤르만 헤세의 『유리알 유희』 읽기 · 김선형
030 칼 융의 『심리학과 종교』 읽기 · 김성민
031 존 롤즈의 『정의론』 읽기 · 홍성우
032 아우구스티누스의 『삼위일체론』 읽기 · 문시영
033 『베다』 읽기 · 이정호
034 제임스 조이스의 『젊은 예술가의 초상』 읽기 · 박윤기
035 사르트르의 『구토』 읽기 · 장근상
036 자크 라캉의 『세미나』 읽기 · 강응섭
037 칼 야스퍼스의 『위대한 철학자들』 읽기 · 정영도
038 바움가르텐의 『미학』 읽기 · 박민수
039 마르쿠제의 『일차원적 인간』 읽기 · 임채광
040 메를로-퐁티의 『지각현상학』 읽기 · 류의근
041 루소의 『에밀』 읽기 · 이기범
042 하버마스의 『공론장의 구조변동』 읽기 · 하상복
043 미셸 푸코의 『지식의 고고학』 읽기 · 허 경
044 칼 야스퍼스의 『니체와 기독교』 읽기 · 정영도
045 니체의 『도덕의 계보』 읽기 · 강용수

046 사르트르의
『문학이란 무엇인가』 읽기 · 변광배
047 『대학』 읽기 · 정해왕
048 『중용』 읽기 · 정해왕
049 하이데거의
「"신은 죽었다"는 니체의 말」 읽기 · 박찬국
050 스피노자의 『신학정치론』 읽기 · 최형익
051 폴 리쾨르의 『해석의 갈등』 읽기 · 양명수
052 『삼국사기』 읽기 · 이강래
053 『주역』 읽기 · 임형석
054 키르케고르의
『이것이냐 저것이냐』 읽기 · 이명곤
055 레비나스의 『존재와 다르게－본질의 저편』
읽기 · 김연숙
056 헤겔의 『정신현상학』 읽기 · 정미라
057 피터 싱어의 『실천윤리학』 읽기 · 김성동
058 칼뱅의 『기독교 강요』 읽기 · 박찬호
059 박경리의 『토지』 읽기 · 최유찬
060 미셸 푸코의 『광기의 역사』 읽기 · 허 경
061 보드리야르의 『소비의 사회』 읽기 · 배영달
062 셰익스피어의 『햄릿』 읽기 · 백승진
063 앨빈 토플러의 『제3의 물결』 읽기 · 조희원
064 질 들뢰즈의 『감각의 논리』 읽기 · 최영송
065 데리다의 『마르크스의 유령들』 읽기 · 김보현
066 테야르 드 샤르댕의 『인간현상』 읽기 · 김성동
067 스피노자의 『윤리학』 읽기 · 서정욱
068 마르크스의 『자본론』 읽기 · 최형익
069 가르시아 마르께스의
『백년의 고독』 읽기 · 조구호
070 프로이트의
『정신분석 입문 강의』 읽기 · 배학수
071 프로이트의 『꿈의 해석』 읽기 · 이경희
072 토마스 쿤의 『과학혁명의 구조』 읽기 · 곽영직
073 토마스 만의 『마법의 산』 읽기 · 윤순식
074 진수의 『삼국지』 나관중의 『삼국연의』
읽기 · 정지호
075 에리히 프롬의 『건전한 사회』 읽기 · 최흥순
076 아리스토텔레스의 『정치학』 읽기 · 주광순
077 이순신의 『난중일기』 읽기 · 김경수
078 질 들뢰즈의 『마조히즘』 읽기 · 조현수
079 『열국지』 읽기 · 최용철
080 소쉬르의 『일반언어학 강의』 읽기 · 김성도
081 『순자』 읽기 · 김철운
082 미셸 푸코의 『임상의학의 탄생』 읽기 · 허 경
083 세르반테스의 『돈키호테』 읽기 · 박 철
084 미셸 푸코의 『감시와 처벌』 읽기 · 심재원
085 포이어바흐의 『기독교의 본질』 읽기 · 양대종
086 칼 세이건의 『코스모스』 읽기 · 곽영직
087 『삼국유사』 읽기 · 최광식
088 호르크하이머와 아도르노의
『계몽의 변증법』 읽기 · 문병호
089 스티븐 호킹의 『시간의 역사』 읽기 · 곽영직
090 에리히 프롬의
『자유로부터의 도피』 읽기 · 임채광
091 마르크스의 『경제학-철학 초고』 읽기 · 김 현
092 한나 아렌트의
『예루살렘의 아이히만』 읽기 · 윤은주
093 미셸 푸코의 『말과 사물』 읽기 · 심재원
094 하버마스의
『의사소통 행위 이론』 읽기 · 하상복
095 기든스의 『제3의 길』 읽기 · 정태석
096 주디스 버틀러의 『젠더 허물기』 읽기 · 조현준
097 후설의 『데카르트적 성찰』 읽기 · 박인철
098 들뢰즈와 가타리의 『천 개의 고원』,
「서론: 리좀」 읽기 · 조광제

· 세창명저산책은 계속 이어집니다.